智慧物流与供应链管理

李晓丹◎著

图书在版编目（CIP）数据

智慧物流与供应链管理 / 李晓丹著. -- 长春：时代文艺出版社，2024.2
ISBN 978-7-5387-7260-9

Ⅰ.①智… Ⅱ.①李… Ⅲ.①智能技术－应用－物流管理②智能技术－应用－供应链管理 Ⅳ.①F252.1

中国国家版本馆CIP数据核字(2023)第205578号

智慧物流与供应链管理
ZHIHUI WULIU YU GONGYINGLIAN GUANLI

李晓丹 著

出 品 人：	吴　刚
责任编辑：	余嘉莹
装帧设计：	文　树
排版制作：	隋淑凤

出版发行：时代文艺出版社
地　　址：长春市福祉大路5788号　龙腾国际大厦A座15层　（130118）
电　　话：0431-81629751（总编办）　0431-81629758（发行部）
官方微博：weibo.com/tlapress
开　　本：710mm×1000mm　1/16
字　　数：252千字
印　　张：17
印　　刷：廊坊市广阳区九洲印刷厂
版　　次：2024年2月第1版
印　　次：2024年2月第1次印刷
定　　价：76.00元

图书如有印装错误　请寄回印厂调换

前　言

当下我国正处于改革驱动、创新引领、开放促进的经济发展方式转型调整与质量升级阶段，以"一带一路"建设为契机的对外开放大格局正在形成。《中国制造2025》提出"创新驱动、质量为先、绿色发展、结构优化、人才为本"的基本方针，以及"市场主导、政府引导，立足当前、着眼长远、整体推进、重点突破，自主发展、开放合作"的基本原则，我国现代物流正在向自动化、智能化、数据化方向发展，从而提高整体产业效率，降低成本。

供应链是以客户需求为导向，以提高质量和效率为目标，以整合资源为手段，实现产品设计、采购、生产、销售、服务等全过程高效协同的组织形态。

智慧物流是现代信息技术与传统物流产业融合发展的新成果，通过大数据、云计算、人工智能、物联网等技术的广泛应用，改变了传统物流运作模式和运行流程。智慧物流与供应链管理深度融合符合市场发展的要求，也是推动物流业变革的重要路径。智慧物流与供应链管理的深度融合，从宏观层面看，为智慧物流发展提供更系统的框架支持和制度机制支持。从微观层面看，现代信息技术与智慧物流的深度融合，能够进一步完善智慧物流的诸多功能，更好地挖掘不同主体对于智慧物流的多元化诉求，并为其提供高质量、有针对性的物流服务，进而助力物流业可持续、高质量发展。

本书从智慧物流与现代供应链概述入手，介绍了智慧物流、智慧仓储、智慧运输以及智慧配送等，接着详细地叙述了供应链视角下的智慧物流发展，并探讨了供应链物流与云物联、新零售时代的智慧物流模式以及智慧物流下的新型模式，最后在智慧供应链创新与应用方面进行研究和总结。

在本书的策划和编写过程中，笔者参阅了国内外有关的大量文献和资料，从中得到启示；同时也得到了有关领导、同事、朋友及学生的大力支持与帮助。在此致以衷心的感谢！由于计算机、互联网技术发展非常快，本书的选材和编写还有一些不尽如人意的地方，加上笔者学识水平和时间所限，书中难免存在缺点和错误，敬请同行专家及读者指正，以便进一步完善提高。

目 录

第一章　智慧物流与现代供应链概述

第一节　新时代下的物流与供应链发展 …………………………… 001

第二节　物流发展阶段与智慧物流的产生 ………………………… 009

第三节　供应链发展历程与现代供应链的提出 …………………… 021

第二章　智慧物流概述

第一节　智慧物流的概念、内涵与特征 …………………………… 028

第二节　智慧物流的体系结构 ……………………………………… 035

第三节　智慧物流的发展方向及应用前景 ………………………… 047

第三章　智慧仓储

第一节　智慧仓储概述 ……………………………………………… 051

第二节　智慧仓储的设施设备 ……………………………………… 054

第三节　智慧仓储决策 ……………………………………………… 062

第四章　智慧运输和配送

第一节　智慧运输 …………………………………………………… 068

第二节　智慧配送 …………………………………………………… 088

第五章　供应链视角下的智慧物流发展研究

第一节　智能集装箱 ………………………………………………… 116

第二节　智慧供应链管理 …………………………………… 125
　　第三节　物流公共信息服务平台 …………………………… 129
　　第四节　供应链金融 ………………………………………… 131

第六章　供应链物流与云物联

　　第一节　云物联供应链物流管理平台 ……………………… 136
　　第二节　云物联供应链管理 ………………………………… 143
　　第三节　可视化供应链管理 ………………………………… 150
　　第四节　云物联的发展前景与挑战 ………………………… 154

第七章　新零售时代的智慧物流模式

　　第一节　新物流的内涵、特征与架构体系 ………………… 156
　　第二节　新零售时代的商业变革 …………………………… 164
　　第三节　新物流与新零售的逻辑关系 ……………………… 170
　　第四节　新零售时代供应链变革 …………………………… 175

第八章　智慧物流的新型模式

　　第一节　第四方物流模式 …………………………………… 195
　　第二节　农产品物流模式 …………………………………… 205
　　第三节　跨境物流 …………………………………………… 212
　　第四节　电子商务环境下的供应链管理 …………………… 216

第九章　智慧供应链创新与应用研究

　　第一节　国内外智慧供应链创新应用的比较分析与经验借鉴 ……… 221
　　第二节　智慧供应链创新与技术应用机制 ………………… 240
　　第三节　智慧供应链创新的路径设计 ……………………… 252

参考文献 ……………………………………………………… 265

第一章 智慧物流与现代供应链概述

近年来,为了提高国民经济运行效率及发展质量,国家大力推进物流与供应链的创新与应用,这从理论层面提出了更高的要求。本章围绕新时代下物流与供应链的重要性,深度剖析物流行业的变革之路,提出新时代下供应链的发展方向,从科学的角度解释智慧物流产生的重要性与必要性。此外,本章引入了"供应链创新"概念,系统地介绍了供应链创新的理念与特征,分析总结了现代供应链产生的重要性与必要性。

第一节 新时代下的物流与供应链发展

一、新时代下物流与供应链的重要性

近年来,中央印发的各项政策已将物流与供应链提升到国家发展战略的高度。一方面,体现了中央及社会各界对物流的高度重视;另一方面,在新形势下,推动物流与供应链创新发展与国民经济运行效率及发展质量息息相关。

(一)培育经济发展新动能

新时期下供应链的基本理念是"包容、开放、共享",其本质就是创新

供给体系，优化供给质量，发展现代供应链要以需求驱动，完善供给体系，创新有效供给，为社会大众创造新的消费空间，从而创造新价值、新财富、新动能。

（二）提高经济发展质量

提高经济发展质量，首先要降低成本。从宏观层面上看，成本主要由劳动力成本、原材料成本和物流成本三个方面构成。长期来看，劳动力和原材料成本上升是不可逆转的，因此降低物流成本则成为国民经济发展质量提升的基本保障。

（三）推进供给侧结构性改革

供应链通过资源整合和流程优化，促进产业跨界和协同发展，有利于加强从生产到消费等各环节的有效对接，降低企业经营和交易成本，促进供需精准匹配和产业转型升级，全面提高产品和服务质量。

（四）提升全球化竞争力

随着供应链全球布局的推进，加强与伙伴国家和地区之间的合作共赢，有利于我国企业更深更广融入全球供给体系，推进"一带一路"建设落地，打造全球利益共同体和命运共同体，提高我国在全球经济治理中的话语权，保障我国资源能源安全和产业安全。

二、新兴技术对物流与供应链的影响

中国物流新时代正在随着新技术的不断创新而到来，并且日新月异。当前，中国及全球物流产业正处在新技术、新业态、新模式的转型升级之际，做大、做强、做精、做细的同时，也需要进一步成为经济发展支撑的新动能。

（一）新兴技术概述

近年来，利用信息技术使装备与控制智能化，代替人力的物流与供应链管理新模式，在大幅提升效率、降低成本、增强消费者体验等方面有着重要作用，其快速发展与物联网（IoT）、云计算、大数据、人工智能（AI）等新兴技术密切相关。

1.物联网是一个基于互联网、传统电信网等信息承载体，让所有能够被独立寻址的普通物理对象实现互联互通的网络。在全球范围看，物联网正处于快速发展阶段，并在部分领域取得了显著进展，从技术发展到产业应用已显现了广阔的前景。应用场景主要有以下五个方面：车辆调度、货物追溯、全程冷链、安全驾驶、供应链协同。

2."云"可以通过利用分散的内存来增加可用性、减少交互服务的延迟。云计算作为一种变化的、动态的计算机服务体系，可部署并按一定的要求分配服务资源，并可实时监控资源的使用状况。在信息激增的时代，商家积累了大量的消费数据和物流数据，通过使用高性能、大容量云储存系统，实现信息资源的有效管理，并提高企业物流系统思维、感知、学习、分析决策和智能执行的能力。

3.大数据已经成为众多企业重点发展的新兴技术，多家企业已成立相应的大数据分析部门或团队，进行大数据分析、研究和应用布局，各企业未来将进一步加强对物流及商流数据的收集、分析与业务应用。大数据技术主要有以下几个物流应用场景：物流需求预测、物流全程可视化、车辆智能调度等。

4.人工智能技术主要由电商平台推动，尚处于研发阶段，除图像识别外，其他人工智能技术距离大规模应用尚有一段时间。主要有以下五个物流应用场景：智能运营规则管理、仓库选址、决策辅助、图像识别、智能调度。

（二）技术进步对物流与供应链的影响

无人机、机器人与自动化、大数据等已相对成熟，即将商用；可穿戴设备、3D打印、无人货车、人工智能等技术在未来十年左右逐步成熟，将广泛应用于仓储、运输、配送等各物流环节。物流科技在智能化作业流程中的应用如图1-1所示。

图1-1　物流科技在智能化作业流程中的应用

21世纪是电子商务快速发展的时期，企业竞争已经转变为供应链的竞争。企业若想赢得客户和抢占商机，必须能够更好地整合供应链网络中的各个环节、优化操作流程、提高运作效率。以京东为例，在供应链前端，京东通过大数据的运用，设计采用不同模型来进行需求预测、价格预算等，同时进行整体库存分析实现自动补货与自动调拨。在与供应商的合作上，京东采用了协同规划、预测与补货（Collaborative Planning Forecasting and Replenishment，CPFR）的方式，即协同式供应链库存管理，实现了供应链的协同采购与供应商的协同管理，与供应商形成了紧密的合作关系。在科学技术不断革新的新时代，京东利用科技的发展不断创新，打造了智能化供应链体系。在大数据的驱动下，京东基于分析行业、合作伙伴及自身的数据，预测消费的趋势从而确定采购的品种与数量，实现选品战略的智能化；通过利润最大化的考虑，分析库存周转与处理来实现智慧定价。电子商务企业的不断创新使企业自身及企业所在的供应链整体竞争力不断提升，为整个供应链网络实现价值增值。

三、新时代下物流产业的变革之路

（一）物流产业变革的机遇

现如今，随着国民经济快速发展以及国家宏观战略的相继出台，我国物流产业将面临重大机遇，包括物流需求规模的快速增长、需求结构的转型升级、城市群战略对物流行业的高标准高要求以及经济发展全球化等，促使我国物流业更好更快地发展。

1.物流需求规模日益增大。中国未来一二十年或将成为物流需求增量和物流市场规模最大的国家。未来一二十年，中国将基本实现工业化，工业化推进过程中工业体系仍将有较大发展，大宗能源、原材料和主要商品的大规模运输方式和物流需求仍将旺盛。同时，产业结构将从"二、三、一"进入到"三、二、一"阶段，服务业和工业一道共同推动中国经济增长。产业结构的变化和逐步升级，生产方式的变化，将带来"短、小、轻、薄"商品以及小批量、多频次、灵活多变的物流需求快速增加。2030年，中国与主要经济体、新兴经济体、发展中国家的贸易会进一步提升，中国的国际物流规模会有更大的扩张。广大居民消费的水平、心理、方式和结构的变化，要求物流发展更加注重服务质量、效率、品牌、特色、个性和体验，基于更高时间和空间价值的物流需求会越来越大。

2.城镇化进程加快。城市化推动着物流活动集中于城市群、城市带、大中小城市和城际间，不断增加的物流量、机动车量以及能源短缺、环境污染、交通拥堵和道路安全等问题，迫切要求提升城市内、城际间的物流效率，构建符合"以人为本、城乡统筹、大中小城市相协调"的新型城市化要求，建设功能强大、高效集约的城市物流和配送体系。区域经济协调发展以及一体化要求将加快区域物流一体化，构建有利于东中西协调发展的物流服务体系。中西部区域增长新格局，要求中西部加快物流业发展，改变物流业长期制约中西部地区发展的状况。未来网络零售市场除了在沿海发达地区、一二线城市继续保持稳健增长外，还将呈现出由沿海地区向内陆地区逐渐渗透，由一二线城市向三四线城市及县域渗透的趋势。随着网络零售市场的渠道下沉，三四线城市、县乡镇、农村电子商务也必将发展迅猛，将对农村和三四线城市及县乡镇的电子商务物流发展提出更大更高的需求和挑战。

3.全球化程度加深。全球化推动中国与世界经济的联系和相互作用日益加深，要求中国与世界各国间有更好的交通运输、物流、通信、信息等基础设施连接。中国除与发达经济体继续保持密切经贸往来外，与新兴经济体以及发展中国家的贸易增长将会成为新的亮点，贸易格局的变化将带动国际物流活动此消彼长。从中长期看，中国国际贸易仍将有稳健增长，带动中国国际物流继续较快发展，尤其是跨境电子商务物流会有更快的发展。

（二）物流产业变革面临的挑战

随着城镇化进程的不断发展、人口老龄化问题的不断凸显，我国物流行业变革主要面临的问题可以分为以下几个方面：人口红利逐渐消失导致劳动力成本升高，作为主要运输方式的公路运输效率亟待提升，作为主要物流设施的仓库面临高租金、高空置率的窘境。

1. 人口红利逐渐消失。人口红利正在消失，加快转变经济发展方式成为突围的关键。中国劳动力人口比例持续下降，老龄化程度加剧，劳动力成本也在不断升高。据国际劳工组织数据显示，在新兴 G20 国家中，中国劳动者的平均实际工资指数增幅超过 2 倍。中国经济的发展腾飞部分得益于"人海战术"，如今人口红利的逐渐消失，使得原本推动经济发展的方式发生变化，未来再依赖要素投入促进经济增长的模式已经不可能持续，通过技术进步、生产力和劳动者素质来提高加快转型，才是更科学的解决方法。

2. 公路运输体系不完善。公路货运"小、散、乱、差"，运输效率亟待提升。我国的公路物流体系承担运输体系中 75% 以上的货物运输，对物流业的蓬勃发展起到重要的支撑作用，但公路货运存在的痛点也显而易见。区别于美国的大车队模式，中国的公路货运个体户居多，行业极度分散，彼此间信息不对称，依赖传统线下物流园区等货揽货，信息化应用程度较低。另外，货物、车型、价格、作业流程等尚未标准化，又缺乏诚信体系保障驾驶员、货主双方的利益，削弱了运行效率，也加大了管理的难度和成本。

3. 物流设施供需矛盾明显。高租金和高空置率同时存在，物流设施供需矛盾凸显。近年来，我国仓储能力与需求相比存在较大差距，全国人均通用仓储面积偏低。同时，高标准仓储设施较为短缺。近年来，由于供给短缺，我国仓库租金呈加速上涨趋势，与此同时部分地区仓库空置率居高不下，如兰州、昆明、重庆，均超过了25%，呈现明显的供大于求的情况；北京、上海、深圳等一线城市仓储市场淡季不淡，供需匹配度较高，仓库空置率均在10%以下，苏州及合肥的仓库供应紧张，空置率最低，不足5%。仓储设施短缺面临物流用地供给不足的问题。由于物流用地投入大、回报慢、收益相对偏低，导致用地难规划、难审批、开发与运营成本过高，单纯经营物流业务难以达到要求，物流企业用地难、用地贵等问题比较突出。

（三）物流产业变革的战略方向

1. 降成本、减负担，打造高效物流服务体系。增加财政对公共产品和服务的投入，将收费公路养护费纳入财政预算，降低收费公路的收费标准，下调过路公桥费占运输成本的比重。推行精益物流等现代管理技术，降低工商企业存货水平，减少生产和流通环节的库存浪费。

2. 全链条、一体化，推进物流网络互联互通。推进多种运输方式的协同发展，打破链条各环节间的瓶颈，调整运输组织结构，提升铁路运输、内河航运在多种运输方式中的货运比重，加强不同运输方式之间的衔接，支持在物流节点城市建设多式联运枢纽。

3. 新技术、新模式，支持智慧物流创业创新。推动物流业与互联网的融合发展，鼓励互联网平台创新创业。要推动智慧仓储、智慧运输、智慧配送等智慧物流的发展，就得多鼓励物流企业应用物联网、云计算、大数据、移动互联网等先进技术，研究推广物流云服务。

四、新时代下供应链的发展方向

随着工业互联网、智能制造的发展，生产过程越来越信息化、数据化和云化，这促进了末端流通信息与前端生产信息的快速融合，供应链的发展正在从末端走向前端。

（一）协同

供应链协同是供应链中各节点企业实现协同运作的活动，包括树立

"共赢"思想，为实现共同目标而努力，建立公平公正的利益共享与风险分担的机制。供应链协同有三层含义：①组织层面的协同，由"合作－博弈"转变为彼此在供应链中更加明确的分工和责任——"合作－整合"；②业务流程层面的协同，在供应链层次上即打破企业界限，围绕满足终端客户需求这一核心，进行流程的整合重组；③信息层面的协同，通过 Internet 技术实现供应链伙伴成员间信息系统的集成，实现运营数据、市场数据的实时共享和交流，从而实现伙伴间更快、更好地协同响应终端客户需求。

（二）精益

供应链精益是追求消灭包括库存在内的一切浪费，利用尽可能少的资源创造尽可能多的价值。精益供应链提供了一种新的思维方式，包括："以顾客需求为中心"，要从顾客的立场，而不是仅从企业的立场或一个功能系统的立场来确定能否创造价值，对价值链中的产品设计、制造和订货等的每一个环节进行逐一分析，找出不能提供增值的浪费所在；"及时创造仅由顾客驱动的价值"，一旦发现有造成浪费的环节就及时消除，持续进行改进，努力追求完美。

（三）敏捷

供应链敏捷是把提高服务水平视为重中之重，强调供应链的"灵敏性"和"反应性"，即应需而变，它要求供应链能够在最短的时间内对市场的变化和顾客的需求做出反应，并提供优质服务。敏捷供应链的实质是信息技术、计算机技术和先进管理模式等综合技术支持下多企业的集成，是融合了多种管理思想和先进技术而发展起来的一套适合多变企业环境的全新供应链管理模式。

（四）绿色

供应链绿色是基于市场的创新型环境管理方式，依托上下游企业之间的供应关系，以核心企业为支点，通过绿色供应商管理、绿色采购等工作，向上下游企业持续传递绿色要求，引导相关企业参与绿色发展工作，进而带动全产业链绿色化水平持续提升。绿色供应链关注的是产品全生命周期，通常会综合考虑从产品设计、生产、销售、使用、回收、处理到再利用等各个环节的生态环境影响，特别是超过了使用寿命产品的再利用，往往通过拆解再生利用方式，推动过了使用寿命的产品的循环再利用。

（五）智慧

供应链智慧是以互联网为依托，在供应链领域广泛应用大数据、物联网、云计算、人工智能等新一代信息技术与设备，提高物流系统思维、感知、学习、分析决策和智能执行的能力，通过精细、动态、科学的管理，提升整个物流系统和过程控制的智能化、自动化水平，部分或全部代替人力和人工决策，提升物流运作效率和服务水平，降低成本。

第二节 物流发展阶段与智慧物流的产生

一、物流业发展历程

物流的概念最早是在美国形成的，起源于20世纪30年代，原意为"实物分配"或"货物配送"；20世纪五六十年代引入日本，日文意思是"物的流通"，到1965年日本的"物流"一词取代了"物的流通"；我国自20世纪80年代初由日本引入物流概念，物流业发展迅速。

（一）美国

一般来说，美国的现代物流发展分为五个时代，即20世纪30—50年代、60年代、70年代、80年代和90年代以后。

1. 第一阶段：30—50年代。20世纪30年代，物流概念在美国提出，但直到50年代美国的物流一直处于休眠状态，其特征是这一领域并没有一种处于主导的物流理念。在企业中，物流的活动被分散进行管理，例如，在企业中运输由生产部门进行管理，库存由营销部门管理。其结果使物流活动的责任和目的相互矛盾。

2. 第二阶段：60年代。美国60年代的主要经济发展目标是向"富裕的社会"前进。其间是美国历史上的繁荣时期。虽然当时东西方处于冷战状态中，但美国国内的经济发展速度很快。当时支撑美国经济发展的主要动力是以制造业为核心的强有力的国际竞争力。美国的工业品向全世界出口，MADE IN USA成为优质品的代名词。因此，美国60年代是大量生产、大量消费的时代。生产厂商为了追求规模经济进行大量生产，而生产出的产品大量地进入流通领域。大型百货商店、超级市场纷纷出现在城市的内部和郊区。

3. 第三阶段：70年代。70年代的美国经济发生了重大变革。两次石油危机对美国经济产生了深刻的影响。这样，外部环境的变化，一方面给企业自身带来了改善物流系统的推动力，同时也促使政府开始修改高物流成本温床的管理政策。企业的经营者也开始意识到传统的物流政策已经限制了自由竞争，不利于经济的发展。以1978年航空货物运输政策改善为契机，80年代美国政府出台了一系列鼓励自由竞争的政策，得到了企业的欢迎。

4. 第四阶段：80年代。80年代，美国政府出台了一系列物流改善政策，给美国物流业的发展带来了极大的促进作用。在这一进程中，物流在企业经营战略中的地位也逐渐被企业接受，一些大型企业开始主动积极地改善企业的物流系统，他们对物流的理解从Physical Distribution向Logistics转化。Logistics是指企业从原材料的采购到产品的销售整个过程的效率化，而不是个别功能的效率化，美国企业自此全面进入物流领域的时代。另外，在这一时期，运输行业出现了很多革新，比如以铁路运输为主的多式联运（Intermodal Transport）、双层集装箱运输（Double Stack Train）方式，航空运输方面继联邦快递（Federal Express）公司之后，涌现了诸如UPS、DHL等众多航空快递企业。

5. 第五阶段：90年代以后。进入90年代，美国企业的物流系统更加系统化、整合化，物流也从Logistics向供应链管理（SCM）系统转化。物流与供应链管理的区别在于，物流强调的是单一企业内部的各物流环节的整合，而供应链并不仅是一个企业物流的整合，它所追求的是商品流通过程中所有链条企业的物流整合，具体指的是商品到达消费者手中，中间要经过零售商、批发商、制造商、原材料零件的供应商等各环节，而物流则贯穿整个链条中。为了能够以低成本、快速地提供商品，仅考虑单一企业内部的物流整合是远远达不到目的的，必须对链条上所有企业的物流进行统一管理、整合才能实现上述目标，这就是供应链管理的基本概念。

（二）日本

1. 物流概念的导入和形成期：1956—1964年。自1956年日本流通技术考察团考察美国开始引入物流理念后，1958年6月，日本又组织了技术国内考察团对日本国内的物流状况进行了调查，大大推动了日本物流的研究。从1961年到1963年前半年，日本将物流活动和管理称为PD，到1963年后半年"物的流通"一词开始登场。到1965年，"物流"一词已正式为理论和实践界全面接受。

2. 物流近代化时期：1965—1973年。这段时间是日本大量物流设施建设、构筑的时代，但同时也是日本经济高速成长、大量生产、大量销售的时代。1965年1月在日本政府《中期五年经济计划》中强调要实现物流的近代化，日本政府开始在全国范围内开展高速道路网、港湾设施、流通聚集地等各种基础建设。同时，各厂商也开始高度重视物流并积极投资物流体系的建设。各企业都建立了相应的部门积极推进物流基础建设，目的在于构筑与大量生产、销售相适应的物流设施。因此可以说这一时期日本厂商的共同战略是增大物流量、扩大物流处理能力。

3. 物流合理化时期：1974—1983年。第一次石油危机后，日本迎来了减量经营的时代，经营成本的降低成为经营战略的重要课题。"物流利润源学说"揭示了现代物流的本质，使物流能在战略和管理上统筹企业生产、经营的全过程并推动物流现代化发展。在实践上，这一时期对应于理论发展，开始广范围地设立合理化工程小组，实行物流活动中的质量管理。互联网物流也在蓬勃发展，其宗旨在于加速订货、发货等业务的迅速化，以及削减物流人员，减少劳动力成本，特别是以大型量贩店为中心的网上订、发货系统的建立在这一时期最为活跃,这是物流合理化在技术上的反应。

4.物流纵深发展时期:20世纪80年代以后。80年代以后,日本的生产经营发生了重大的变革:消费需求差异化的发展。尤其是90年代日本经济泡沫的崩溃使以前那种大量生产、大量销售的生产经营体系出现了问题。生产的多品种化和少量化成为新时期的生产经营主流,这使得市场的不透明度增加,物流合理化的观念面临着进一步变革的要求,其结果是整个流通体系的物流管理发生了变化,即从集货物流向多频度、少量化、进货短时间化发展。在销售竞争不断加剧的状况中物流服务作为竞争的重要手段在日本得到了高度重视。这表现在80年代后期日本积极倡导高附加价值物流、准时制(Just-in-time)物流等方面。

如何克服物流成本上升、提高物流效率是90年代日本物流业面临的一个最大的问题。1997年4月4日,日本政府制定了具有重要影响力的《综合物流施策大纲》。自1997年开始,日本由经济产业省和国土交通省每四年共同制定一次《综合物流施策大纲》。《综合物流施策大纲》作为日本物流业的纲领性政策文件,成为引导日本物流业发展的指导性文件,积极地促进了日本物流管理和物流成本的有效控制。

(三)中国

20世纪70年代以前,中国的经济研究中几乎没有使用过"物流"一词。自80年代初由日本引入物流概念之后,开始了对物流的研究。经过30多年的发展,物流已成为我国经济发展的重要因素,并成为企业创造利润的源泉。

物流概念本身作为舶来品,被引入我国的时间并不长,但物流各环节的运作很早就存在于国民经济的各个领域。80年代初,在物资部专业刊物《物资经济研究通讯》上刊登了由北京物资学院王之泰教授撰写的《物流浅谈》一文。文章较为系统地讲述了物流的概念、物流的管理、物流的结构以及物流信息等,第一次较为完整地将物流概念介绍进我国。从那以后在我国的报纸、杂志、词典以及论著中,开始出现物流一词。

进入90年代后期,随着中国经济体制的改革,企业产权关系的明确,生产企业及其他流通企业开始认识物流,同时,对物流的研究也开始从流通领域向生产领域渗透。特别是近几年网络经济的发展,电子商务对物流提出了新的要求,使物流走进了千家万户。中国现代化物流发展阶段如图1-2所示。

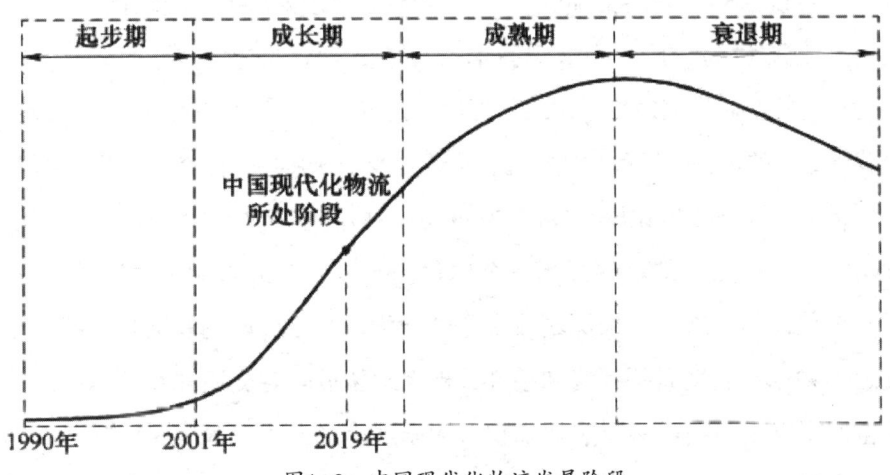

图1-2 中国现代化物流发展阶段

21世纪开始,随着互联网、物联网、云计算、大数据、人工智能、区块链等信息技术的高速发展,基础设施开始软硬结合、虚实一体,向智能化、网络化方向发展,进一步推动了互联网与物流成为新时代经济社会的基础支撑,成为新的基础设施。

二、经济新常态下的物流产业转型升级

(一) 物流产业转型升级的驱动力

在大发展、大变革、大调整的时代,社会变革创新的脚步从未间断,世界经济增长需要新动力,物流业发展也需要创新动力晋阶新的层级。物联网、云计算、大数据、共享经济等新生力量正悄然改变着行业,并成为产业转型升级的新动能。

首先,我国物流业在追赶型增长方面存在巨大的发展潜力。我国物流业

在过去几十年有了较快发展，但是在结构、发展效率上仍然与发达国家的物流业具有一定的差距。特别是在物流内部结构上，我国仍以交通运输为主，尚未形成以更多依靠专业化服务、更加细腻细分的行业为主导的新产业结构。

其次，我国物流业在前沿拓展新动能的形成方面具有更大的增长空间，或者说这样的动能更加强劲。在全球新一轮技术革命背景下，以互联网、大数据为代表的新一代信息技术，以高速铁路、航空航天技术、智能交通为代表的新一代交通技术，以新能源为代表的能源技术正在改变着全球乃至我国经济的运行格局和联通格局，也改变着全球和我国物流业的发展格局。

最后，经济全球化深入发展的过程将为物流业带来空间重塑的新动能。随着"一带一路"倡议的提出，全球化的发展正在进入新一轮发展阶段，而且该倡议的实施会更加深刻改变全球网络、基础设施的联通性，特别是交通和物流行业发展的环境和条件，极大地拓展全球交通和物流发展的网络空间，这也为我国物流企业加快进入全球市场，构建国内、国际两个网络，实现两个网络的融合发展创造了巨大的机遇和发展的空间。

（二）物流产业转型升级的方向

在经济新常态下，随着居民消费水平的提升，物流需求规模扩大，同时呈现多样化、个性化的特点，智慧化成为物流产业转型升级的战略方向。通过云计算、大数据、物联网、人工智能、5G等信息化新技术在物流作业场景下的探索和应用，实现物流活动自主化、物流主体互感知、物流系统自学习。物流行业智慧化将从以下几个方面促进行业转型升级：

1. 先进信息技术的应用。智慧物流运用先进的物流信息技术将供应链上所有成员的各个物流环节都紧密地联系在一起，以此实现供应链一体化运作，这就需要建立统一的信息标准，才能消除跨部门、跨行业、跨企业之间的信息沟通障碍，为智慧物流的发展提供坚实的基础。一方面，要通过制定条码、射频识别（RFID）等物流信息采集标准，不同信息系统之间的对接、信息交换的规范等，使不同的物流技术在仓储、运输、配送等物流业务中的应用标准得到统一。另一方面，要通过智慧物流标准化体系建设，形成物流作业在跨部门、跨行业、跨企业之间的标准运作，推动物流业务流程标准化管理和营运。

2. 智慧物流云平台的建设。智慧物流的高效运作离不开智慧物流云平台的建设，通过运用物联网技术、云计算技术等先进物流技术构建的智慧物流云平台，可为跨部门、跨行业、跨企业提供不同的配送车辆信息、货物信息、客户信息等物流信息服务，具备快速、及时、准确传递物流信息的功能，有效实现信息共享，有效解决了传统物流信息不对称和资源配置不合理等问题，满足了企业、客户、政府等多方需求。这不仅为多方互相协作和规范市场化运作提供了有力的支持，还将仓储、运输、配送等多个物流环节紧密联系在一起，从而使生产、流通和消费实现无缝对接，从整体上有效降低物流成本，最大限度地进行了物流资源整合和优化，实现供应链一体化高效运作的目标，提高物流专业服务能力。

3. 智慧物流模式的产生。在末端智能配送这一块，首先要积极鼓励电子商务、物流配送等企业共同合作，利用物联网、云计算、大数据等先进物流信息手段有效整合物流资源，借助智慧物流信息化平台，通过共同配送、无人机配送等智慧物流模式，达到末端物流配送集约化的目的，解决最后一公里难题。其次通过自动化仓库、自动化分拣机、电子标签拣选系统、拣选机器人等自动化设备，实现快速存取、分拣、搬运等物流作业，提高末端物流配送效率。最后支持物流配送企业、快递企业与连锁便利店、社区服务站、学校等单位共同合作，发展共享型的智能快递柜、智能快递站等智慧物流末端配送设施，提高末端自动化、智能化的服务水平，使末端物流作业变得高效且低成本。

4. 物流资源的充分利用。智慧物流理念追求的是物流资源的共享合作。为了打造社会物流资源共享的合作模式，一方面需要企业在相互信任的基础上，将企业物流信息透明化、公开化；另一方面借用物联网技术，通过大数据分析，可将企业闲置的仓库、车辆、托盘、集装箱等物流设施设备进行合理的配置和有效的整合。这不仅能消除企业信息孤岛，深入促进企业的专业化分工，而且能使企业间的物流资源也得到充分利用，避免企业物流资源的重复投入和建设。而与资源共享形式联系在一起的供应链上所有企业，不仅盘活了整个供应链条的物流资源，也增强了企业供应链的整体竞争能力。

三、物流新业态与智慧物流

物流产业正面临着从互联网到物联网时代转型的新拐点，工业4.0已广为人知，并自然而然地融入物流仓储自动化领域。近几年，物流仓储自动化、智慧仓库等现代化科技的出现，将原本独立运作的自动化模块通过信息技术紧密地联系起来，从而带动整体系统质的飞跃，这也催生了智慧物流的快速发展。大数据与智慧物流不断践行大数据技术与供应链创新模式在物流管理中的应用，包括销量预测、自动补货、拆单控制、拣货全局优化、配送商解析、市内智能派车等模型，以及供应商物流中心（SLC）、托盘循环共用等创新模式。

（一）物流发展新业态

物流业是国民经济的战略性、基础性和先导性产业。在经济形势驱动下，新一轮科技革命创新热潮在全球兴起，越来越多的人关注大数据、云计算、人工智能、物联网、区块链、无人驾驶、新能源等新兴技术，催化了一系列先进物流技术的发展与成熟，推动物流行业发展进入量质齐升的新业态阶段。物流行业新业态可总结为以下几个特点："互联网+"高效物流、人工智能+大数据赋能、物联网+人工智能。

1. 推进物流新业态，发展"互联网+"高效物流。近年来，发改委、工信部、财政部、央行多次发文，以落实好《政府工作报告》提出的各项降成本重点任务，推动物流业和制造业深度融合发展，降低制造企业物流成本，发展"互联网+"高效物流；支持基于大数据的运输配载、跟踪监测、库存监控等第三方物流信息平台创新发展，实现跨部门、跨企业的物流管理、作业与服务信息的共享，加快建设国家物流大数据中心。

2.人工智能+大数据赋能产业升级，推动物流行业资源联动。基于大数据、云计算、物联网、人工智能技术的成熟发展，可以对物流各环节进行信息化、高效率的管理，提高运输、配送效率、减少损耗，并可指导生产制造，为顾客提供更好的服务体验，推动物流供应链智慧化升级。物流行业新技术的应用如图1-3所示。

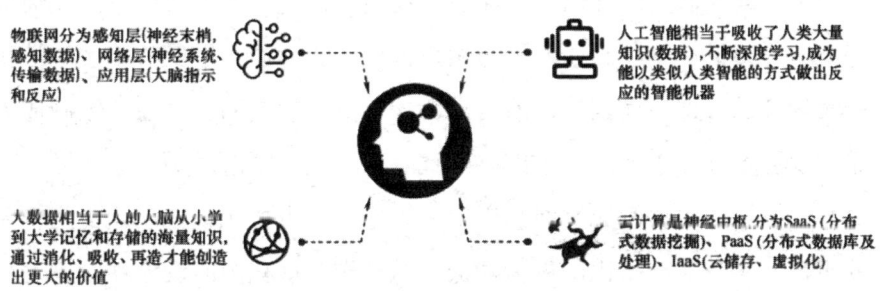

图1-3　物流行业新技术的应用

3.物联网+人工智能驱动着物流业新旧动能加快转换，重构物流行业版图。截至2017年年底，我国已有超过500万辆载重货车安装了北斗定位装置，智能快件箱超过19万组，还有大量托盘、智能柜、货物接入互联网。无人仓、无人港、无人机、无人驾驶、物流机器人等设施设备在物流领域得到试验应用。物流数字化、在线化、可视化成为常态，人工智能快速迭代，"智能革命"将重塑物流行业新生态。

（二）智慧物流发展的驱动因素

1.新需求。近十年来，电子商务、新零售、C2M等各种新型商业模式快速发展，同时消费者需求也从单一化、标准化向差异化、个性化转变，这些变化对物流服务提出了更高的要求。

（1）电子商务快速发展。行业爆发式增长的业务量对物流行业更高的包裹处理效率以及更低的配送成本提出了要求。2018年中国网络零售额超过9万亿元人民币，已跃升成为全球第一大网络零售大国。移动互联网、社交电子商务、共享经济等新模式的不断发展，推动电子商务行业的高质量发展与创新。

（2）新零售兴起。新零售是指企业以互联网为依托，通过运用大数据、人工智能等先进技术手段，对线上服务、线下体验以及现代物流进行深度融合的零售新模式。这一模式下，企业将产生如何利用消费者数据合理优化库存布局，实现零库存，利用高效网络妥善解决可能产生的逆向物流等诸多智慧物流需求。

（3）C2M兴起。C2M由用户需求驱动生产制造，去除所有中间流通加价环节，连接设计师、制造商，为用户提供顶级品质、平民价格、个性化且专属的商品。这一模式下，消费者诉求将直达制造商，个性化定制成为潮流，对物流的及时响应、定制化匹配能力提出了更高的要求。

2. 新技术。物流业的发展经历了人工生产、机械化、自动化再到智慧化的历程。人工生产的比例逐步降低，物流作业过程中的设备和设施逐步自动化。工业4.0的提出，强调利用物联信息系统将生产中的供应、制造、销售信息数据化、智慧化，最后达到快速、有效、个性化的产品供应。对于物流科技而言，就要整合传统和新兴科技，以互联网、大数据、云计算、物联网等现代信息技术来提升物流智能化程度，增强供应链柔性。

2019年物流应用技术成熟度曲线如图1-4所示。

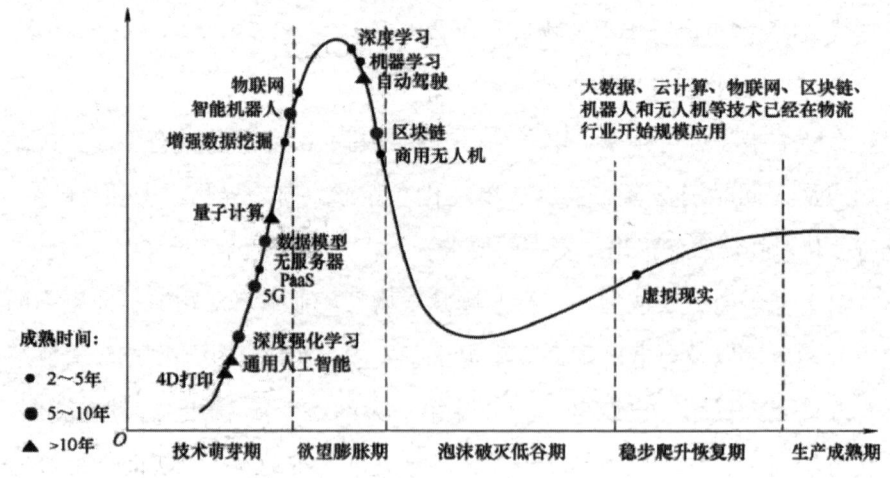

图1-4　2019年物流应用技术成熟度曲线

3. 新模式。互联网时代下，物流行业与互联网的结合，改变了物流行业原有的市场环境与业务流程，推动了一批新的物流模式和业态的出现，如车货匹配、运力众包等。基础运输条件的完善以及信息化的进一步提升激发了多式联运模式的快速发展。新的运输运作模式正在形成，与之相适应的智慧物也会流快速增长。

（1）车货匹配。可分为两类：同城货运匹配、城际货运匹配。货主发布运输需求，平台根据货物属性、距离等智能匹配平台注册运力，并提供各类增值服务。实现车货匹配对物流的数据处理车辆状态与货物的精确匹配度能力要求极高。

（2）运力众包。主要服务于同城配送市场，兴起于O2O时代，由平台整合各类闲散个人资源，为客户提供即时的同城配送服务。平台的智慧物流挑战包括如何管理运力资源，如何通过距离、配送价格、周边配送员数量等数据分析进行精确订单分配，以期望为消费者提供最优质的客户体验。

（3）多式联运。包括海铁、公铁、铁公机等多类型。多式联运作为一种集约高效的现代化运输组织模式，在"一带一路"倡议下，迎来了加速发展的重要机遇。由于运输过程中涉及多种运输工具，为实现全程可追溯和系统之间的贯通，信息化的运作十分重要。同时如无线射频、物联网等新型技术的应用大大提高了多式联运换装转运的自动化作业水平。

（三）智慧物流的产生

发展智慧物流，是指通过智能硬件、物联网、大数据等智慧化技术与手段，提高物流系统分析决策和智能执行的能力，提升整个物流系统的智能化、自动化水平。智慧物流集多种服务功能于一体，适应了现代经济运作特点和需求，强调信息流与物质流快速、高效、通畅地运转，从而实现降低社会成本、提高生产效率、整合社会资源的目标。

智慧物流的产生如图1-5所示。

智慧物流与供应链管理

图1-5 智慧物流的产生

从流程层面、运作层面和应用层面系统地介绍分析"智慧物流"理论体系。其中，流程层面是指智慧物流三大主战场——仓储、运输和配送，将从概念界定、特征分析、核心技术以及实现方法等方面介绍；运作层面是指支撑物流三大环节（采购、生产和销售）高效运转的智慧物流信息系统、关键技术以及需求预测；应用层面是指智慧物流与其他产业深度融合的实践结果，如智能制造与智慧物流、新零售与智慧物流等。智慧物流框架图如1-6所示。

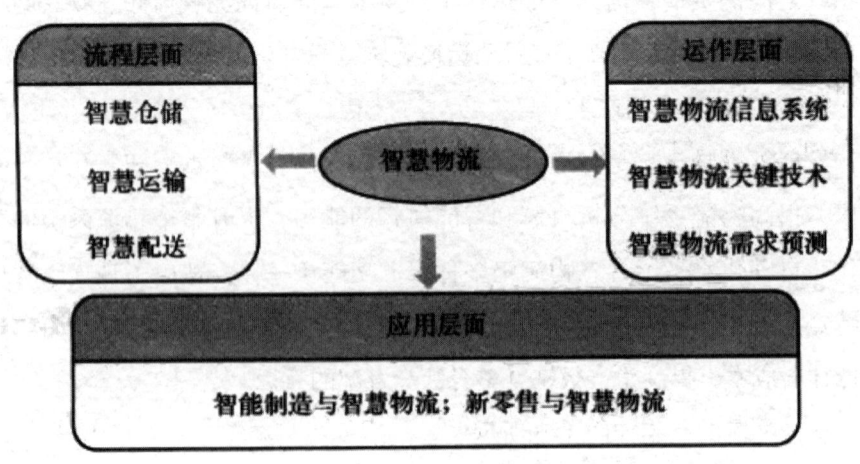

图1-6 智慧物流框架图

第三节　供应链发展历程与现代供应链的提出

一、供应链发展历程

（一）供应链概念

供应链（Supply Chain）的概念是在 20 世纪 80 年代提出的，其发展经历了三个阶段。

第一阶段，1985 年，美国学者迈克尔·波特（Michael Porter）在《竞争优势》一书中提出了价值链的概念。价值链将企业运营分解为与战略性相关的许多活动，其中基本活动包括内部物流、生产作业、外部物流、市场和销售与服务，辅助活动包括采购管理、技术开发、人力资源管理、基础设施管理。1992 年两位不知名的学者所描述的价值链比波特的范围广一些，他们认为任何企业都应该将自身的价值链放入整个行业的价值链中去审视，"从最初的供应商所需的原材料直到将最终产品送到用户的全过程"。同时企业必须对居于价值链相同或相近位置的竞争者进行充分的分析，并制定出能保证企业保持和增强竞争优势的合理战略。

第二阶段，1996 年，詹姆斯·沃迈克（James Womack）和丹尼尔·琼斯（Daniel Jones）的《精益思想》一书问世，精益生产方式由经验变成为理论，价值链概念进一步被拓展为价值流。"所谓价值流，是指从原材料转变为成品，并给它赋予价值的全部活动，包括从供应商处购买的原材料到企业，企业对其进行加工后转变为成品再交付给客户的全过程，企业内以及企业与供应商、客户之间的信息沟通形成的信息流也是价值流的一部分。"

第三阶段，又有两位学者于 1996 年在整合了价值链和价值流思想的基础上，首次提出了供应链的定义：供应链是一个实体的网络，产品和服务通过这一网络传递到特定的顾客市场。在《物流术语》中对供应链的定义为"生产及流通过程中,涉及将产品或服务提供给最终用户所形成的网链结构"。

(二)供应链管理

供应链管理(Supply Chain Management,SCM):就是指在满足一定的客户服务水平的条件下,为了使整个供应链系统成本达到最小而把供应商、制造商、仓库、配送中心和渠道商等有效地组织在一起,来进行产品制造、转运、分销及销售的管理方法。供应链管理包括计划、采购、制造、配送和退货五大基本内容。

供应链管理发展经过了四大阶段:第一阶段,储存、运输和采购等功能分离,各自独自经营。第二阶段,部分功能集成,例如,采购和物料控制、库存控制功能结合成物料管理,送货与分拨等结合成配送。此外,随着科学技术的发展,以及连锁经营的出现与兴起,企业对物流的要求也发生了变化,这一阶段提出了配送的概念,并出现了配送中心。第三阶段,企业内部的物流一体化,把物流各项功能集中起来,当作一个系统进行管理。发展到本阶段,企业物流管理的目标不再是使某一种功能的成本最小,而是要通过所有功能之间的平衡降低企业整个物流系统的总成本,或者在一定服务水平上使物流成本合理化。第四阶段,供应链管理兴起,随着企业界物流管理实践的深入,企业家开始认识到产品的竞争力并不是一个企业所能左右的,而是由产品的供应链所决定的。

(三)我国供应链发展现状及趋势

我国现代物流及供应链管理行业仍处于初级发展阶段,行业供应商功能单一,增值服务薄弱。目前,物流及供应链外包服务商的收益主要来自于基础性服务,如运输管理和仓储管理等,增值服务如供应链整合服务、供应链金融服务以及供应链平台建设等服务收入占比较小。在过去十年的发展中,传统的中国供应链已经陆续出现了破壳裂变的迹象,一些具有创新思维的供应链模式正蓄势待发。

随着供给侧结构性改革的不断深入，国家相关配套政策陆续出台及完善，供应链迎来了历史发展的重要机遇期。作为全球第二大经济体，我国新流通领域的创新发展正走向世界前列，线上线下相融合的现代供应链服务体系正在形成，为我国经济增长注入了新动力。

二、供应链创新的理解与阐释

在新形势下，与国民经济运行效率和发展质量相关的供应链改革发展，必将推动我国现代供应链创新与实践进入全新的发展阶段。可以从以下六个方面来理解供应链创新的基本理念及内涵：

（一）供应链创新的基本理念

供应链要摒弃单一的竞争理念，提倡包容、开放和共享的理念。不包容就没法开放，不开放就无法共享，推动包容、开放、共享的程度更加深入，范围更加广阔，水平更加提升。

（二）供应链创新的关键

供应链创新的关键在于整合和优化。通过供应链去整合资源，包括客户资源、市场资源、技术资源、人力资源和物流资源等，在整合资源的基础上实现资源共享和资源分享。资源的整合并不是简单的堆砌，而是要形成有机的整体，是要达到"1+1＞2"的效果，是要在整合资源的基础上进行优化，包括布局的优化、资源的优化、流程的优化等。通过整合和优化，互联互通会更加有效率，更加具有能动性。

（三）供应链创新的核心

供应链创新的核心在于"协同"，协同包括三个层次：一是运行层面的协同；二是管理层面的协同；三是战略层面的协同。

（四）供应链创新的基本目标

传统的规模速度型的经济发展方式，已经不再适应我国在新时代国民经济发展的要求，提高经济发展的效益和效率成为供应链创新的基本目标。

（五）供应链创新基本趋势和方向

智慧化、智能化是供应链未来的发展趋势。这就必须要和创新驱动、科技创新相结合，与人工智能、无人机、大数据、云计算、区块链等先进技术深度融合，推动提升供应链的智能化和智慧化水平。

（六）供应链创新的本质特征

发展供应链的本质是价值创造。而在"稳增长、调结构"的新形势下，我国经济正处在"高成本、高增长"向"低成本、中高增长"转变的关键阶段。因此要避免过多依靠资源要素的高投入、高能耗，改变高增长的传统发展模式，需要依靠创新加快形成新的内生增长动力。

三、现代供应链的产生

供应链是以客户需求为导向，以提高质量和效率为目标，以整合资源为手段，实现产品设计、采购、生产、销售、服务等全过程高效协同的组织形态。经济发展新常态下，从客户层面、产业层面、技术层面、生态环境层面对供应链发展提出了新要求和新标准，催生了现代供应链的形成。

（一）客户需求的变化

现阶段，供应链整个网链结构的重心正在逐步向后端移动，促使对供应链的管理视角发生变化，以需求为导向的思想开始渗透到供应链各个主体。对消费者行为特征进行分析和预测，对物流需求进行精准、实时预测，是现代供应链管理的基础，是减少库存积压以及供求偏差，保持供应链高度灵活的首要条件。

（二）产业发展的要求

中国产业发展将进入"供应链+"的新阶段。"供应链+制造"将促使制造业利用供应链管理方法推动行业创新和发展，提升制造业竞争力；"供应链+服务"将使服务业在供应链模式下更加细分和融合，实现服务业升级；"供应链+物流"将激励一批供应链管理型物流服务企业的服务创新与变革;"供应链+金融"将实现物流金融与互联网金融齐头并进,共谋发展;"供应链+技术"将促进大数据等新兴技术推动供应链管理模式的全面转型。

(三) 技术进步的催化

人工智能等新兴技术在供应链领域的应用催生了现代供应链。首先,技术进步解决了个性化需求。单个的需求和供给可以低成本、高效率、精准对接且形成规模化。其次,拓宽了收入渠道。在传统的供应链当中,只有一个最终消费者作为现金流的收入。而现代供应链中,从供应商到生产商到流通商等,都有可能是收入源泉。最后,技术进步促进供应链主体实现万物互联、精准预测以及自主决策,重塑供应链体系结构。

(四) 生态环境的约束

传统供应链是巩固和提高市场竞争力的工具,比起现代供应链,它更加注重追求经济效益,而忽视甚至牺牲社会效益和生态效益,代表了大量消耗、大量生产、大量抛弃的单程式经济发展模式。要实现人与自然的共同繁荣,必须抛弃片面追求经济发展速度的狭隘思想,注重对自然环境和生态资源的合理保护。2017年10月,国务院办公厅印发的《关于积极推进供应链创新与应用的指导意见》也明确指出,要通过大力倡导绿色制造、积极推行绿色流通,建立逆向物流体系等途径,倡导和构建绿色供应链。

加快供应链创新,建设现代供应链,已成为深化供给侧结构性改革、建设现代化经济体系的重要内容,这将极大地推动我国现代供应链创新与实践进入一个新的发展阶段,同时也表明我国经济在转型升级发展过程中,进入了供应链创新时代。

从理论基础和典型模式两方面系统性地介绍分析"现代供应链"理论体系。其中,理论基础主要包括四部分内容,分别是概念界定、特征分析、体系结构以及变革趋势。之后,遵循现代供应链协同的基本理念,以精益供应链、敏捷供应链、绿色供应链三种典型基本模式为核心,从提出背景、概念内涵、关键技术、运作模式等方面展开分析。现代供应链框架图如图1-7所示。

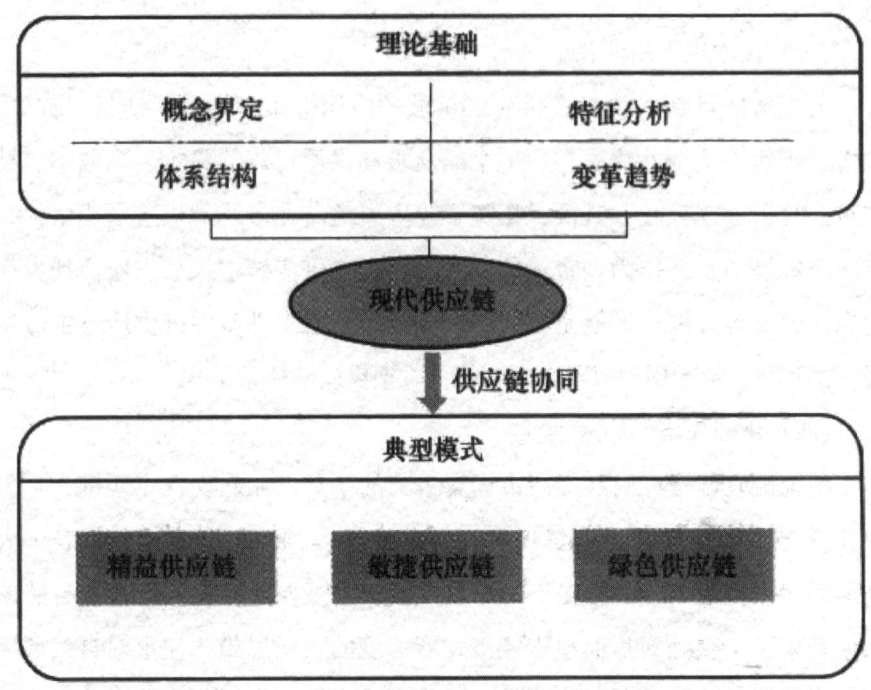

图1-7 现代供应链框架图

第二章　智慧物流概述

随着国民经济及电子商务的快速发展以及"互联网+"新技术的不断引入，智慧物流这一以数据化、智能化、柔性化、协同化为主要特征，引入新技术、新模式、新管理，实现物流过程即时感知、智能分析、科学决策与精准执行这种的新型物流创新模式日益受到政府、企业及消费者的重视。目前，智慧物流凭借技术、组织、管理、模式以及政策等多个层面的创新，借助分布广泛的先进物流设施网络、智慧物流设备集群以及智慧物流信息平台等智能物流设施设备，在智慧仓储、智慧运输、智慧配送等多个领域取得了初步应用。预计未来，随着新技术、新管理、新模式的不断成熟，物流业将焕发出新的活力，智慧物流将更加注重体验升级、智能升级、绿色升级及供应链升级。同时，人工智能技术的普及、智慧化平台的升级、数字化运营的加深以及智能化作业的广泛应用将促进智慧物流的快速发展。本章对智慧物流相关理论及应用进行阐述，主要包括三部分内容：智慧物流的概念、内涵及特征；智慧物流的体系结构；智慧物流的发展方向及应用前景。

第一节　智慧物流的概念、内涵与特征

一、智慧物流的产生背景

中国是世界第二大经济体，近年来随着国民经济的发展，特别是由内需引发的电子商务零售行业的快速发展，物流行业发展迅猛。目前，我国物流业市场规模位居全球第一，成为全球最大的物流市场，物流业在国民经济中的基础性、战略性地位日益显现。自 2013 年以来，"互联网+"思维的普及以及新技术的不断引入，引发了物流领域新一轮的创新改革潮流。智慧物流这一以精细、动态、科学的管理实现物流的自动化、可视化、可控化、智能化、网络化，从而提高资源利用率和生产力水平的新型物流创新模式日益受到政府和众多物流企业的重视。

智慧物流概念的提出最早追溯到 IBM 在 2008 年提出"智慧的地球"这一概念。IBM 作为一家信息技术研究公司对智慧物流的最初理解是建立于信息技术的支撑，最初的智慧物流概念是指物流系统的各个环节，如运输、仓储、包装、装卸以及加工配送等都是以信息技术为基础，都纳入信息系统的控制之下，实现系统全面的感知、及时处理和自我调整，从而实现物流规整智慧、发现智慧、创新智慧和系统智慧的现代综合性物流系统。这一概念一经提出，就在全球开始受到各个国家的关注。

2009 年，我国提出了"感知中国"的概念，2010 年，物联网被正式写入《政府工作报告》。我国从 2009 年正式开始了智慧物流的探索和发展，智慧物流也入选 2010 年物流业十大关键词。近年来，以互联网、大数据、云计算等现代信息技术为引导的智慧物流逐渐上升到国家层面，多项国家政策提出要推动互联网、大数据、云计算等信息技术与物流深度融合，推动物流业乃至中国经济的转型升级，部署推进"互联网+物流"。同时电商物流、医药物流、药草物流、冷链物流等先进物流领域的快速发展也使得智慧物流应用不断深入，以互联网和物流大数据为依托，通过共享、协同、创新模式和人工智能先进技术，重塑产业分工，转变产业发展方式的智慧物流成为物流行业新的发展方向。

二、智慧物流的概念及内涵

（一）智慧物流概念综述

"智慧物流"是2009年12月由中国物流技术协会信息中心、华夏物联网、《物流技术与应用》编辑部联合提出的物流新概念。智慧物流以互联网为依托，广泛应用物联网、大数据、云计算、人工智能等新一代信息技术，将物联网与现有的互联网整合起来，通过精细、动态、科学的管理，实现物流的自动化、可视化、可控化、智能化、网络化，从而降低物流成本，减少环境压力，提高企业利润，实现更丰富的社会价值。

目前，智慧物流得到了全球各国以及社会各界的广泛关注和讨论，但对于智慧物流的概念并没有一个统一的标准。而有关智慧物流中"智慧"的理解，秦璐认为物理世界的"智慧"是感知、交互、分析、发现、决策的综合。"智慧"以增强系统内外的感知量为基础，通过建立万物间的深度关联，自动发现新规律，将感知、认知、决策相结合，建立真正独立完成操作并自动进行决策的自制系统。"智慧"一定是可以获得、可以传导、可以分析、可以决策并可以行动的自动过程。

从现有智慧物流相关文献和资料来看，目前国内对于智慧物流的理解主要可以分为以下三类观点：

观点一：智慧物流是依托信息技术的一种现代化的综合性物流系统，见表2-1中章合杰与王继祥的观点。

观点二：智慧物流使物流系统具有自行解决物流问题的能力，见表2-1中中国物联网校企联盟的观点。

观点三：智慧物流是使物流业具有整体智慧特征的创新形态和发展状态，见表 2-1 中汪鸣和李芷巍的观点。

智慧物流概念汇总见表 2-1。

表 2-1　智慧物流概念汇总

提出者	年份	概念
中国物联网校企联盟	2009	智慧物流是利用集成智能化技术，使物流系统能模仿人的智能，具有思维、感知、学习、推理判断和自行解决物流中某些问题的能力，即在流通过程中获取信息从而分析信息做出决策，使商品从源头开始被实施跟踪与管理，实现信息流快于实物流。智慧物流可通过RFID、传感器、移动通信技术等让配送货物自动化、信息化和网络化
王继祥	2009	智慧物流指的是基于物联网技术应用，实现互联网与物流实体网络融合创新，实现物流系统的状态感知、实时分析、科学决策和精准执行，进一步达到自主决策和学习提升，拥有一定智慧能力的现代物流体系
章合杰	2011	智慧物流是指一种以信息技术为支撑，在物流的运输、仓储、包装、装卸搬运、流通加工、配送、信息服务等各个环节实现系统感知、全面分析、实时处理及自我调整功能，实现物流规整智慧、发现智慧、创新智慧和系统智慧的现代综合性物流系统
汪鸣	2011	智慧物流是指在物流业领域广泛应用信息化技术、物联网技术、智能技术和匹配的管理和服务技术基础上，使物流业具有整体智能特征和服务对象之间具有紧密智能联系的发展状态
李芷巍	2014	智慧物流是一种将互联网与新一代信息技术应用于物流业中，实现物流的自动化、可视化、可控化、智能化、信息化、网络化，从而提高资源利用率服务模式和提高生产力水平的创新形态

综合智慧物流已有概念及相关研究来看，智慧物流应具备以下几点要素：

1.智慧物流是大数据、云计算、物联网等新技术与传统物流系统的融合创新。大数据、云计算、物联网以及人工智能等新技术是物流系统可以实现智慧的前提，集成化的智能技术和优化算法可以使得物流系统实现状态感知、实时分析、科学决策和精准执行，进而提高物流效率。

2.智慧物流具有一定的智慧能力，可以实现自感知、自学习以及自决策。智慧物流区别于传统物流最重要的一点是智慧物流系统可以在无人指引的情况下模仿人的智慧，可以借助智能技术和算法实现自动感知、自主学习以及智慧决策。

3.智慧物流可以实现物流的自动化、可视化、智能化与网络化，从而提高物流效率，降低物流成本。物流智慧化的最终目标依旧是降本增效，提供良好服务，物流的自动化、可视化、智能化与网络化的实现都是以此为目的。

（二）智慧物流的概念

智慧物流是具有感知、分析和思维能力，可进行自主决策的物流形态。智慧物流是以实现智能、高效、绿色为目标，综合运用物联网、大数据、云计算和人工智能等新技术，通过物流操作无人化、物流业务数据化、物流流程可视化等新模式，运用精准计划、高效组织、全面协调、集中控制等新管理，实现物流需求即时感知、物流数据实时分析、物流方案科学决策和物流任务精准执行的现代综合物流体系。智慧物流体系框架如图2-1所示。

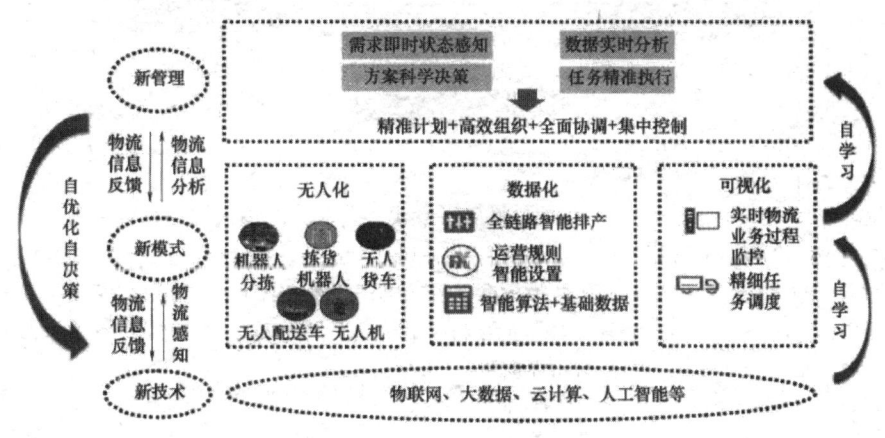

图2-1 智慧物流体系框架

"智慧"是以增强系统内外的感知量为基础,通过建立万物间的深度关联,自动发现新规律,将感知、认知、决策相结合,建立真正独立完成操作并自动进行决策的自制系统。智慧物流中的新技术、新管理、新模式是智慧物流区别于传统物流的主要方面,物联网、大数据、云计算以及人工智能等新技术使得物流的无人化、数据化、可视化成为可能,而物流的无人化、数据化、可视化也使得物流中感知、分析、决策、执行等各环节更加精准高效。不同于传统物流,智慧物流不仅实现了物流自动化,同时在自动化的基础上可以实现即时感知、实时分析、科学决策以及精准执行的物流智能化,进而实现自主学习、自主优化、自主决策的物流智慧化。

(三)智慧物流的内涵

智慧物流是由新技术、新模式、新管理组成的耦合系统。新技术、新模式、新管理在物流领域的应用是智慧物流区别于传统物流的主要特征,物流新技术的出现催生新模式,而新模式的应用需要新技术的加持。新模式的出现促进新的管理方式的产生,而新模式的运营需要新管理的控制与协调。新管理方式的出现带动了物流新技术的创新和研发,而新管理方式的实施也需要新技术的保障。

智慧物流内涵示意图如图 2-2 所示。

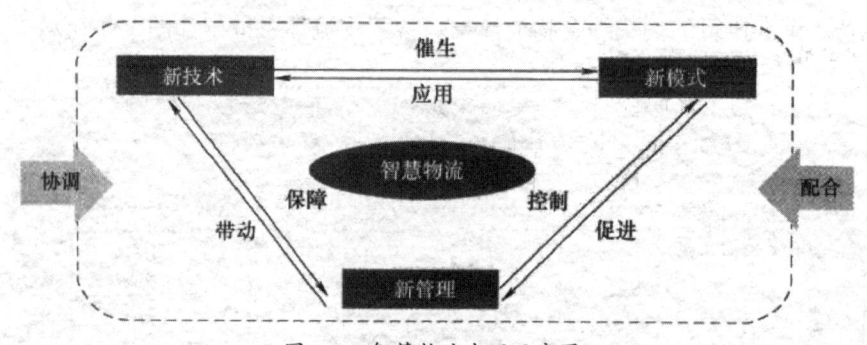

图2-2 智慧物流内涵示意图

1.新技术催生新模式,新模式应用新技术。大数据、云计算、物联网、人工智能等新技术的发展,为物流行业的发展赋予了新的能量,激发了物流行业商业模式创新和市场新进入者的参与,催生出互联网+车货匹配、互联网+合同物流、互联网+货运经纪、互联网+库存管理等新模式，成为物流业大众创业、万众创新的重要源泉。同时，新技术的应用也促使更多的物流创新模式得以实现：物联网使仓储生产自动化从理论变成了现实；人工智能能实时识别场站堆积、作业情况，加速物流场站的流转速度；柔性自动化的出现第一次从真正意义上解放了人类的双手，帮助人们走出流水线；自动驾驶和生物识别使物流行业走向智能运输，也更加安全。

与此同时，智慧制造、新零售、共享平台、无人化、自动化等物流领域新模式的产生也促进了物流行业技术的创新与应用。出于对物流行业无人化、智能化运作模式的要求，众多企业纷纷投入无人车、无人机、无人仓等设施设备的研发，物流行业共享化、平台化模式使得以可自我感知、自我处理、自我决策为主要特点的智慧物流信息系统得以设计并研发，大型制造企业的智慧化发展也促使3D打印、VR/AR（虚拟现实/增强现实）等相关技术开始应用于物流领域。

2. 新模式促进新管理，新管理控制新模式。新技术的引入使得物流行业新的运营模式产生，而诸如智慧制造、新零售、共享平台、无人化、自动化等新模式的正常运营则需要与之相适应的管理思想、管理理念、管理方法、管理体制以及管理流程，与旧模式相比，新模式在组织管理方式、产业形态、经营形态等方面有新的发展和突破。管理的革命总是与技术及模式的革命相伴而生，模式的变化势必推动管理的变化，管理的变革必须适应模式的进步。

与此同时，智慧物流中新管理理念、方法、体制及流程等为新模式的运营提供了标准和规则，如何保障业务模式的有效运营、随时交互的客户沟通、超越客户预期的体验、重塑生产满足客户需要、客户与合作伙伴相互渗透等都需要新的管理方式的运用。

3. 新管理带动新技术，新技术保障新管理。新的管理方式为新兴技术从体制、组织、战略、领导、环境、运作方式、资源配置效率等方面提供保证。先进的管理促进技术创新，技术创新能否给企业带来预期的绩效、能否提高创新工作效率，在很大程度上取决于能否同管理创新协同与匹配，能否同组织创新、文化创新、体制创新、运行机制创新等协同与匹配。智慧物流中,新兴的管理方式需要与之配套的新技术加以辅助,如无人化、智能化设施设备的管理需要导航追踪、信息控制等相关技术的辅助。

技术的变革与创新为管理的变革与创新创造了外部环境和内在驱动力,技术的创新与进步带来管理思想、管理理念、管理方法、管理体制、管理流程、组织模式的变革与创新,为深层次的组织模式变革起着促进和推动作用。技术创新是管理变革与创新的技术基础与必备的技术支撑条件,先进的技术为科学的管理和管理的创新提供了科学的、先进的方法与手段。

三、智慧物流的功能及特征

(一)智慧物流的功能

智慧物流的功能包括即时感知、智能分析、科学决策、精准执行。

1. 即时感知。运用物联网、大数据及 RFID 等先进技术实现物流数据的实时感知与获取,使得参与各方准确掌握货物、车辆和仓库等相关信息,实现数据的实时收集传输。

2. 智能分析。利用大数据、云计算及智能处理系统等先进技术,对实时物流数据进行分析,挖掘数据特点,监控数据状态,随时发现物流作业活动中的漏洞或者薄弱环节。

3. 科学决策。结合特定需要,综合评估物流成本、配送时间、服务质量、服务能力及其他标准,预测物流需求,制订配送方案,规划配送路线,评估风险概率,协同制定决策,提出最合理有效的解决方案。

4. 精准执行。智慧物流中各个系统之间密切联系,共享数据,实现资源优化配置,能够按照最有效的解决方案,自动遵循快捷有效的路线运行,并在发现问题后自动修正,备用在案,方便日后查询。

(二)智慧物流的特征

智慧物流的特征包括数据化、智能化、柔性化、协同化。

1. 数据化。"数据化"反映了智慧物流以"数据"驱动决策与执行的运作原理。通过物流信息及业务的数据化，促进信息在物流各环节、各节点之间的互联互通和信息共享，实现物流系统全过程的透明化和可视化，并利用大数据、云计算及各种智能信息系统实现数据的科学分析及决策。

2. 智能化。"智能化"是智慧物流的典型特征，贯穿于智慧物流活动的全过程。智慧物流通过人工智能技术、自动化技术及移动通信等技术的应用，可实现整个物流过程的自动化及智能化管理，主要表现为需求及库存水平的精准预测、车辆及道路的智能配置以及分拣、搬运及监控过程的智能控制等。

3. 柔性化。"柔性化"反映了智慧物流"以顾客为中心"的服务理念。人们的个性化需求不断增加，对于物流服务的需求也呈现出明显的差异化，柔性化在物流服务中的重要性开始凸显。主要表现为根据用户需求制订行之有效的物流方案，实时监控并适时调整，从而为用户提供高度可靠的、及时的、高质量的物流服务。

4. 协同化。"协同化"指的是物流领域跨集团、跨企业、跨组织之间的深度协同。随着时代发展，单一孤立的物流组织弊端逐渐凸显，物流组织之间协同化程度不断加深。智慧物流基于物流系统全局优化思想，打破传统企业边界，深化企业分工协作，实现存量资源的社会化转变与闲置资源的最大化利用。

第二节　智慧物流的体系结构

一、智慧物流体系的总体架构

智慧物流体系包括支撑层、核心层、应用层三个部分（见图2-3）。支撑层是智慧物流发展的软件基础，主要包括创新性的技术、组织、管理、模式、政策等；核心层是智慧物流发展的硬件基础，主要可概括为先进物

智慧物流与供应链管理

流设施网络、智慧物流设备集群以及智慧物流信息平台；应用层是智慧物流的发展及应用方向，智慧物流目前已经在多个行业多个领域得到了初步应用，本节将具体介绍智慧物流在智慧仓储、智慧运输、智慧配送三个物流关键环节的应用场景及发展方向。

二、智慧物流体系支撑层

技术、组织、管理、模式及政策的创新使得物流智慧化成为可能，是智慧物流发展的创新来源和动力支撑，也是促进物流业高效稳定发展的重要保障，它们共同构成了智慧物流体系的支撑层。因此，本节将分别从技术创新、组织创新、管理创新、模式创新以及政策创新五个维度概述智慧物流体系的支撑层。

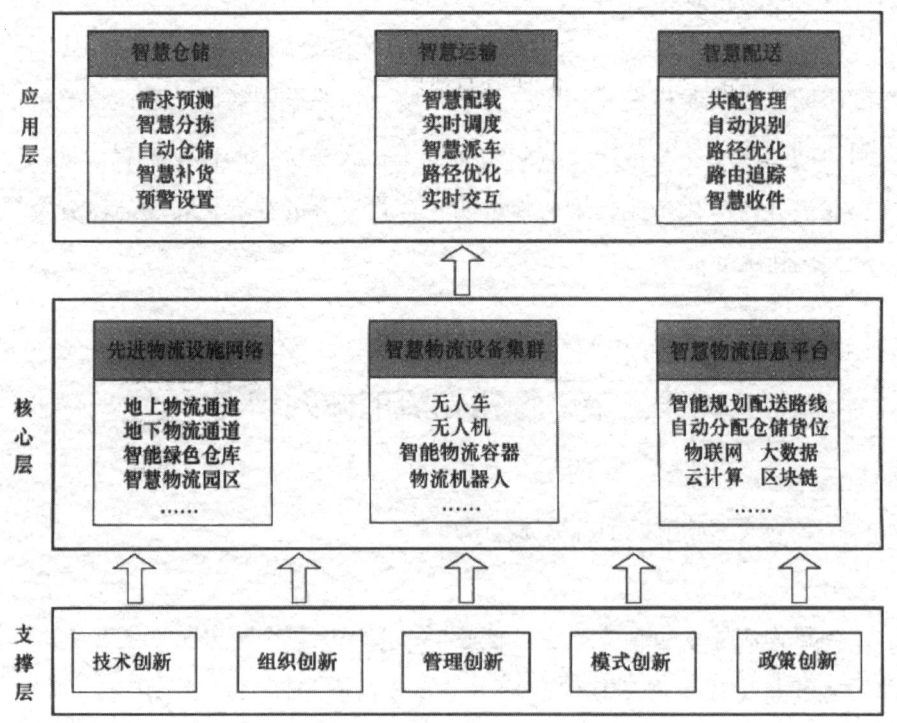

图2-3 智慧物流体系的总体架构

（一）技术创新

技术创新是物流业实现智慧化的基本条件，随着社会物流总量的持续增加以及人们对于物流服务质量的要求逐渐提高，自动化、智能化技术在提高物流运作效率、降低物流成本等方面的优势逐渐凸显，成为智慧物流中的一个显著标志。智慧物流中的技术主要可以概括为感知技术、数据处理技术、数据计算技术、网络通信技术、自动化技术五大类。

1. 感知技术。感知技术是物联网核心技术，感知技术的应用可以实现物流信息的实时收集与物流状态的实时追踪，是实现物品自动感知与联网的基础。智慧物流中运用较为广泛的感知技术主要包括编码技术、自动识别技术、传感技术以及追踪定位技术等。

2. 数据处理技术。信息时代消费及物流数据激增，高性能数据处理技术的应用，可以实现信息资源的有效管理，提高企业物流系统思维、感知、学习、分析决策和智能执行的能力。智慧物流中的数据处理技术主要包括大数据技术、机器学习技术以及区块链技术等。

3. 数据计算技术。智慧物流中的数据计算技术主要以大数据、云计算技术为核心，运用智能算法挖掘物流大数据中的有效信息，预测用户需求，结合实际的智慧物流应用场景，实现更快速的反应和实时操作，达到统筹资源、快速响应的目的。

4. 网络通信技术。网络通信是智慧物流的神经网络，是智慧物流信息传输的关键，智慧物流以信息协同共享为主要前提，对于网络通信技术的要求也较高。智慧物流中运用较为广泛的网络通信技术主要包括无线局域网技术以及物联网技术等。

5. 自动化技术。自动化技术是智慧物流系统的应用层执行操作的基础，自动化技术在物流领域的应用，可以在很大程度上解放人力，提高物流运作效率，进而降低物流成本。智慧物流中的自动化技术主要包括自动分拣技术、智能搬运技术、自动化立体库技术以及智能货运与配送技术等。

（二）组织创新

随着经济全球化的发展，供应链上各企业之间的横向以及纵向合作逐渐加深，相比于传统物流而言，智慧物流更加强调组织的柔性化以及组织成员之间的协同化，各物流组织之间的界限逐渐模糊，组织结构也更加灵活多变。智慧物流中的组织创新主要表现为：组织边界网络化、管理层级扁平化、组织结构柔性化、组织环境全球化。

1.组织边界网络化。随着物流企业之间合作的加深及供应链上企业之间的协同化发展，企业不再以单独个体进行组织和管理，企业内部及企业之间的界限开始变得模糊，组合边界也呈现出网络化的特点。

2.管理层级扁平化。为了提高物流组织的管理效率，智慧物流的组织结构由原先的单中心化向多中心化发展，管理层级趋向于扁平化，这样的组织结构能够使得组织的运营变得更加灵活、敏捷，最终达到管理效率和效能的提高。

3.组织结构柔性化。为了满足消费者多元化的物流需求，为用户提供更加高质量的物流服务，智慧物流要求相关物流组织能够根据环境的变化，迅速、有效地配置其所属资源，从而有利于发挥组织的整体资源优势，以解决组织发展中所面临的特定问题。

4.组织环境全球化。随着经济全球化的发展，人们的消费需求更加趋向于多元化，人们可以选择多个国家及其市场的产品和服务，而产品的空间转移则需要物流活动的支持，因此物流行业的发展也随之呈现出全球化的特征。

（三）管理创新

随着消费者需求逐渐向个性化、定制化转变，对于物流的需求也随之发生变化。与此同时，新的技术和模式被应用于物流领域，而技术的变革以及模式的创新随之带来的则是管理方式的变革。随着物流业智慧化程度的逐渐加深，智慧物流管理方式开始呈现出精细化、标准化、协同化以及无人化的特征。

1. 精细化管理。智慧物流对于物流的时效性及经济性要求更高，传统的粗放式物流管理方式并不能满足需求。同时，随着大数据及物联网技术的应用，物流运作方式更加透明，精细化的管理方式开始受到物流企业的重视。企业通过精细化的物流操作、流程控制及分析核算，构造快速响应、有弹性的精细化物流管理体系。

2. 标准化管理。智慧物流强调各环节、各组织之间的有效衔接，随着国际物流合作的不断加深以及多式联运的发展，物流标准化的重要性开始凸显。智慧物流的标准化管理存在于运输、配送、包装、装卸、保管、流通加工、资源回收及信息管理等物流各个环节中，对于提高物流运作效率以及物流组织间的有效协调具有重要意义。

3. 协同化管理。智慧物流的核心是"协同共享"，协同共享理念打破了传统企业边界，深化了企业分工协作，实现了存量资源的社会化转变和闲置资源的最大化利用。协同共享的发展模式也促进了物流协同化管理思想和管理方式的产生，智慧物流的发展更加注重企业之间、部门之间与组织之间的协同管理，可实现互利共赢。

4. 无人化管理。随着自动化、智能化设施设备在物流行业的应用逐渐加深，物流运作开始呈现出无人化趋势。越来越多的自动化、智能化设施设备可以依赖系统及各种智能算法实现自主控制及决策，管理人员在设施及设备的运作过程中起到的作用越来越少，无人化的管理方式开始出现。

（四）模式创新

互联网时代下，物流行业与互联网的融合，改变了物流行业原有的市场环境与业务流程，催生了一批新的物流模式。大数据、云计算、物联网以及人工智能技术的成熟和应用，也为物流行业中新的物流运作模式提供了发展条件。智慧物流中出现的创新模式主要包括平台模式、全渠道模式、即时配送模式以及主动配送模式。

1. 平台模式。平台模式是指借助互联网建立一个开放、透明、信息共享的数据应用平台，从而为物流公司、发货企业或个人车源、货源等提供一个高效业务对接的平台，促进物流资源的整合集聚及信息共享。智慧物流平台运用大数据可为用户带来更多优质的选择与服务，提高物流服务质量的同时提升用户的业务量。

2. 全渠道模式。全渠道模式是指企业为了满足消费者任何时候、任何地点、任何方式购买的需求，采取实体渠道、电子商务渠道和移动电子商务渠道整合的方式销售商品或服务，为顾客提供无差别的购买体验。全渠道模式打破了时间和空间上的限制，企业可以部署多个渠道类型以覆盖消费者整个购买过程，并且从各个渠道收集消费者行为数据，经过对数据进行整理和分析，从而为消费者提供更加精准的服务。

3. 即时配送模式。随着大数据、云计算、物联网等先进技术在即时物流配送体系中得到应用，数据驱动、智能调拨已经成为即时物流的核心竞争力。即时物流的技术变革解决了传统点对点配送的大规模、高延时、不确定等问题，又通过与新零售、电商物流前端配送系统以及供应链系统的对接，打通了物流最后一公里的末端配送网络，推动着物流系统的变革。

4. 主动配送模式。主动配送模式是指基于大数据、物联网及各种智能优化算法，从网络中搜索、发现、挖掘用户服务需求并主动提供用户需要的配送服务的一种新型智慧配送模式。主动配送使得企业具备超前的货物组织调运、合理安排库存、统筹使用库容的能力，有效降低季节性波动以及地域性矛盾对物流配送时效的影响，催生物流整体最优化。

（五）政策创新

随着经济发展水平的提高和人们生活消费习惯的改变，物流在国民经济发展过程中的作用显得越来越重要，实现物流业降本增效是近年来国家及物流行业关注的主要问题。我国各级政府高度重视物流科技发展，密集出台了一系列鼓励物流行业向智能化、智慧化发展的创新政策。智慧物流发展的政策主要集中在发展方向、软件基础、硬件基础与绿色物流四个层面。

1. 发展方向政策层面以推动物流业与互联网深度融合，促进物流智能化、智慧化发展为主要目标，发展以科技为导向的互联网高效物流，鼓励发展共享经济,利用互联网平台统筹优化社会闲散资源,推动物流高效化与集约化。

2. 软件基础政策层面以打造大数据支撑、网络化共享、智能化协作的智慧供应链体系为主要目标,鼓励物流企业应用物联网、云计算、大数据、移动互联网等先进技术,研究推广物流云服务,促进智能技术在物流领域的深度应用。

3. 硬件基础政策层面以鼓励智能物流设施设备的制造、研发和应用为主要目标,加大投资力度,鼓励企业积极开发智能物流设备,提升物流装备的整体智能化水平,加速物流智能化与无人化,同时创新人工智能产品和服务。

4. 绿色物流政策层面以保障物流业绿色可持续发展为主要目标,积极推动新能源汽车及绿色包装在物流中的应用,鼓励企业采取绿色物流举措,推动绿色仓储、绿色运输、绿色配送在物流企业中的广泛实施。

三、智慧物流体系核心层

智慧物流体系核心层主要包括先进物流设施网络、智慧物流设备集群以及智慧物流信息平台。智慧物流设施及设备是智慧物流系统的物质技术基础,是实现物流自动化、智能化以及智慧化的重要手段。智慧物流信息平台是实现智慧物流信息化管理的基础,是促进物流各环节之间有效衔接的重要手段。

(一)先进物流设施网络

智慧物流中的先进物流设施主要可以概括为物流通道、智能绿色仓库以及智慧物流园区等,先进物流设施之间的交错连接与业务协同共同组成智慧物流的先进物流设施网络。

1. 物流通道。物流通道是指连接物流园区、物流基地、物流中心等以及它们和外部交通基础设施(包括铁路、公路、水运、航空等货运站场)

的货运道路系统。通过构建快速畅通的货运道路体系，保证物流中心、物流园区等物流节点之间的各项物流功能的顺利实施，达到货畅其流的目的。

物流通道包括地上物流通道和地下物流通道，随着城市交通需求的不断上升和城市用地日益紧缺矛盾的加剧，城市交通组织不再停留在原有的一维地表平面，而是从地表转向地上，进而转移至地下，从而实现在三个层面上进行交通运营与组织，即交通的立体化。

2. 智能绿色仓库。智能仓库是以立体仓库和配送分拣中心为产品的表现形式，由立体货架、有轨巷道堆垛机、出入库托盘输送机系统、检测浏览系统、通信系统、自动控制系统、计算机监控系统等构成，综合了自动控制、自动输送、场前自动分拣及场内自动输送等功能，通过货物自动录入、管理和查验货物信息的软件平台，实现仓库内货物的物理活动及信息管理的自动化及智能化。同时，顺应物流业可持续发展要求，智能仓库管理应秉承绿色理念，实现仓库的绿色管理及运作。

3. 智慧物流园区。智慧物流园区是指以物联网、云计算和大数据等新一代信息技术为基础，全面动态感知、分析和整合商圈内方方面面的数据，集成多种物流功能及物流服务，从而营造更高效、更便捷和更繁荣的商业环境，实现用户体验人性化、营销服务精准化、运维管理细致化和消费环境融合化的新型商圈形态。智慧物流园区服务类型见表2-2。

表2-2　智慧物流园区服务类型

服务类型	服务内容
物流信息服务	车辆管理、仓储配送管理、客户管理、决策支持、财务管理
物流金融服务	融资、担保、保险、仓单质押
企业管理服务	财务代理记账、法律顾问、人事代理、人才实训
一体化政务服务	资质审批、工商注册、税务代办、统一开票
专业性物业服务	车辆管理、仓库维护、消防保安、日常保洁
增值服务	车辆检修、不停车电子收费（ETC）、食宿服务、娱乐休闲

（二）智慧物流设备集群

智慧物流中的智慧物流设备主要包括无人车、无人机、智能物流容器以及物流机器人等几类。

1. 无人车。无人驾驶汽车简称无人车，是通过车载传感系统感知道路环境，自动规划行车路线并控制车辆到达预定目标的智能汽车。它是利用车载传感器来感知车辆周围环境，并根据感知所获得的道路、车辆位置和障碍物信息，控制车辆的转向和速度，从而使车辆能够安全、可靠地在道路上行驶，集自动控制、体系结构、人工智能、视觉计算等众多技术于一体。目前，自动巡航无人车作为自动化快递配送设备，受到多家电商企业及快递企业的重视，处于研发及调试阶段，未大面积使用。

2. 无人机。无人驾驶飞机简称无人机，是利用无线电遥控设备和自备的程序控制装置操纵的不载人飞机。目前，无人机的研发及应用受到众多电商企业及物流企业的大力支持，如京东配送无人机，能够实现全自动化配送，无须人工参与就能完成自动装载、自动起飞、自主巡航、自动着陆、自动卸货、自动返航等一系列智慧化动作。

3. 智能物流容器。智能物流容器是指集移动通信、大数据、物联网等多种技术于一体的，可根据实际需要远程或自动控制的物流装载设备。目前常见的智能物流容器主要有智能快递柜、蓄冷保藏箱以及智能集装箱等，其中智能集装箱目前仍处于研究及调试阶段。

4. 物流机器人。目前，我国物流业正从劳动密集型向技术密集型转变，由传统模式向现代化、智能化升级，伴随而来的是各种先进技术和装备的应用和普及。当下，具备搬运、码垛、分拣等功能的智能机器人，已成为物流行业当中的一大热点，被广泛应用于仓储系统中。常见的物流机器人主要有：自动导引车、自动分拣传送带等。

（三）智慧物流信息平台

智慧物流信息平台基于智慧物流理念，融合大数据、云计算、物联网等先进技术，整合物流信息、物流监管、物流技术和设备等资源，通过网络的统一管理和调度计算，为社会化物流需求用户提供信息服务、管理服务、技术服务和交易服务等多种服务形式。智慧物流信息平台功能主要涵盖物流资源规整、物流信息服务、在线交易管理、物流作业管理、物流企业评价及平台管理等几大模块。

1. 物流资源规整功能。整合各物流信息系统的信息资源，完成各系统之间的数据交换和信息传递，实现信息共享。

2. 物流信息服务功能。实现物流动态信息、公共信息、业务交易信息、车辆服务信息、货物跟踪信息等物流信息的录入、发布、组织、查询与维护功能。

3. 在线交易管理功能。集网上交易、支付、监管、查询、项目招标、产品展示、推广、营销等应用于一体，实现网上购物与线下配送的有机结合。

4. 物流作业管理功能。应对客户的需求快速构建和集成端对端的物流管理功能，对企业内、外部资源进行计划和管理，同时涵盖库存控制、国际贸易物流管理、运输工具管理、财务管理等多重管理功能。

5. 物流企业评价功能。建立完备的物流行业评估指标体系，引进第三方担保组织，对物流的经济实力、偿债能力、信用程度、经营效益以及发展前景等方面做出综合评价。

6. 平台管理功能。规定、控制用户访问和使用信息的权限，维护整个系统的正常运行，保证数据安全。

四、智慧物流应用层

随着互联网及智能技术的发展，智慧物流已经在仓储、运输、配送、流通加工、信息处理等各个物流环节取得了初步的应用，智慧物流先进技术设备及管理模式的应用，大大降低了物流各个环节的成本，促进了生产商、批发商、零售商相互协作，信息共享，进而提高了物流运作效率。本节将分别从智慧仓储、智慧运输、智慧配送三个物流的关键环节介绍智慧物流的有关应用。

（一）智慧仓储

智慧仓储通过利用 RFID、网络通信、信息系统等智能技术及先进的管理方法，提高仓储系统任务分配和执行效率，优化仓储作业流程，通过对仓储设备和人力、物力的合理调配，实现货物入库、出库、盘库、移库管理的信息自动抓取、自动识别、自动预警及智能管理功能，以降低仓储成本、提高仓储效率、提升仓储智慧管理能力。

1. 需求预测。运用大数据及云计算等技术，收集用户消费特征、商家历史销售等数据，利用智能算法提前预测需求，提高采购精度，前置仓储环节，减少库存积压，降低库存成本。

2. 智慧分拣。利用感知设备及自动化分拣设备，可自动从不同的仓储货柜提取产品或者直接完成订单的拣选配货，也能实现对生产物资从供应、订货、入库到消耗等全过程的动态、精确化管理。

3. 自动仓储。利用物联网技术实时监控货物状态，通过物联网提供的货物信息进行仓库存货战略的确定，实现货物验收、入库、定期盘点和出库等环节的自动化，达到自动存储和取出物料的目的。

4. 智慧补货。利用各类感知技术对货物库存状况进行实时监控，在存在货物库存空缺或监测到货物库存达到安全点时，可自动发送补货信息，实现仓库的自动补货。

5. 预警设置。对仓库环境如温湿度及货物的存储状态进行实时监控，当仓库环境不满足要求、仓库出现异常问题如火灾、水灾或者货物库存量不足时实现自动预警，以便采取相应措施。

（二）智慧运输

智慧运输通过利用物联网、网络通信、地理信息系统（GIS）等智能技术及先进的管理方法，优化运输管理业务流程，通过更加先进的人机交互技术及智能化的算法控制，实现运输过程中的智慧配载、实时调度、智慧派车、路径优化及实时交互，降低运输成本，提高运输效率，提升智慧运输管理能力。

1. 智慧配载。利用智能优化算法，根据货物配送信息、货物体积重量及车辆信息，制订运输车辆的优化配载方案，降低车辆空载率，提高配载效率，同时降低成本。

2. 实时调度。通过全球定位系统（GPS）等技术实时准确监控在途车辆，及时准确地获得车辆在途状态，科学统一管理车辆调度，根据客户订单信息、车辆信息、道路信息，实现运输车辆与订单及路线的实时匹配与调度。

3. 智慧派车。通过车辆信息管理、车辆维修与保养管理、车辆加油管理、商务用车管理、车辆违章保险与规费管理和车辆备品管理等措施实现对运输车辆的系统化管理，为车辆提供准确的数据支持，同时根据运输需求实现智慧派车。

4. 路径优化。利用大数据、智能算法等先进技术，采集货物运输路径信息，对运输路线进行优化，设计最优的运输路径，同时，可根据客户地址的变化实时调整运输路线。

5. 实时交互。促进系统、驾驶员以及车辆之间的互联互通，在运输过程中可实现实时交互，系统可自动监测货物运输进程以及交通状况，并将及时调整的运输计划反馈给驾驶员。

（三）智慧配送

智慧配送通过利用物联网技术、网络通信技术、GIS 技术、无人技术等信息化技术及先进的管理方法，准确预测用户需求，推动配送管理业务流程优化，以设备互联、信息互通的方式促进配送智能化，实现货物配送过程中的共配管理、自动识别、路径优化、路由追踪及智慧收件等功能，降低配送成本，提高配送效率，提升配送智慧管理能力。

1. 共配管理。对原先的配送模式进行优化，通过整合货物资源，实现由一个配送企业综合某一地区内多个用户的要求，运用智慧化的先进技术统筹安排配送时间、次数、路线和货物数量，全面进行配送。

2. 自动识别。对需分拣的货物进行自动识别及多维检验，如库位、货架及货物信息是否对应，需分拣货物信息是否与便携式阅读器提示信息一致等；提货送货时完成货物自动检验；在分拣作业、提货送货作业中，对问题货物自动预警，如分拣货物错误、货物数量与订单要求不符等。

3.路径优化。对配送路线进行智能优化，在提货送货点发生变化时，可根据实际情况对配送路线做出调整；根据配送评价，对配送班线、配送站点设置、配送路径、配送成本等进行智能处理并及时更新相关信息。

4.路由追踪。利用GPS、GIS等智能设备随时定位并反馈车辆位置及路径，实时更新货物在途信息，实现配送的全程可视化。同时，智能导航设备也大大提高了配送效率。

5.智慧收件。智能终端设备的出现使得智慧收件得以实现，智能快递柜的应用极大程度上节省了快递员的配送时间，同时也使得人们的收件时间更加趋向随机化，方便人们的生活。

第三节　智慧物流的发展方向及应用前景

一、智慧物流的发展方向

随着消费需求的持续升级，消费者对于物流服务的体验成为未来物流业发展的重要价值驱动力，智能化物流设施设备的发展和应用也在很大程度上促进了物流效率和效益的提升。而与此同时，我国物流业发展仍存在许多问题，智能化物流基础设施设备的应用尚未普及，物流业标准化程度不高，物流过程中无效运输、过度仓储与包装等耗费大量资源，供应链上各企业之间协同不足等，都成为目前阻碍物流业发展的主要因素。未来智慧物流的发展应致力于解决目前物流业中存在的主要问题，智慧物流将更加注重消费者体验，采用更加智能化的设施设备，促进物流业的绿色发展及供应链的协同共享和深度融合。

（一）体验升级创造智慧物流价值。物流业作为基础服务型行业，随着消费需求的持续升级以及消费者对于个性化需求的凸显，物流服务质量和客户体验成为行业发展追求的主要目标，如何在适当的时间为客户提供满意的物流服务、提升用户体验成为未来智慧物流发展的主要方向。预计未来，开放共享的物流服务网络将全面替代现有的集中化物流运作网络，物联网、大数据等新技术的应用可充分挖掘用户消费特征，精准预测用户消费需求，满足用户个性化的服务需求，以体验式经济创造智慧物流价值。

（二）智能升级促进物流业降本增效。物流业作为重资产型行业，物流成本高仍然是阻碍物流业发展的主要因素，如何以更低的物流成本为客户提供更有效率的物流服务仍然是未来一段时间内物流行业面临的主要问题。随着人工智能技术的快速迭代，自动化、智能化物流设施设备在运作效率及效益等方面的优势逐渐凸显，众多企业纷纷助推物流智能化，智能革命开始改变智慧物流格局。预计未来，智能化物流设施设备将成为智慧物流发展的基础运作单元，以更加高效率低成本的运作优势促进物流业的降本增效。

（三）绿色升级促进物流业可持续发展。随着环境问题以及资源压力的加剧，绿色发展逐渐成为行业发展的主要目标，物流行业作为基础性行业，对于资源的需求巨大，如何提高资源利用效率，减少能源消耗，是物流行业能否可持续发展的关键因素。智慧物流以更加精确的计算方法、更加绿色的包装材料，实现物流资源利用率的最大化，有效减少资源消耗的做法，符合全球绿色和可持续发展的要求。预计未来，绿色包装、绿色运输、绿色仓储等新技术与新管理模式将得到更快的推广应用，"绿色低碳"将成为智慧物流的一个重点发展方向。

（四）供应链升级强化企业联动和深化融合。随着经济全球化的发展，供应链在企业合作和竞争中的重要性逐渐凸显，物流作为连接供应链中各环节的重要组成部分，其重要性不言而喻。预计未来，智慧物流将引领智慧供应链变革，以智慧物流为纽带，带动产业链上下游企业之间的强化联动和深化融合，协同共享理念的不断渗透将打破传统企业边界，深化供应链上企业之间的分工协作，进而实现存量资源的社会化转变和闲置资源的最大化利用，并最终促进供应链协同共享生态体系的形成。

二、智慧物流的应用前景

随着互联网时代的快速发展，越来越多的智能技术开始被应用于物流领域中，以数字化、智能化为主要特征的智慧物流相对于传统物流来说体现了更为突出的高效率、广覆盖及适应性等特征，具有更为广阔的应用前景。当前我国智慧物流的发展仍处于初级阶段，未来随着智慧物流新技术、新管理、新模式的不断成熟，物流业将焕发出新的活力，人工智能技术的普及、智慧化平台的升级、数字化运营的加深以及智能化作业的广泛应用将促进智慧物流的快速发展。

（一）人工智能技术普及

随着人们对物流时效性要求的不断提高，未来更加便捷、高效的人工智能技术将被应用于物流领域中。可穿戴设备、无人机、无人车、3D打印技术有望得到大面积的推广和使用；移动终端设备便利性、智能化程度进一步加强；智能化仓库、机器人、AGV等设备之间的连通性将进一步加强，并具有自主感知、自主学习以及自主决策的能力以及更高的反应柔性和稳定性；大数据、云计算、物联网以及人工智能等新技术的应用将不断深化，应用场景将会持续增加。

（二）智慧化平台持续升级

随着商品交易品类和物流服务范围的逐渐扩大以及物流交付时效要求的提高，物流资源的有效整合分配及供应链上下游的协同连接将面临巨大挑战，智慧化平台依托大数据、云计算等技术加持，通过数据驱动有效整合社会物流资源，促进供应链上下游企业之间的信息共享及协同共赢。预计未来，互联网思维将进一步与物流业进行深度融合，智慧化平台的应用将重塑物流产业发展方式和分工体系，进而促进物流行业的资源整合和优化配置。

（三）数字化运营逐渐加深

随着物流需求的多样化、个性化趋势逐渐凸显，物流信息化、数据化将成为物流业未来发展的主要方向。数字化技术将应用于仓储、运输、配送、流通加工、信息处理等物流的全流程业务过程中，同时也将在纵向的决策、计划、执行、监控、反馈的运营全过程中发挥重要作用。随着供应链上下游企业之间的联系逐渐密切，信息共享和业务互联将成为主要趋势，对于数字化技术的要求也会越来越高，大数据、云计算、智能信息系统在物流行业的应用场景也会逐渐增加。

（四）智能化作业广泛应用

随着智能化技术的发展和智能化物流设施设备的开发和应用，传统的物流作业方式将逐渐向智能化作业方式进行转变。智能化的作业方式利用智能信息系统实现物流设施设备的远程操控，依赖智能化的算法和设备实现机器的自感知、自学习与自决策，在很大程度上可以实现物流操作的智能化与无人化，大大减少人力投入，提升作业效率。伴随"中国制造2025"战略及相关产业规划的落地实施，我国物流智能化作业未来将会得到更加广泛的普及与应用。

第三章　智慧仓储

智慧仓储是智慧物流中最重要的活动之一，与传统的仓储活动不同的是，智慧仓储将仓储活动与信息、科技、智能更好地融合在一起。本章主要介绍智慧仓储的含义、现状以及智慧仓储中的设施设备和智慧仓储活动中各个作业环节的决策过程。主要的设施设备包括智慧仓库、自动导航无人叉车、智能拆垛机械手、物流机器人等，主要的智慧仓储决策包括货位分配、机器人拣选任务分配、机器人路径优化等。

第一节　智慧仓储概述

一、智慧仓储的概念

智慧仓储是指在仓储管理业务流程再造的基础上，利用 RFID、网络通信、信息系统等智能技术及先进的管理方法，实现货物入库、出库、盘库、移库管理的信息自动抓取、自动识别、自动预警及智能管理功能，以降低仓储成本、提高仓储效率、提升仓储智慧管理能力的智慧物流活动。

互联网的兴起，使智慧仓储成为仓储业发展的热点。社会日益增长的仓储需求，使仅依靠传统仓储管理和运作模式难以及时、准确地进行处理，从而推动着仓储管理向自动化、智慧化方向发展。物联网是智慧仓储的技术基础,物流需求的不断提升,促进物联网技术在物流行业的应用不断深入,物联网与云计算、大数据、移动互联网等现代信息技术的不断融合,形成了一个适应物联网发展的技术生态,呈现出多种技术联动发展的局面。

智慧仓储是智慧物流的重要组成部分,智慧仓储系统是智慧仓储的实现形式。智慧仓储系统是由仓储智能设备系统、电子信息识别系统、智能控制系统、电子监控系统、信息管理系统等多个子系统组成的智慧执行系统,对信息进行智能感知、处理和决策,对仓储设备进行智慧控制和调度,能自动完成仓储作业的执行。

智慧仓储技术能够有效利用仓储信息,提高仓储系统任务分配和执行效率,优化仓储作业流程,节约人力和物力,为管理者提供辅助决策的数据量化的依据;智慧仓储设备的应用使人与仓储设备之间的交互更加便捷,减少人为操作错误,提高工作人员的操作准确率;智能优化算法和智能控制技术的使用在保证仓储作业效率的基础上,通过对仓储设备和人力、物力的合理调配,能够有效降低能耗,节约成本,合理保持和控制企业库存;智能仓储技术使仓储信息的流通性加强,与供应链上、下游的衔接能够更加畅通,对企业的发展大有益处。

二、智慧仓储发展现状

(一)国外

在国外,美国、欧洲和日本已变成智慧仓储发展的领导者。市场规模庞大,相关智能技术和设备居于世界领先水平,形成了一个基本完好的产业链,智慧仓储已变成物流仓储行业前进的重要动力,降低了物流仓储成本,促进了整个产业的升级。

在物联网技术、自动化设备应用方面,英国的特易购、德国的麦德龙、美国的沃尔玛等大型零售企业都宣布了自己的智慧仓储计划,准备进行巨额投资，同时相应带动它们的供应商在智慧仓储市场的投入；联邦快递、联邦包裹等大的物流公司对供应链跟踪和智慧监控技术的应用，拉动Alien科技、Sun、微软、惠普在内的硬件及软件供应商的投入，进而形成物联网、自动化设备的巨大市场和完整产业链。数据算法模型技术在欧美、日本等地区已经实现了在多个领域的应用，已形成了完整的产业链。TNT运用云计算技术来提升运营效率、供应链可见性及客户服务质量，产生了很好的效益。仿真技术和三维规划在日本、韩国等国得到很好的应用。在物流自动化设施、协议和信息标准化方面，欧美国家的企业做了很多工作。

发达国家相应的政府机构也为国家智慧仓储的发展创造了良好的政策环境。一是采用了政府、银行和企业共同投资社会标准化运营的机制来建设和运营网络、政府公共信息平台等物流基础设施；二是开放市场，创造公平合理的市场竞争环境；三是通过企业战略规划、政府政策支持，并采取了一系列促进国内政府、地方区域、企业等各方面有机地协调与合作的机制，促进智慧仓储的国际化、标准化。

（二）国内

在国内，随着我国促进智慧物流、智慧仓储、物联网技术发展相关政策、规划及方案的相继出台及实施，智慧仓储基础设施的投资不断加大，各种与智慧仓储相关的示范项目不断引进，物联网技术在物流仓储领域的采用不断深化，物流企业对发展智慧仓储的经验不断丰富，认识不断提高，这些都为发展智慧仓储提供了良好的基础条件。

在国家政策的支持与引导下，随着我国人口红利的消退、社保税费成本提升，仓储行业的用人成本不断提升，智慧仓储的优势凸显。电子商务、物流产业的发展更是带动了智慧仓储的需求，智慧仓储近两年迅速发展。

（1）在电子商务物流领域：①京东建成的全流程无人仓，从货到人、到码垛、供包、分拣，再到集包转运，应用了多种不同功能和特性的机器人，而这些机器人不仅能够依据系统指令处理订单，还可以完成自动避让、路径优化等工作，实现了从入库、存储到包装、分拣的全流程、全系统的智能化和无人化。②菜鸟通过智慧物流技术打造自动化的流水线、物流机器人、智能缓存机器人、360度运行的拣选机器人、带有真空吸盘的播种机器人、末端配送机器人等高科技产品，提升配送效率，让物流行业的当日达、次日达成为快递的标配速度。

（2）智慧物流推动了智慧仓储与配送技术创新，传统的自动化立体仓库接入了网络，实现了自动化＋网络化；先进的仓储机器人，通过自主控制技术，进行智能抓取、码放、搬运及自主导航等，使整个物流作业系统具有高度的柔性和扩展性；高速联网的移动智能终端设备，让物流人员操作更加高效便捷，人机交互协同作业将更加人性化；送货机器人和无人机研发已经开始在校园、边远地区等局部场景进入了实用测试，取得了巨大进展。可以看出智慧仓储技术层面的应用主要集中体现在四个方面：①传统仓储设施的智能化与网络化，这是实现仓储设施互联的基础；②仓储设备的自动化和标准化，这是实现仓储作业智能化的基础；③系统平台对接的应用，这是仓储系统与其他上下游系统互通互联的基础；④物流大数据推动仓储资源整合与共享，这是实现企业内部优化配置仓储资源的基础。

第二节 智慧仓储的设施设备

一、智慧仓储的设施——智慧仓库

（一）智慧仓库的概念

智慧仓库是以自动化、智能化设施设备为基础，以信息化系统平台为技术手段，全面整合仓库业务管理、安防管理及设备管理，不断深化"云大物移智"等现代技术与物力管理的融合，通过建设仓库集中控制平台、夯实信息化基础和硬件支撑基础，统筹物资业务管理资源、安防设施资源、自动化设备资源，切实提升仓库自感知、自学习、自诊断、自决策和自恢复的智能化能力的仓库。

智慧仓储的重要特点就是自动化、无人化，智慧仓储目前的发展主要是基于自动化立体仓库以及"货到人"拣选的半自动化仓库。

（1）自动化立体仓库（Automated Storageand Retrieval System，AS/RS），是指不用人工直接处理，由电子计算机进行管理和控制，实现自动存取物料的系统。自动化立体仓库技术集规划、管理、机械、电气于一体，是一门学科交叉的综合性技术。自动化立体仓库由货架、堆垛机、运输车、运输通道、主控系统等组成，可以在没有人为干预的情况下完成对多种类型货物的操作，是一种完全自动化的仓储管理系统。自动化立体仓库系统的主要职责就是通过自动化的机械和管理系统，将正确的货物在正确的时间送至正确的地点，并且保证货物完整没有破损。

（2）"货到人"拣选的半自动化仓库主要包括：基于垂直提升机（VLM）的拣选系统、基于旋转机（Carousel）的仓库、基于穿梭车的仓库（SBS/RS）和基于物流机器人和移动货架的仓库。

①基于垂直提升机的仓库中，垂直提升机具有很多自动存入和取出的存储托盘，货物存于托盘之中。由提升装置将需要拣选货物的托盘运送至拣货员面前，托盘可以自动弹出和收回。拣选货物时，拣货员收到与订单数量相同的周转箱，根据不同的订单，从托盘中取出货物放于周转箱中。

②基于旋转机的仓库运作形式类似于垂直提升机的仓库。不同的是整个系统是通过旋转辅助拣货员完成货物拣选的。拣选货物时，拣货员收到与订单数量相同的周转箱，根据不同的订单，从托盘中取出货物放于周转箱中。

以上两种仓库适合于机械零件或者药品等小型货物的存储和拣选。

③基于穿梭车的仓库主要是由高层存储货架、穿梭车和提升机配合完成货物拣选作业。由穿梭车实现货物的水平移动，提升机实现货物的垂直移动。当系统下达拣选任务时，穿梭车遵照指令将货物运至辊道上，由系统调度提升机把货物输送至传送装置上，最终将货物送至拣选台。电商企

业具有货物种类多、订单频次高批量小、配送时效性要求高的特点，因此电商企业的仓库中较多采用基于穿梭车的拣选系统，可实现订单拣选作业。

（二）智慧仓库中的仓储流程

下面以基于物流机器人和移动货架的仓库为例，具体描述仓库中货物的处理过程。

首先仓储信息系统下达入库指令，物流机器人在指令下将单元货架顶起并送至入库作业处理工位，工作人员对货物进行信息录入，信息统一上传至仓储信息系统，同时信息将在系统中被自动处理。

货物入库作业完成后，系统下达搬运指令，物流机器人在指令下将装满货物的单元货架送至指定的仓储货位。需要强调的是，此货位不是随机的，而是由仓储信息系统根据单元货架所装货物的属性、品类、畅销度等因素进行自动储位分配，物流机器人据此将单元货架送至分配好的货位上。到达货位点后，物流机器人进行自动入库及卸货作业。如此反复，直至所有货物完成入库作业。至此，仓储信息系统完成了对所有货物的信息录入，系统完成入库作业。

订单信息会在信息系统的控制下显示在拣货工位的信息显示器上，与此同时，信息系统自动定位到订单指示商品所在的货架，然后指令一个或是一组物流机器人沿指定路线来到相应的货架下方，顶起货架并将它运送到订单处理人员的工位上。工作人员从这个（或这些）货架上取下订单指示的商品后，物流机器人将货架送回原处。订单处理人员如此反复从每个排队等候的货架上取下所需货物，直至完成每一份订单。

订单完成后，进入包装程序。空载物流机器人在信息系统的指令下来到订单处理工位，按次序依次将货架送至包装工位，包装工人将分拣完成的每个单元箱取下后开始进行包装处理。而物流机器人在信息系统的指令下将空货架运送至新的仓储货位上等待下一个指令的发出。

（三）智慧仓库的功能

1.业务管理智能协同。智慧仓库以仓库集中管理平台（wccp）为依托，开发业务预约管理系统、业务分析系统、电子化档案管理系统，同时利用AR眼镜技术提高仓库内智能协同能力，增强业务管理能力。

2.辅助业务智能决策。为加强流程监控，智慧仓库配套开发相应的智能辅助决策系统模块，包括智能生成卸车任务、智能分配暂存货位、智能调整库存、智能分配出库货位模块、智能分配装车位置模块、优化物资运输路线模块。在对仓库内、外部状态变化自动感知的基础上，实现仓储业务关键环节的自学习、自决策，切实提升仓库作业效率和快速反应能力。

3.仓储设备智能作业。利用智能设备代替传统的人工作业，实现仓库的自动化和智能化。例如，从出入库作业角度，货物入库时，驾驶员在库内指定区域停车后，可以扫描单据码，一键启动作业；出库时，自动输送设备将货物从指定货位取出，并送至理货区，再利用自动装卸车机器人以及智能装卸行吊，自动完成装车作业，并结合运输监控系统，动态跟踪运输进程。

（四）智慧仓库的优缺点

智慧仓库的主要优点包括：采用高层货架、立体存储，能有效利用空间，提高仓库的单位面积利用率；仓储作业全部时间机械化和自动化，货物自动存取，运行和处理速度快；计算机控制，便于清点和盘库，合理有效地进行库存控制，减少了货物处理和信息处理过程的差错；采用料箱或者托盘存储货物，能有效地减少货物的破损，较好地满足特殊仓储环境的需要；提高了作业质量，保证货物在整个仓储过程中的安全运行；便于实现系统的整体优化。

智慧仓库的主要缺点包括：仓储结构复杂，配套设备多，需要的基建和设备投资很大；货架安装精度要求高，施工比较困难，而且施工周期长；计算机系统是仓库的"神经中枢"，一旦出现故障，将会使整个仓库处于瘫痪状态，收发作业就要中断；由于高层货架是利用标准货格进行单元储存的，因此对储存货物的种类有一定的局限性；仓储实行自动化控制和管理，技术性较强，对工作人员和技术业务素质要求比较高，必须具有一定的文化水平和专业素养,而且需要经过专门的培训才能胜任;必须注意仓储设备的保管和保养,定期维护,采购备品备件。

二、智慧仓储的机械设备

(二)自动导航无人叉车

托盘搬运作业是将整托盘货物从运输车辆上搬运至收货区等待质检入库。基于同时定位与地图创建(Simultaneous Localizationand Mapping, SLAM)技术实现无人叉车的自动导航,不需要安装标记或反射器,只需让装有环境感知传感器的无人叉车在未知环境中从某一位置出发,根据其移动过程中内部与外部传感器获取的感知信息进行自定位,同时逐渐建立一个连续的环境地图,然后,在此地图的基础上可以实现无人叉车的精确定位与路径规划,完成导航任务。

(二)智能拆垛机械手

拆垛作业是将转运托盘上码放的货物一箱箱搬运到传送带上。企业收到的同一托盘上的货物箱型大小不一,且码垛无固定规则,传统机器人手臂难以操作。智能拆垛机械手借助3D视觉和深度学习算法,实现机器人手臂作业的自我训练、自我校正,无须箱形和垛形的数据库维护。机器人通过3D深度摄像头识别顶层货物轮廓,当首次拾起一个箱子,它就建立一个关于外形的箱子模型,并基于这个模型加快对下一个箱子的识别。

(三)物流机器人(或搬运机器人)

在基于物流机器人和移动货架的仓库中,货物开箱后放置在货架单元上,通过货架单元底部的条码将货物与货架单元信息绑定,仓库地面布置条码网格,物流机器人应用两台摄像机分别读取地面条码和货架单元底部的条码,在编码器、加速计和陀螺仪等传感器的配合下完成货物搬运导航。此外,物流机器人不支持移动与转向同步,转向时需要固定在原地位置进行。该系统的核心是控制物流机器人的集中式多智能体调度算法。

（四）多层穿梭车

基于物流机器人和移动货架的仓库受货架单元的高度限制，仅能实现货物在平面空间上的存储，多层穿梭车系统则采用立体料箱式货架，实现了货物在仓库内立体空间的存储。入库前，货物经开箱后存入料箱，通过货架巷道前端的提升机将料箱送至某一层，然后由该层内的穿梭车将货物存放至指定的货格内。货物出库通过穿梭车与提升机的配合实现完成。该系统的核心也在于通过货位分配优化算法和小车调度算法的设计，均衡各巷道之间以及单个巷道内各层之间的任务量，提高设备间并行工作时间，发挥设备的最大工作效率。

（五）拣选机械手

机械手的驱动电动机被设计在机架上，从动臂可以做成轻杆形式，因此末端可以获得很高的速度和加速度，特别适合轻型货物的高速分拣操作。基于摄像机和计算机来模拟人的视觉功能，机械手能够实现动态拣选，并且机械手可以根据产品的不同的尺寸和种类更换拾取器，因此适用的包装类型可以多种多样。此外，为了保证抓取的准确性，机械手需要借助人工智能技术训练同种商品在不同状态下的识别准确率。

（六）自动输送设备

1. 滚筒式输送机分为动力式和无动力式。无动力式呈一定坡度，使货物靠自身重力从高端移动到低端；动力式由一系列排列整齐的具有一定间隔的辊子组成，驱动装置将动力传给滚筒，使其旋转，通过滚筒表面与输送物品表面间的摩擦力输送物品。

2. 链条式输送机是以链条作为牵引和承载体输送物料。链条输送机的输送能力大，主要输送托盘、大型周转箱等。输送链条结构形式多样，并且有多种附件，易于实现积放输送，可用作装配生产线或作为物料的储存输送。

（七）AR 设备

拣货员根据货架上的指示灯或者手持 RF 以及可穿戴设备中的提示，拣取货架中的货物。虽然作业准确率提高，但是要求拣货员熟悉掌握库房的布局。通过虚拟 AR 技术将真实世界和虚拟世界的信息进行"无缝"集成，通过 AR 眼镜自动识别库房环境，定位待拣货物位置，并自动规划拣选路径，建立线路导航，作业人员能以最快、最短的时间到达目标拣选货位，通过 AR 眼镜自动扫描货物条码，作业人员能准确获取商品，解放双手，大幅提高拣选作业效率。

三、智慧仓储的电子设备

智慧仓储中的电子设备主要是指检测设备、信息识别设备、控制装置、监控及调度设备、计算机管理设备、数据通信设备、大屏幕显示设备以及图像监视设备等。

（一）检测设备

为了实现对智慧仓库中各种作业设备的控制，并保证系统安全可靠地运行，系统必须具有多种检测设备能检测各种物理参数和相应的化学参数。

对货物外观的检测及称重，对机械设备、货物运行位置和方向的检测，对运行设备状态的检测，对系统参数的检测和对设备故障情况的检测都是极为重要的。对这些检测数据的判断、处理，能够为系统决策提供最佳依据，使系统处于理想的工作状态。

（二）信息识别设备

信息识别设备是智慧仓库中必不可少的，它可完成对货物品名、类别、货号、数量、等级、目的地、生产厂，甚至货位地址的识别。在智慧仓库中，为了完成物流信息的采集，通常使用射频识别等技术。

控制系统是智慧仓库运行成功的关键。没有好的控制，系统运行的成本就会很高，而效率很低。为了实现自动运转，仓库内所用的各种存取设备和输送设备本身必须配备各种控制装置。这些控制装置种类较多，从普通开关和继电器到微处理器单片机和可编程逻辑控制器（PLC），根据各自的功能，它们都能完成一定的控制任务，如巷道式堆垛机的控制要求包括位置控制、速度控制、货叉控制以及方向控制等。所有这些控制必须通过各种控制装置去实现。

（三）监控及调度设备

监控系统是智慧仓库的信息枢纽，它在整个系统中起着举足轻重的作用，它负责协调系统中各个部分的运行。有的智慧仓库系统使用了很多运行设备，各设备的运行任务、运行路径、运行方向都需要由监控系统来统一调度，按照指挥系统的命令进行货物搬运活动。通过监控系统的监视画面可以直观地看到各设备的运行情况。

（四）计算机管理设备

计算机管理系统是智慧仓库的指挥中心，指挥着仓库中各设备的运行。它主要完成整个仓库的账目管理和作业管理，并且担负与上级系统的通信和企业信息管理系统的部分任务。一般的智慧仓库管理系统多采用微型计算机，比较大的仓库管理系统也可采用小型计算机。

（五）数据通信设备

智慧仓库是一个复杂的自动化系统，它是由众多子系统组成的。在智慧仓库中，为了完成规定的任务，各系统之间、各设备之间需要进行大量的信息交换，如智慧仓库中的主机与监控系统、监控系统与控制系统之间的通信以及仓库管理机通过厂级计算机网络与其他信息系统的通信。信息传递的媒介有电缆、滑触线、远红外光、光纤、电磁波等。

此外，还有一些特殊要求的智慧仓库，比如，储存冷冻食品的智慧仓库，需要对仓库中的环境温度进行检测和控制；储存感光材料的智慧仓库，需要使整个仓库内部完全黑暗，以免感光材料失效而造成产品报废；储存某些药品的智慧仓库，对仓库的温度、气压等均有一定要求，因此需要特殊处理。

第三节　智慧仓储决策

一、智慧仓储作业流程

与传统的仓储作业流程相同，智慧仓储的主要作业内容为入库、拣选、出库、盘点和报表查询。

1. 入库。入库作业流程如图 3-1 所示。货物单元入库时，由输送系统运输到入库台，货物使用条码识别系统进行扫描识读，条码标签携带的信

图3-1　入库作业流程

息被读取，传递给中央服务器，控制系统根据中央服务器返回的信息来判断是否入库以及货位坐标，当能够确定入库时发送包含货位坐标的入库指令给执行系统，堆垛机或者物流机器人通过自动寻址，将货物存放到指定货格。在完成入库作业后，向控制系统反馈作业完成信息，并等待接收下一个作业命令。控制系统同时把作业完成信息返回给中央服务器数据库进行入库管理。

2. 拣选。拣选作业流程如图 3-2 所示。货物单元拣选出库时，堆垛机到指定地址将货物取出放置到巷道出库台，自动导引车（搬运机器人）取货后将货物送至拣选台，在拣选台上由工作人员或自动分拣设备按照出库单进行分拣。分拣完成后再由自动导引车送回巷道入库台，由堆垛机将货物入库或者直接出库。在分拣作业时，因为拣选台不止一个，所以要求自动导引车具有优良的调度算法，确保高效、准确、可靠运行。

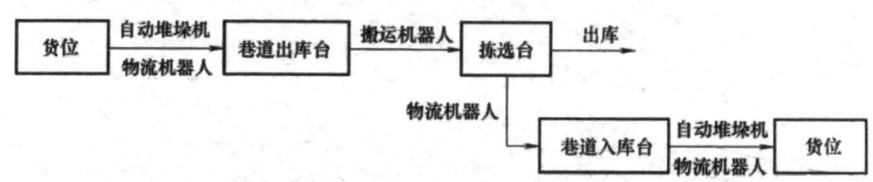

图3-2　拣选作业流程

3. 出库。出库作业流程如图3-3所示。管理员在收到生产或客户的货物需求信息后，根据要求将货物信息输入上位管理机的出库单，中央服务器将自动进行库存查询，并按照先进先出、均匀出库、就近出库等原则生成出库作业，传输到终端控制系统中，控制系统根据当前出库作业及堆垛机状态，安排堆垛机或物流机器人的作业序列，将安排好的作业命令逐条发送给相应的设备。或物流机器人到指定货位将货物取出放置到巷道出库台上，并向控制系统返回作业完成信息，等待进行下一个作业。监控系统向中央服务器系统反馈该货物出库完成信息，管理系统更新库存数据库中的货物信息和货位占用情况，完成出库管理。如果某一货位上的货物已全部出库，则从货位占用表中清除此货物记录，并清除该货位占用标记。

图3-3　出库作业流程

4. 盘点。盘点的目的是保持账存数量和实际库存数量的一致，准确掌握货物资源状况。盘点分为循环盘点和总盘点。循环盘点针对某一部分货位或某几类货物，可以随时进行。总盘点则针对所有货位和库存货物，通常定期进行。在智慧仓储的作业流程中，由于货物进入库及拣选过程的自动化信息录入，可逐渐实现零盘点仓库作业。

5. 报表查询。报表查询是处理与仓储作业相关的信息的综合查询功能模块。系统通过报表查询功能，针对已完成的业务处理，将所获取的信息进行筛选、分析，以综合反映企业的仓储作业情况，主要包括仓储业务报表和汇总报表，反映货物当日以及一定时间内的出入库情况。

智慧仓储作业过程中运用的技术有 RFID 技术、机器视觉、物流机器人搬运技术等。RFID 技术是通过无线电信号识别特定目标并读写相关数据。机器视觉是通过光学设备从货物的图像中提取信息，进行处理并加以理解，最终用于实际检测、测量和控制，引导执行机构完成相应动作。物流机器人搬运技术机器人通过二维码/激光 SLAM 导航、视觉验收识别等技术将货物从特定地点搬运到指定地点。总之，综合货到人和货到机器人，穿梭车立体库，机器人拣选、运输，自动包装，自动分拣等先进技术，实现物流过程的全程高度自动化。

二、智慧仓储中的货物出入库作业

区别于传统仓库中货物的出入库作业，智慧仓库中货物出入库主要由机器人完成。入库作业，物流机器人收到信息系统的指令，将存储货物的周转货架搬运至存放位置，然后由拣货员或者机器人完成货物的上架。上架作业完成后，物流机器人返回原位置。出库作业，完成货物的拣选及订单打包后，由物流机器人将即将出库的货物搬运至出库作业处，或者直接将包装好的订单放置传送带上运输至出库作业处，最后由人工完成货物的装车作业。

三、智慧仓储中的货位分配作业

货位优化是通过一定的分配原则、合适的存储策略为每种品项指定货位，减少拣选时间或行走路程，从而提高拣选效率。智慧仓储中，货到人作业模式下，合理的货位优化方式可以使各品项按照一定的存储规则存放于货格中，有序的品项存储可以降低货架出入库的频率，从而提高货架以及搬运设备的利用率，进而提高仓库的作业效率。

关于货位分配策略的研究相对较多，包含随机存储、分类存储、全周转率存储、就近存储等策略，以及单目标或者多目标优化策略。智慧仓储可以有效地应对电商环境中商品种类多、订单密度高、单订单订货数量小、要求快速反应等特点。在电子商务模式下，价格折扣是影响消费者冲动购买决策的重要因素，它对订单数量影响较大，因此根据品项周转频率进行储位优化时，除了考虑历史订货频次外，还需要考虑价格折扣。假设同一区域存储货物单位体积重量相似，例如服装区、鞋帽区等，因此忽略商品重量对系统效率和能耗的影响，以被订频次以及单次设备行走距离作为货位分配的重要依据，同时从商品价格和历史被订频次两个角度来综合预测未来商品的被订频次。

可以尽可能地将同一订单中不同品项分配到不同巷道，如果分配到相同巷道，则尽可能分配到不同货架层，提高设备并行作业的概率，这就需要进行品项聚类。聚类的方法现在被广泛应用于解决货位分配和优化问题。品项聚类后，采取合适的存储策略，并确定最终的货位分配策略。

四、智慧仓储中的机器人拣选作业

（一）机器人拣选任务分配

智慧仓储系统中，所有物品根据物品种类相似度被存放在整齐排列的可移动货架上，在计算机控制系统的指控下，仓储机器人将分配到的货架搬运到距离该货架最近的拣选工作台，由站在拣选工作台前的拣选人员完成拣货或补货任务后，仓储机器人将货架运送到原位置。

在完成任务的过程中，多机器人协同合作表现出相比于单个机器人更多方面的优势。对单个机器人来说，在面对复杂、数量较大的任务时，即使功能设计得再强大，其完成任务的能力也往往是有限的。相对于单机器人系统，多机器人系统在任务适用性、经济性、可扩展性和鲁棒性等方面表现出了极大的优越性，提高了系统性能。但是，多个机器人并存增加了系统协调管理的难度。因此，多机器人系统能否高效地完成任务，关键取决于如何通过系统控制使得多个机器人能够协调运行，提高完成任务的效率。因此仓储机器人任务分配问题是影响仓储系统工作效率的关键要素之一，有必要对智慧仓库中多机器人的任务分配问题开展深入研究。

根据系统现有任务量及路径对仓储机器人进行任务分配，在多机器人系统的货到人订单拣选作业模式及机器人直接拣选模式下，将具有自主计算能力的仓储机器人通过一定的方式进行任务分配。任务分配既需要考虑工作人员工作量的均衡性以及仓储机器人的负载均衡性，使得一定时间段内所有任务的执行时间最短；又需要考虑仓储机器人现有任务量及当前路径，使仓储系统的商品拣选环节的运行效率提高。

（二）机器人拣选路径优化

仓储物流机器人在建立智能化仓库的过程中扮演着关键的角色。目前，以亚马逊的 Kiva 机器人为代表的仓储物流机器人正逐渐开始被应用到智能化仓库建设之中，它在很大程度上可以提高拣选作业的效率。

仓储物流机器人拣选作业路径规划是实现仓储物流机器人拣选作业过程中自主导航的一项关键技术。采用良好的路径规划技术不仅可以节省仓储物流机器人的作业时间、减少磨损、降低能耗，而且还可以降低物流机器人的生产成本，减少资金投入，提升物流机器人对各种仓库环境的适应能力，为实现仓库的智能化、全自动化管理打下坚实的基础。

目前的仓储物流机器人拣选路径优化研究多以机器人路径最短为目标，但当仓储物流机器人数量增加时，路径可能会出现冲突。发生路径冲突时，机器人需要停止运行，待路网畅通后再次启动进行工作，降低了工作效率，增加了机器人能耗。因此，需要考虑减少机器人运行过程中启动和停止的次数，研究机器人无冲突路径，在提高仓储效率的同时减少能源消耗。

五、智慧仓储中的货物盘点作业

智慧仓储中货物盘点作业可由无人机实现，目前采用无人机航拍和 RFID 相结合的方式，高效、高速地解决了仓库外货物的实时盘点计数问题，为大型企业仓储管理提供了高效的解决方案。

RFID 是一种无线通信技术，可以通过无线电信号识别特定目标并读写相关数据，而无须识别系统与特定目标之间建立机械或者光学接触。目前许多行业都运用了这种技术，比如日常生活中我们经常用的地铁公交卡、身份证、门禁系统等。

RFID 电子标签与传统的条码需要对准扫描不同，RFID 电子标签即使被其他物品遮盖也可以被读取，使用更自由且可重复使用，而且价格还便宜。

无人机能代替部分人力完成仓库盘点工作。例如，货物摆放在高货架上时，用无人机清点会更方便，或者是在一些高温或有危险的空间，用无人机完成作业也会更加安全。

基于无人机航拍图像技术的仓库货物盘点方法，具体步骤如下：

（1）通过无人机在仓库上空飞行获取仓库外货物图像，然后采用数字图像处理技术对货物进行识别和数量统计。

（2）当货物入库时，在货物本身绑定一个 RFID 有源标签，通过在无人机上安装的 RFID 有源读卡器，进行统计和计数。

（3）利用图像识别结果和 RF1D 计数结果进行叠加对比，得知货物的实时存放情况。

第四章　智慧运输和配送

第一节　智慧运输

智慧运输是智慧物流的重要组成部分，是对传统运输方式和理念的创新。

一、智慧运输概述

运输是物流的主要功能之一。按物流的概念，物流是物品实体的物理性运动，运输承担了改变物品空间状态的主要任务，是改变物品空间状态的主要手段。运输系统包括铁路、公路、水路、航空、管道等运输方式和城市交通，各种运输方式的主要设备、设施和建设技术都与智慧运输有关，各运输系统、综合运输及多式联运的运输能力、组织与管理、规划与评价、配置与协调也与智慧运输密切相关。

（一）智慧运输的定义及特点

1. 智慧运输的定义

智慧运输是指在运输管理业务流程再造的基础上，利用 RFID、网络通信、GIS 等智能技术及先进的管理方法，实现运输过程中的智慧配载、实时调度、智慧派车、路径优化及实时交互，降低运输成本，提高运输效率，提升智慧运输管理能力的关键。

智慧运输可从运输效率和运输成本两个方面助力智慧物流的发展。

（1）在运输效率方面，为适应智慧物流的需要，必须进一步发展、创新运输基础设施建设、运输组织管理模式、货运服务方式、企业组织形态和政府管理等。同时，要加快转变物流服务与运输组织相分离的传统思维，进一步优化运输组织管理，不断创新运输组织方式，全面提升物流运输服务效率，助力智慧物流发展。

（2）在运输成本方面，影响物流成本的关键因素包括运输流程的合理性、服务体系的便利性和有效性等。围绕这些关键因素，必须考虑基础设施的配置、运输方式的组合、流程节点的简化以及体制机制的灵活性、商业模式的支持度等，这实际上就是一个综合物流服务体系建立的过程。互联网时代下，物流行业与互联网的深度结合，改变了物流行业原有的业务流程与市场环境，推动产生了新的物流和业态模式，如车货匹配、众包运力、多式联运等。

2.智慧运输和传统运输的不同点

智慧运输旨在使传统的运输活动变得更加有效率，更加人性化。此外，智慧运输一个很重要的特点是它可以模拟出人的一些重要能力，如记忆与思维能力、感知能力、自适应能力和表达与决策能力等。因此，智慧运输在功能上应具有感知、判断、推理和学习等功能。

智慧运输与传统运输的区别见表4-1。

表4-1 智慧运输与传统运输的区别

项目	智慧运输	传统运输
硬件方面	具备自主决策的运输设备（如无人机、自动驾驶货车、无人船舶等），运输设备的能源更加清洁高效（电力驱动）	运输设备的运行主要依靠人为控制，运输设备主要为燃油驱动

（续表）

项目	智慧运输	传统运输
软件方面	物流人员、运输设备以及货物将全面接入互联网，实现彼此之间的互联互通。同时，通过信息系统建设、数据对接协同和手持终端普及，可实现运输过程数字化更加关注运输设备本身运行信息的数字化	更加关注运输设备本身运行信息的数字化，而缺少对人员与货物信息的数字化
组织方面	更加强调运输主体间的协同共享，通过分享使用权而不占有所有权，打破传统运输相关企业边界，深化企业分工协作，实现运输资源的社会化转变与闲置运输资源的最大化	运输活动的规划仍是以单一企业为主体，运输设备的共享与互联不够明显

3.智慧运输与智慧交通

智慧交通是在智能交通（ITS）的基础上，在交通领域中充分运用物联网、自动控制、移动互联网等技术，汇集交通信息，使交通系统在区域、城市甚至更大的时空范围内具备感知、互联、分析、预测、控制等能力，以充分保障交通安全、发挥交通基础设施效能、提升交通系统运行效率和管理水平，为通畅的公众出行和可持续的经济发展服务。

智慧交通是在整个交通运输领域充分利用物联网、空间感知、云计算、移动互联网等新一代信息技术，综合运用交通科学、系统方法、人工智能、知识挖掘等理论与工具，以全面感知、深度融合、主动服务、科学决策为目标，通过建设实时的动态信息服务体系，深度挖掘交通运输相关数据，形成问题分析模型，实现行业资源配置优化能力、公共决策能力、行业管理能力、公众服务能力的提升，推动交通运输更安全、更高效、更便捷、更经济、更环保、更舒适地运行和发展，带动交通运输相关产业转型升级。

智慧运输必然会利用智慧交通的一些便利条件和基础设施，来辅助进行货物运输活动，完成物流过程中的空间转移。智慧交通在智能交通系统的基础上，融入了更为先进的信息技术和管理方法的概念，主要从交通科学角度出发，包含货运和客运以及其他非商业用途。而智慧运输则是侧重于货运的智慧化发展趋势。

（二）智慧运输发展历程及趋势

智慧运输需要依靠具备智慧化特点的交通与运输系统，在此基础上，对智慧化的管理模式与方法进行研究，才能推动智慧运输的实践与发展。所以，本节先回顾智慧交通的发展历程。

20世纪60年代末期，美国就开始了智能运输系统方面的研究。20世纪70年代，欧洲、日本等也相继加入这一行列。20世纪90年代，包括澳大利亚、韩国、新加坡等一些国家的智能运输系统研究也有相当大的规模。20世纪70年代以来，世界上发达国家应用计算机技术实施交通信息自动控制，这是智能运输系统的孕育期。20世纪80年代前后，在美国的电子路径引导系统、欧洲的路径引导系统、日本的综合汽车交通控制系统等项目推动下，智能运输系统进入初创期。20世纪90年代，全世界的广泛关注及参与引导下智能运输系统进入发展期。进入21世纪，智能运输系统逐步成为现代运输管理体系的模式和发展方向。通过不断发展，智能车辆能在道路上自由行驶，智能公路能使交通流运转达到最佳状态，两者结合能使驾驶员对其周围环境了如指掌，使管理人员对交通状况和所有车辆的行踪一清二楚，两者相互通信，共同减少交通阻塞。另外，人们还尝试了很多新的方法来解决问题，包括改进道路信号控制，采用道路可变信号，在交通高峰期通过道路改线增加进出车道，在城市建立交通控制中心来监控与显示公路网络的全部交通情况。

1. 美国

根据美国有关部门的报告，美国ITS的发展大致包括1991—2001年的ITS起步阶段和2001年后的ITS成熟阶段。开始于1998年12月的美国国家ITS发展战略计划代表了美国更新其ITS发展战略的第一步，第二步是美国ITS长期研究日程的更新。美国根据其ITS开发的经验与技术支撑的展望，将ITS发展划分为出行信息管理时代（1997—1999年）、运输管理时代

(2000—2005年)、增强型车辆时代(2006—2010年)三个阶段。进入21世纪，美国ITS的一个发展重点是研究ITS在美国安全体系中维护地面交通安全的作用。21世纪以来，美国ITS的发展主要包括城市ITS基础设施实施、乡村/州际ITS基础设施实施、商用车辆ITS基础设施实施以及智能车辆行动研发等方面。早在2007年举办的第十四届智能交通世界大会中，相关代表就透露美国关于ITS的发展远景已经制定到了2025年，目标是提高发展能力保护环境，降低温室气体排放。到那时，大城市所有交通设施即使在恶劣的环境下，不同运输方式也可以实现无缝流动。

2. 欧洲

在欧洲，20世纪70年代，德国开展了驾驶员引导和信息系统（ALI）项目工作。20世纪80年代初，德国、英国、法国等国先后研究了自己的路径引导系统。欧洲ITS体系框架包括先进的交通信息系统（ATIS）、公共交通系统、商用车辆运营系统、车路系统和交通管理系统。21世纪以来，欧洲关于ITS的发展重点关注安全问题。在2003年的第十届ITS世界大会上，提出eSafety的概念，同年9月被欧洲委员会认可并列入欧盟的计划。eSafety项目旨在利用信息与通信技术，加快道路安全系统的研发与集成应用，为道路交通提供全面的安全解决方案。目前，欧洲ITS架构包括：提供电子收费设施；提供安全措施及应急设施；管理交通设施；管理公共交通运营；提供先进的驾驶辅助系统；提供出行在途辅助；提供执法支持；管理货运及车队运营。

3. 日本

日本从20世纪70年代开始成立全国性的ITS推进组织，是对ITS进行研究最早、实用化程度最高的国家。20世纪日本ITS的发展可以分成各省厅积极推进和联合开发两大阶段。各省厅积极推进阶段的特点是分别推进ITS的研究开发，没有制定全国性的ITS发展战略。联合开发阶段可以分为起步阶段、实用阶段、拓展阶段、国际化阶段四个小阶段。起步阶段大概是20世纪70年代，然后在20世纪80年代前半期进入了实用阶段，之后进入拓展阶段，ITS 迅速发展。20 世纪 90 年代前半期，日本 ITS 技术开始走向国际化。

进入 21 世纪后，日本关于 ITS 的发展可以分为 2000 年前后的综合集成阶段、2005 年前后的用户服务阶段、2010 年前后的高级功能开发阶段和 2010 年之后的成熟发展阶段。综合集成阶段主要是改进道路收费系统，到 2003 年年末几乎所有高速公路实现了 ETC 收费。用户服务阶段主要是将所有信息直接提供给客户，更关注用户服务和安全，舒适性和便利性大大提高。2010 年前后，日本 ITS 发展进入高级功能开发阶段，实施了 ITS 综合战略。2010 年之后，日本 ITS 发展进入成熟发展阶段，自动驾驶需求大大增加。目前，日本 ITS 框架结构包括路—车通信系统、车辆交通信息与通信系统、通用交通管理系统、道路交通系统、超级智能车辆系统等。

4. 中国

改革开放至 20 世纪 90 年代初，随着国内商品流通和对外贸易的不断扩大，我国生产制造企业开始重视合理化研究和实践，逐步设立专门的物流部门，并慢慢发展为第一方物流企业。此时的货物运输服务功能单一，管理模式落后，远远达不到智慧运输的要求。

进入 21 世纪，第三方物流兴起并发展，物流发展靠专业化分工驱动。信息化技术的提高驱动了物流逐渐向智能化发展。"十五"期间，科技部将"智能交通系统关键技术开发和示范"作为重大项目列入国家科技攻关计划，在交通控制系统、交通监视系统、交通管理系统、信息动态显示系统、电子收费系统等方面取得了较大进步。"十一五"期间，设计了交通运输物联网发展框架。"十二五"期间，我国初步进入物联网时代，发展符合我国国情的车路协同系统。目前，我国正处于"智慧化"运输服务成长阶段。物流业发展靠先进技术驱动，先进技术与物流业深度融合，改变传统产业的运营模式，为消费者、客户以及企业自身创造增量价值。我国智慧物流发展过程中的一大特征是"互联网+"高效运输，通过构建互联网平台，实现货运供需双方信息的在线匹配和实时共享，将分散的物流运输市场进行有效整合，改进运输的组织方式，从而大幅提升运输的运作效率。2014年以来，我国货运市场上相继涌现了一批"互联网+"物流的新模式，如"互联网+"车货匹配、"互联网+"甩挂运输、"互联网+"专业物流等，涌现出了一批以运满满、货车帮、卡行天下为代表的典型企业。

5. 其他国家

澳大利亚是世界较早从事智能运输控制技术研究的国家之一，悉尼协同式自适应交通系统（Sydney Coordinated Adaptive Traffic System，SCATS）由澳大利亚新南威尔士州道路交通局研究开发，在澳大利亚几乎所有城市都有使用，目前我国上海、深圳等城市也采用这一系统。这套系统的优点是可以自动适应交通条件变化。

韩国和新加坡政府在20世纪末都投入巨资研究ITS。新加坡建设了高速公路监控及信息引导系统（Expressway Monitoring&Advisory System，EMAS）。EMAS的主要功能包括提供实时的交通信息、对交通事故快速响应、将交通拥挤减至最低限度、提高道路安全性等。

6. 智慧运输未来的发展目标

（1）提高用户服务质量。智慧运输可以按照客户偏好提供适合的运输服务，及时提供客户所需信息，提高客户满意度并加强客户忠诚。

（2）运用新技术提升运输效率，实现降本增效，同时降低对环境的不良影响。通过分析来自运输环节实时产生的数据，可以判断运输设施设备状况，改进相关技术，及时提供维修服务，降低事故发生率和维修成本。采用对环境更友好的运输设施设备，减少污染排放。

（3）发展信息和通信技术，提升运输安全水平。基于更先进的信息和通信技术，智慧运输应该实现事故率更低、各种运输方式更为协同发展的目标，实现多种运输方式协同和效能提升。

（4）提升运输流程管理水平。物联网、云计算、智慧城市等新技术和概念的发展，将进一步提升运输环节的信息处理和服务水平。低成本、高可靠性的基础信息获取和交互，将为运输过程的可视化提供支持，可以实现状态感知、实时监管,可以实现对集装箱运输、甩挂运输、危险品运输的流程优化和可视化监管,提升管理水平。

(5)运输服务更加智能化、个性化。运输过程的无人化是发展趋势,智能化设施设备的引入使得运输服务更加智能化,而各个终端收集的海量数据和无障碍通信系统能够保障运输服务提供者为客户提供更加个性化的运输服务。

二、智慧运输技术与设施设备

(一)智慧运输相关技术

现有智慧运输相关技术可划分为三个层面:宏观的综合控制层面,中观的车辆层面以及微观的业务操作层面。

1. 综合控制层面的智慧运输技术

(1)车联网技术。

1)车联网技术简介。车联网技术即"汽车移动物联网技术",是指装载在车辆上的电子标签通过无线射频等识别技术,实现在信息网络平台上对所有车辆的属性信息和静、动态信息提取和有效利用,并根据不同的功能需求对所有车辆的运行状态进行有效的监管和提供综合服务的技术。车联网技术可以实现车与车之间、车与建筑物之间,以及车与基础设施之间的信息交换,它甚至可以帮助实现汽车和行人、汽车和非机动车之间的"对话"。就像互联网把每个单台的电脑连接起来,车联网技术能够把独立的汽车连接在一起。

2)车联网技术在物流领域的应用。在物流领域,车联网的主要应用是车辆安全、事故管理、车辆监控、车辆调度、ETC等。近年来,车联网技术的出现和产品的逐渐普及,为降低物流成本、提高管理水平提供了一个有效的途径。目前已有较好应用的物流车联网产品有:

①中国移动车务通。车务通是中国移动集团的重点客户产品,是中国

移动基于目前车辆监控产业现状，为具有车辆实时监控和人员位置管理需求的集团客户提供的位置服务业务。车务通业务功能包括位置查询、车辆监控、调度管理、地图操作等基本定位功能，以及基于特定行业应用的增值功能。车务通基于 GPS 和基于位置的服务（LBS）基站定位技术，采用车载终端实时采集车辆运行数据并传回后台进行处理，提供对车辆及人员位置信息的监控、调度、管理等功能和综合运营服务，实现集团客户资源最优配置、科学管理和信息化办公，提高工作效率，降低运营成本。车务通的服务对象覆盖了乘用车、商用车和工程机械等领域。

②陕汽天行健车联网服务系统。陕汽天行健车联网服务系统是由陕汽重卡和杭州鸿泉数字设备有限公司于 2011 年合作开发，并于 2011 年 12 月 18 日正式发布的重卡智能系统，是重卡车辆管理领域的里程碑产品。它通过终端采集车辆运行状态数据（驾驶员行为习惯信息、发动机故障及其他异常信息、车身零部件工况信息、路面状况信息）来进行车辆事故的预防。天行健车联网服务系统有三大子系统：车载智能终端、管理网站、呼叫中心。通过车载智能终端、管理平台及呼叫中心，帮助用户实现对车辆的远程监控、检测、定位和管理。天行健车联网服务系统提供了重卡专用导航、智能配货、紧急求助、车友互联、油料、蓄电池防盗报警、行车记录仪、可视化倒车、故障报警、休闲娱乐、信息交互等功能，帮助用户实现精益管理、安全运营。

（2）定位与导航技术。

1）定位与导航技术简介。全球卫星导航系统（the Global Navigation Satellite System）是能在地球表面或近地空间的任何地点为用户提供全天候的三维坐标、速度以及时间信息的空基无线电导航定位系统。

常见系统有美国的 GPS、我国的北斗卫星导航系统（BDS）、俄罗斯的格洛纳斯（GLONASS）和欧盟的伽利略（GALILEO）四大卫星导航系统。最早出现的是美国的 GPS，现阶段技术最完善的也是 GPS。随着近年来北斗卫星导航系统、GLONASS 系统在亚太地区的全面服务开启。北斗卫星导航系统已在多个领域得到成功应用，并发挥了重要作用，包括通信、水利、减灾、海事、海洋渔业、交通、勘探、森林防火等领域。

2)定位与导航技术在物流领域的应用。定位与导航技术在物流领域使用范围很广泛，如公路巡检、贵重货物追踪、汽车防盗、电动车摩托车防盗、银行押运、危险品运输、企业车辆管理等都有涉及。尤其是近年来，物流行业的发展迅速，行业里的一些问题凸显出来：订单丢失、货物损坏或错漏、车源不能很好地调度利用等现象严重，定位与导航技术能帮助改善这类问题。定位监控平台是调度指挥系统的核心，是远程可视化指挥和监控管理平台，对所有现场车辆进行监控。监控中心的电子地图上可以显示车辆所在的直观位置，并通过无线网络对车辆进行监控设置，同时监控中心也可对可控范围的运营车辆进行实时、集中、直观地监控和调度指挥。

（3）地理信息系统。

1)地理信息系统简介。地理信息系统（Geographic Information System或Geo-Information System，GIS）有时又称为"地学信息系统"。GIS是处理地理数据的输入、输出、管理、查询、分析和辅助决策的计算机系统，是在计算机硬、软件系统支持下，对整个或部分地球表层（包括大气层）空间中的有关地理分布数据进行采集、储存、管理、运算、分析、显示和描述的技术系统。结合地理学与地图学以及遥感和计算机科学，GIS已经广泛地应用在不同的领域。

2)地理信息系统的应用。在现代物流信息传送系统中，GIS发挥着重要作用，主要体现在帮助物流公司选择恰当的物流运输中心、方便物流系统进行传输分配、妥善解决突发状况以及构建宏观物流调控系统。

①选择恰当的物流运输中心。目前已经流行的GIS地理位置选取方式主要为动态规划、运输规划等，GIS还能同时将周围影响物流行业的因素进行概括呈现，把相关的建设资金展现给用户，方便对方根据自身企业的规模与资产的拥有量进行恰当的位置选取，物流运输中心的工作人员也能够准确地了解负责范围内的地理情况。

②方便物流系统进行传输分配。GIS功能的使用可以加快物流运输的速

度，GIS已经具备了现代人工操作不具备的优势，比如通过大数据分析来决定运输的先后顺序，对突发状况进行宏观研究并做出决策等。近年来，有许多研究物流运输GIS的专业工作者研发了新型传送系统，该系统可以针对当地的物流传送途径制订一个最短距离的运输计划，加快物流速度，提高运输准确性，提高客户满意度。此外，在物流运输专员到各地派送商品的时候，GIS自行对位置进行记录，寻找最适合物流派发的中心点供后期研究，同时在定位中侦察合适的能源开发中心，帮助物流公司节约资金。

③妥善解决突发状况。在运输过程中，会有各种各样的紧急情况发生，GIS能够保持对物流运送车辆的实时跟踪，保证在任何情况下都能妥善解决问题。比如在堵车的状况下，GIS可以定位到道路畅通的地带，督促派送车辆尽快到达指定地点；保鲜食品等在运送时要避免变质，这就要求GIS提前进行道路查询，在开始运送前就制订好预备方案，保证商品在要求时间内到达客户手中。

④构建宏观物流调控系统。GIS会采集各种渠道中的位置信息，使人员能够在物流开始前有个全面的了解，这贯穿于运输过程的每一个环节。计算机提供的位置信息会被分享给物流派发人员的工具中，并随着派送的地址变化做出相应的调整措施。研发人员甚至可以在GIS自动定位的过程中不断研制新功能，如优化网络传送途径、提高定位精确值、快速选择通常道路等，避免GIS出现失误，同时又从宏观上指出正确方向，引导物流管理的顺利开展。

2. 车辆层面的智慧运输技术

车辆层面的智慧运输技术主要是汽车自动驾驶技术。

（1）自动驾驶技术简介。汽车自动驾驶系统（Motor Vehicle Auto Driving System），又称自动驾驶汽车（Autonomous Vehicles或Selfpilotingautomobile），也称无人驾驶汽车、电脑驾驶汽车或轮式移动机器人，是一种通过车载电脑系统实现无人驾驶的智能汽车系统。自动驾驶汽车技术的研发，在20世纪也已经有数十年的历史，于21世纪初呈现出接近实用化的趋势。例如，谷歌自动驾驶汽车于2012年5月获得了美国首个自动驾驶车辆许可证，并于2015年至2017年进入市场销售。量产自动驾驶汽车的实现需要经历四个阶段：驾驶员辅助阶段、半自动驾驶阶段、高度自动驾驶阶段和完全自动驾驶阶段。自动驾驶汽车依靠人工智能、视觉计算、雷达、监控装置和全球定位系统协同合作，让电脑可以在没有任何人类主动的操作下，自动安全地操作机动车辆。

（2）自动驾驶技术在物流领域的应用。汽车自动驾驶技术在物流行业已有较为广泛的应用。虽然很多人预测到了人类驾驶比例，以及交通事故损失会逐渐下降，但多数人还是觉得无人驾驶非常遥远。美国密歇根州安娜堡（Arm Arbor）的汽车研究中心表示，2030年之前，L4、L5级的完全自动驾驶汽车在新车销量中的占比不会超过4%；到2040年，其份额可能才能达到55%。

自动驾驶技术解放双手、不限里程，类似特斯拉的Autopilot，驾驶员可以让车辆在高速公路上自动行驶很久。通过计算何时加速、制动、转向，自动驾驶车辆也会更加节油，预测巡航控制则可以自行判断下一阶段的道路状况，决定在哪儿加速、在哪儿以最经济的方式沿岸行驶。驾驶员只需要控制最开始和最后的1km，驶入高速公路之后，车辆就进入全速前进状态。这样，驾驶员就可以在旅途的大部分时间睡觉，并在货物交付之后继续工作。另外，我们还会看到两个转变：①货车开始成为一台自动化设备；②传统的驾驶员开始扮演货物管理员或货运管理员的角色。短期来看，货运行业仍然职位空缺多，驾驶员少，自动化可以帮助填补这个空缺。也因此，货运行业具备自动驾驶技术发展的经济动因。百度Apollo自动驾驶车队用接力的方式，从长沙出发，乘坐飞机跨越太平洋后，在当天将一个Apollo标识的包裹由无人货运车送到美国拉斯维加斯，创造了历史。此外，福特、威马、长城等合作伙伴也出席了发布会现场。百度还与威马汽车宣布达成长期战略合作伙伴关系，共同推进智能汽车系统的研发制造。与此同时，百度还推出了APollo3.5版本，将实现从简单城市道路到复杂城市道路的自动驾驶，面对窄车道、减速带、人行道、十字路口、无信号灯路口通行、借道错车行驶等十几种路况，Apollo3.5 都能像"老司机"一样应对自如。

2018 年 4 月，中国领先的智慧物联网公司 G7 与普洛斯、蔚来资本联合宣布，共同出资组建由 G7 控股的新技术公司，研发基于自动驾驶、新能源技术和物流大数据的全新一代智能重型货车，探索创新物流资产服务模式。同年 6 月，G7 正式发布智能挂车产品。G7 智能挂车是对传统挂车的颠覆性设计，将物联网、大数据、AI 等前沿技术与传统挂车进行融合，赋予挂车自我感知、自动交互、自动学习三大核心能力，实现对传统挂车资产的智能化升级。

3. 业务操作层面的智慧运输技术

以智能装箱算法为例。

（1）智能装箱算法简介。随着工业 4.0 和智能制造时代的来临，在工业生产、物流运输等领域，加快生产线的装箱速度、降低生产成本、提高生产效率等越发重要。智能装箱算法能够提高运输工具利用率，降低成本，提高企业效率。装箱问题是复杂的离散组合最优化问题。所谓组合优化，是指在离散的、有限的数学结构上，寻找一个满足给定条件并使其目标函数值达到最大或最小的解。装箱问题也不例外，它同许多组合最优化问题，如旅行商问题、图的划分问题等一样属于 NP-hard 问题经典的装箱问题要求把一定数量的物品放入容量相同的一些箱子中，使得每个箱子中的物品大小之和不超过箱子容量，使所用的箱子数目最少。

（2）智能装箱算法在物流领域的应用。菜鸟网络的算法专家，通过大数据和大规模优化技术，推出了一套"智能打包算法技术"。这套算法通俗地讲，就是可以利用算法优化，帮助仓库用更小的箱子装下所有的货品。在订单生成的那一瞬间，系统会自动计算出这个订单需要多大的箱子，几个箱子来装，找到最省材料的包装方法。

首先从成本上，由于每个箱子装得更满，空间利用更合理，且系统计算非常快速，每个订单的配送成本可节省 0.12 元，耗材费用可节省 0.16

元。以一个日均 10 万单的仓库来说，一年至少节省 1000 万元。更大的意义在于对环境的保护，以 2015 年天猫"双 11"当天产生的约 4.67 亿个包裹数来算，如果用上这个技术，一天能节省 2300 万个箱子，可以少砍伐 8 万棵树木；再以 2015 年全中国产生的 200 多亿件快递测算，这个技术一年可以节省约 10 亿个包装箱，保护 324 万棵树木。下一步，菜鸟网络将要实现包装的定制化，根据仓库内商品的特性，结合消费者购买组合习惯，定制最适合仓库使用的包装，快递包装耗材有望进一步降低 15% 以上，这会为整个行业带来巨大的成本降低。

市场上已有的智能装箱软件有装箱大师（Loadmaster）、集装箱优化装箱软件（Cube Master）等。

1）Loadmaster：装箱大师是由北京达纬恒通信息技术有限公司开发的一款集装箱智能优化装箱软件。装载规则即货物能够以何种方式装入货柜或集装箱等容器，而是否具有丰富而切合实际需求的装载规则是判断一款装箱软件优劣的重要标准。装箱大师系统支持的装载规则如下：①货物方向设置；②最大堆码层数；③承重能力设置；④悬空处。

2）Cube Master：集装箱优化装箱软件是一个通过快速而且高效的算法来优化货物装箱，从而节约集装箱运输成本的装箱软件解决方案。它通过智能装载和优化空间利用率来达到提高装箱率、减少运输成本的目的，支持货车、航空集装箱（ULD）、海运集装箱以及托盘和纸箱。装载的货物类型支持长方体、圆柱体和托盘，在集装箱优化装箱、拼箱、装柜方面提供了强大的计算和分析功能。

（二）智慧运输设施设备

1. 无人机

无人机是一种由动力驱动、机上无人驾驶、可重复使用的航空器的简称，英文常用 Unmanned Aerial Vehicle 表示，缩写为 UAV。无人机可军民两用，民用无人机多数是多用途无人机装载民用任务载荷的变型机，按用途可分为民用通信中继无人机、气象探测无人机、灾害监测无人机、农药喷洒无人机、地质勘测无人机、地图测绘无人机、交通管制无人机和边境控制无人机等。世界上主要国家的军用无人机研究主要是长航时无人机和作战无人机以及微型无人机。在运输领域，主要关注固定翼无人机在干线运输中的应用。

空域活动不同于路面运输，空域的任何活动都需要小心翼翼。工信部发布的《关于促进和规范民用无人机制造业发展的指导意见》和中国民用航空局运输司发布的《民用无人驾驶航空器从事经营性飞行活动管理办法（暂行）》为民用无人机暂时制定了规则和规范。国内各大物流公司都在进行无人机干线运输的尝试。在空域审批上，京东、苏宁、顺丰等公司均取得了一定的进展。2017年12月，顺丰在云南一座机场开展了一次无人机试飞投递。与小型无人机不同的是，试飞的是一架大型固定翼无人机，机长10m、翼展长20m，可以承载1.2t的货物，航程可以达到3000km。顺丰已先后实现了水陆两栖无人机、大吨位无人机的试飞工作。2017年6月，成都市双流区政府与顺丰签署了一份合作协议书，要在该区打造一个大型的物流无人机总部基地。2018年，京东自主研发的第一架重型无人机——京东"京鸿"大型货运无人机在西安正式下线，这是首架真正意义上基于物流运输场景需求研发的大型原生无人机，具有全天候全自主的飞行能力。其翼展长10.12m，全机长7.01m，机高2.635m，满载航程超过1000km，巡航速度超过200km/h，巡航高度3000m，升限5000m。未来，无人机会成为航空货运的重要组成部分。

2. 无人货车

无人货车是指利用无人驾驶技术进行长途运输和配送的物流车辆。一方面，无人驾驶的研发和推广能解除驾驶员端产生的不确定因素，大幅度减少交通事故发生率和伤亡率，将物流行业的交通风险降至更低。另一方面，无人驾驶可解决驾驶员夜间出行等安全隐患，从而实现7×24h高速不间断物流，解放整体运力，提升行业效率，降低物流成本。干线物流自动驾驶可能需要五至十年才能实现成熟的规模化商业运营。在突破技术难关并应用后，自动驾驶还要在资本层面、法律政策层面、基础设施的系统支持层面做到配套发展,才能迎来大规模商业化的应用。

随着国家政策支持力度的加大,自动驾驶领域得到了广泛的关注。科技企业、物流公司和互联网巨头正在这一领域展开一场时间与智慧的赛跑。与自动驾驶汽车相比,自动驾驶货车更容易落地和实现商业化,也成为各大公司发展的"兵家必争"之地。阿里巴巴、京东和苏宁等电商平台已纷纷研发自己的自动驾驶货车技术。

(1) 2018年年初,菜鸟网络招聘自动驾驶方面的工程师,进军无人驾驶货车领域。

(2) 福田汽车于2018年4月获得了商用车自动驾驶路测牌照,福田自动驾驶货车目前实现了L3级半封闭区域的自动驾驶,包括自动转弯、行人识别、自动紧急制动、车辆自动变道、交通标志识别等。

(3) Starsky机器人公司表示其2000磅重的无人驾驶货车以每小时35mile的速度行驶在美国佛罗里达州亨德里县的833号公路上,整个时间约持续了15分钟,并且全程车内无人。

(4) 2018年4月,由中国工程院院士李德毅领衔,天津港集团公司、中国重汽集团公司和天津主线科技公司三方联手打造的无人驾驶电动货车在天津港成功试运营。该无人驾驶电动货车可以自动智能驾驶出入码头和堆场,直接将集装箱送至指定位置,不仅缩短了运输环节,同时价格也相对更便宜。不仅能适应港区大范围作业,并且还能驶出港区,满足更多的"跨界"运输需求。

(5) 2018年5月,苏宁的首款无人重卡"行龙一号"在苏宁物流上海奉贤园区成功完成测试,载重40t。面对道路中突然出现的行人,能事先预警并从容停车。在高速路段(测试道路)可以实现自动紧急制动(AEB)、自适应巡航(ACC)、交通拥堵辅助(TJA)、车道偏移预警(LDW)、车道保持辅助(LKA)、高速跟车、行人检测、自主避障等功能。在高速场景下,不仅在300m外精确识别障碍物,还能以25ms的反应速度来控制车辆进行紧急停车或者绕行避障等措施,在驾驶速度达80km/h时能实现安全自动驾驶。

（6）2018年5月，京东正式发布自主研发的L4级自动驾驶重型货车。

3. 传感器

传感器是能感受到规定的被测量物体并根据一定的规律将之转换成可用于输出信号的器件或装置。现代传感器不仅包含模数转换，有的还包括处理功能，集成化程度正在逐步提高。广义的传感器是指能感知到某一物理量或化学量、生物量等的信息，并能将它们转化为有用的信息的装置。狭义的传感器是指能将各种非电量转化成电信号的部件。

按传感原理考虑，运输中常用的传感器主要包括磁性传感器、图像传感器、雷达传感器、超声波传感器、红外传感器等。

传感器在公路货运中的应用主要在车辆检测、车辆识别、车辆控制、环境信息检测、危险驾驶警告等方面。传感器在铁路运输中的应用主要是安监测，利用分布在铁路沿线的线路、桥梁、隧道、信号、供电等基础设备或移动车辆上的多种安全监测设备，自动采集货物装载状态、列车运行状态、线路、桥隧、信号、电网、气象、自然灾害等监测信息，对各类可能对铁路运输安全生产造成影响的设备设施及其运行状态进行自动在线检测，通过智能化分析实现在线集中监控、安全预警及安全管理，提供安全信息综合分析及决策支持，确保铁路运输安全。此外，传感器是组成物联网系统的重要硬件之一，在使用物联网技术的其他运输方式中，均会用到传感器。

三、智慧运输决策

运输计划阶段的智慧运输决策以及在途过程的信息快速接收和处理是智慧运输最重要的两个特点，本节主要对运输计划阶段的智慧运输决策进行介绍。首先对传统运输的工作流程进行梳理，用以明确智慧运输决策涉及的问题，其次对智慧运输决策在具体问题上的应用进行介绍。

（一）智慧运输决策相关的运输流程

传统运输的工作流程主要包括：①接单，对订单进行审核归类，及时将错误订单或不清楚的订单返回给客户；②调度员将客户订单重新组合或拆分，根据客户要求选择合适的运输方式；③调度员选定运输方式后，根据车辆装载要求重新组合货物，确保装载率的最大化；④选择合适的线路；⑤按照选定线路发送货物，并处理异常情况；⑥调度员对外埠运输的车辆进行在途跟踪，以确保货物能够安全、准确地到达目的地。

在上述运输工作流程中，智慧运输要使用先进的技术和管理手段，根据客户需求，选择最适合的运输方式，然后根据运输能力限制和货物特点进行运输能力配置，包括运输工具分配和运输工具内部资源利用等。货物装运好之后，要使用物联网和云计算等技术，进行实时的路径优化和运输工具调度，保障运输服务各方的利益。

（二）运输方式选择

运用高新技术和管理办法提升货运效率，对多种运输方式进行综合考虑是智慧运输需要解决的问题之一，因此智慧运输决策中的运输方式选择主要应用于多式联运问题的解决。

多式联运是指有一个多式联运经营人（运输企业或者运输代理企业）负责承运，一般以集装箱运输为媒介，采用两种及以上运输方式，实行"一次托运、包干计费、一票到底、全程负责"的连贯运输的运输方式。它具有显著的优越性，特别是为货物的门到门运输提供了一条极为有效的途径。如何提高多式联运的效率、合理进行多式联运的货物配置及运输方式选择，是运输服务发展过程中必须解决的问题。

下面介绍两种多式联运的重要实践：

（1）中欧班列。建设并运行中欧班列是我国发展多式联运的重要举措之一。中欧班列可以将公路、铁路、航空货运进行有效结合。中欧班列包括的线路有：①"渝新欧"："渝新欧"为国内首条中欧班列，是重庆至欧洲国际铁路大通道。②"蓉欧"："蓉欧"班列（成都—罗兹）于2013年4月26日正式开行，起点是成都青白江集装箱中心站，经宝鸡、兰州到新疆阿拉山口出境，途经哈萨克斯坦、俄罗斯、白俄罗斯等国到达波兰罗兹站，线路全长9826km。③"郑欧"：郑州圃田站始发的"郑欧"班列于2013年7月18日开通，沿陇海铁路向西，是中国中西部地区直达欧洲的陆上铁路货运大通道。此外，"郑欧"班列还在实施"运贸一体化"和冷链物流，实现了跨境运输全程温控。④"义新欧"："义新欧"班列于2014年11月18日开行，全程13000多公里，全程运行时间21天左右。义乌一方面以城区规划形式为"义新欧"发展打造战略功能区，另一方面从原有综合性物流平台建设转向专业化物流平台建设，建设针对"义新欧"班列运输需求的专业化铁路物流园区。

（2）海铁联运。主要深海港口与货物内陆起点或目的地之间的腹地运输已成为现代物流系统的重要组成部分。腹地运输链一般是指海港面向内陆地区的运输线路，服务于海港货物在内陆地区的集散运输。腹地运输线路的选择由海港、陆港、多式联运承运人、进口商和出口商共同决定。多式联运在货运过程中整合货车、火车和驳船的使用，以提高腹地运输的效率和可靠性。学界有人研究集装箱在各个口岸以及各种运输方式之间的分配，需要满足运输成本和库存成本总和最小，其中，运输方式包括通过货车或铁路直接运输，以及集装箱进入国内拖车或入境口岸的转运。

利用智慧运输决策进行运输方式的选择时，需要考虑影响节点运营方、托运人、联运承运人选择的决定因素。可以通过行为模型描述运输方式的联合选择，行为模型中可以考虑上述各方的目标：节点运营方寻求最大化吞吐量；多式联运承运人寻求利润最大化；托运人寻求最大限度地降低物流成本。

（三）运输能力在线配置

本书将运输能力在线配置划分为运载工具内部空间配置和运载工具在不同地点的配置。智能装箱算法和物联网可以用于解决运载工具内部空间配置问题，用于货运的车辆、船舶、飞机、集装箱等运载工具，可以通过动态规划和路径优化算法进行资源配置。

下面以航运中的空箱问题和港口内部运载资源配置为例，对运输能力在线配置问题进行说明。由于国际贸易活动的不平衡，航运公司在进口主导的港口往往会积累大量不必要的空箱，同时在出口占主导地位的港口又会产生大量空箱需求。这种情况下，航运公司面临的挑战之一便是如何管理和控制其集装箱在各个港口的分配量，此外，空集装箱的内陆重新定位是一个至关重要的问题。航运公司拥有的集装箱有自有集装箱和租赁集装箱两种，多港口空集装箱分配问题涉及从供应港口到需求港口的空集装箱的分配，需要考虑服务水平、运输成本和持有成本等因素。现有的多式联运集装箱（货运）运输规划方法主要基于两个方向：基于最短路径的方法和基于动态编程的方法。基于最短路径的方法及其不同变形，已经开发了许多模型算法，例如，最短路径过程、一条最短路径算法、时间依赖的联合最优路径算法，以及基于传输网络的分解计算全局最短路径解决方案的并行算法。基于动态编程的方法，即根据动态需求和动态交通状况，建立动态运输规划模型，来解决如内陆货物运输中深海码头与内陆码头之间的联运集装箱流量分配问题。

（四）实时路径优化

车辆路径问题（VRP）作为运筹学和组合优化领域中最经典的问题，对解决城市道路交通拥堵的问题，有着十分重要的作用。VRP中常见的算法有遗传算法、粒子群算法、禁忌搜索算法、神经网络算法、蚁群算法等。对于动态车辆路径问题，目前相关研究多采用插入新需求点和调整部分线路的局部优化方法，尽量减少原有配送线路的变动程度。

以GPS技术、GIS技术、车联网等技术为基础，实现车辆路径实时优化，可以降低运输成本，节约运输时间。尤其是生鲜产品和危化品等具有特殊要求的物品的运输保障，是智慧运输的关注点。实时优化主要体现在需求量在配送途中发生变化、需求点增减、道路交通拥堵、运输节点交通管制、车辆在行驶过程中出现故障等动态事件情形下的路径优化。实时的城市配送需要借助GIS、GPS、ITS、移动电子商务平台（MC）和全球移动通信系统（GSM）等技术工具实时地获取动态信息，而调度中心要不断地合并新信息，在每个动态事件发生时刻生成新的配送计划。信息获取过程如下：MC 用于获取顾客需求量和需求点位置信息，ITS 用于获取实时交通道路信息，车辆使用 GPS 进行定位，GIS 用于获取任意两个运输节点的实际距离。GSM 用于保证通信的安全性和及时性。

对于可能的动态事件，要实现实时路径优化，目前的主流方法是采用启发式算法，其中，遗传算法是最为常用的启发式算法。现代化的物联网技术和互联网技术可以实时、准确地收集关于需求信息、车辆运行状况、天气、路况、交通管制信息、运输节点变动等信息，且能够高精度地预测交通网络中任意两节点的行程时间。因此，当车辆到达路网中任意一个节点时，都可以更新路段行程时间，通过采用遗传算法可以很容易地计算得到当前配送节点到下一个节点的瞬时最短路径。

第二节　智慧配送

配送是物流过程中最贴近消费者的环节，其服务质量与服务效率深刻地影响着用户体验；配送也是城市交通中重要的组成部分，对其进行合理的规划是城市交通管理的重要一环。以"互联网+"为代表的现代技术正在加速智慧配送的技术研发与投入，是物流行业发展的大势所趋。智慧配送以"降本增效"和"用户体验"为核心，紧扣消费者脉搏，依托物联网、大数据、云计算等新一代信息技术，通过一系列智能算法，在配送环节中丰富无人设备的应用，提高配送效率，使消费者的满意度显著提升。

一、智慧配送概述

（一）智慧配送简介

1. 智慧配送的产生背景

我国经济正在从高速发展转向高质量发展，产业结构和管理模式不断升级,社会化分工越来越细,电子商务等新型商业开始被人们所青睐,配送市场需求旺盛,"最后一公里"的配送工作也成为被关注的重点。配送已经被企业上升到了战略层次,物联网、大数据、云计算和人工智能等新技术可以有效地适应物流行业的发展并使配送服务更加满足消费者的需求,这些促进了智慧配送的产生。

(1)用户需求逐渐多元化、复杂化、高标准化。

1)用户需求在空间与时间上具有差异性,从空间上看,目标客户不集中在某一个区域,而是处于一种不规则的分布。对于企业而言,通过增加运力来满足这些分散开的配送需求的方法已经无法解决问题。从时间上看,客户需求也呈现出潮汐特征,对配送服务的弹性化需求较高。物流企业既需要持有运力资源来满足如"双11"购物节等活动引发的配送需求高潮,同时也面临着在需求低谷时的资源闲置问题。客户需求的时空差异,意味着物流企业需要负担很高的经营成本,来支撑企业对于物流效率及服务质量的诉求。

2)用户要求掌握更加精确、透明的货物流动信息受到成本与技术的限制,信息化水平较低的配送服务无法做到商品货物信息全程跟踪,这会使客户无法即时掌握货物动态,影响客户服务体验。用户信息的透明化可以在配送过程中为用户给出相应的提示,减少用户对配送企业的质疑,维护自身的品牌与服务。

3)用户对配送服务安全提出了新的要求。企业为降低成本,给予配送人员的待遇低,导致配送人员工作不稳定,跳槽频繁。而且配送员自身素质与业务水平参差不齐,这些都会让客户产生对货物财产安全以及客户人身安全的担忧。

(2)技术发展解决用户新增需求。

1)数据分析与新型算法解决用户需求的时空差异性。随着大数据分析、云计算与人工智能的各类算法在智慧物流中的应用,智慧配送能够即时感知各地区分散的物流需求并实时分析需求数据,以此推荐最佳的配送方案。而智慧配送中的共享思维、平台经济则为企业提供了一个解决客户不同时间上需求差异的方式。

2）物联网技术可以向客户提供更透明的货物流动信息。在物联网信息通信技术的支持下，智慧配送能够做到配送流程可视化。客户在登录终端后，可以查询到货物的实时位置，即时了解货物动态和预计到达时间，有助于客户统筹安排其他工作，增强客户的体验。

3）无人技术提供配送服务安全保障。智慧配送通过结合遥感控制、无人机、无人车等软硬件技术，实现了机器与人结合配送，精简配送人员，使配送员队伍保持稳定，提升配送员素质修养；同时对配送者进行信号追踪，精准执行配送任务，以此减少客户对货物安全及人身安全的忧虑。

（3）智慧配送拥有非常深厚的政策土壤。我国的物流业正在向着数字化和信息化转变，辅以各项政策的出台，推动了智慧配送的快速发展。各类政策内容涵盖了推动智能产品在经济社会的集成应用，夯实人工智能产业发展的软硬件基础，培育推广智能制造新模式，完善人工智能发展环境等。这些政策的实施为智慧配送装备的快速发展营造了良好的环境。

如今国家大力倡导智能智慧，各个与智能智慧相关的科技企业如同雨后春笋般涌现。如果国家能够有效地引导相关科技企业对配送环节进行投入，就可以解决智慧化配送设备稀少、落后等不足。另外智慧配送作为一个新兴的行业，也方便国家拟订发展规划并制定相关政策，以此取得全球领先的话语权。

2. 智慧配送的发展

配送主要有三种模式：①共同配送，即多个配送企业联合起来，为某一区域的客户提供集中配送服务的物流形式；②设立取货点，比如企业在便利店或其他类型的网点设置储物柜，与其形成终端物流合作；③自设终端模式，即不依赖于其他机构，企业自身广泛建立终端物流中心。

在经济转型、消费升级以及技术革新的推动下，智慧配送展现出更多的新模式，如建立并普及快递智能柜，使用无人机、末端无人快递车或智能无人车进行配送。

智慧物流应用物联网、大数据、云计算、人工智能等新技术,促进了线上线下的融合,推动了新零售的发展,也带来了配送体系的变革。智慧配送的大数据技术可以用来预测客户需求,提前对货物进行调配,减少随机和零散需求的配送压力,减少货物搬运次数,实现客户下单后就近配货,缩短了物流包裹的配送距离。同时智慧配送有去中心化的趋势,传统的零售门店成为离消费者最近的末端配送网点。这些去中心化的店仓末端网络互联互通,根据销售实际情况通过智能调度实现不同门店间货物的互补。即通过智慧配送服务实现门店间的智能调配,有货的门店可以直接把货就近调拨到缺货门店。

随着技术的发展,智慧配送与智慧仓储之间的链接不断深化,大量物流设施设备接入互联网,以设施互联、信息互通的方式带动了仓储与配送间的信息资源共享,整合末端人力、物力资源与智能终端,实现资源的合理布局与共享利用,提升配送效率和用户服务体验。

近些年,各级政府和行业协会都开始注重智慧物流的发展,这推动了智慧配送技术与设备的创新。高速联网的移动智能终端设备,让物流人员操作更加高效便捷,人机交互协同作业更加人性化;送货机器人和无人机研发已经开始在校园、边远地区等局部场景进入了实用测试,取得巨大进展。在电子商务物流领域,菜鸟通过智慧物流技术打造自动化的流水线、AGV 机器人、智能缓存机器人、360°运行的拣选机器人、带有真空吸盘的播种机器人、末端无人车等高科技产品,提升了配送效率,让物流行业的当日达、次日达成为快递的标准速度。

3. 智慧配送的概念

在《物流术语》(2007 年 5 月 1 日起实施)中,配送的定义为:配送是在经济合理区域范围内,根据客户要求,对物品进行拣选、加工、包装、分割、组配等作业,并按时送达指定地点的物流活动。

2015 年 7 月,商务部办公厅下发的《关于智慧物流配送体系建设实施方案的通知》指出，智慧物流配送体系是一种以互联网、物联网、云计算、大数据等先进信息技术为支撑，在物流的仓储、配送、流通加工、信息服务等各个环节实现系统感知、全面分析、及时处理和自我调整等功能的现代综合性物流系统，具有自动化、智能化、可视化、网络化、柔性化等特点。发展智慧物流配送，是适应柔性制造、促进消费升级、实现精准营销、推动电子商务发展的重要支撑，也是今后物流业发展的趋势和竞争制高点。

智慧配送是为适应智慧物流发展的新要求，升级原有的配送设备，应用大数据、人工智能算法和无人机等新型软硬件技术，对配送的全流程进行信息化、透明化管理，实现无人配送、即时配送和主动配送的物流活动。智慧配送可以降低配送成本，提升配送效率，增加客户对配送服务的满意度。

（二）智慧配送的种类

1. "送货上门"的无人配送服务

配送的工作量大，想要实现送货到家的服务水平需要进行自主判断的情况多，因此工作人员需求量大、人力成本居高不下。无人配送通过人工智能算法与无人配送设备这样软硬结合的方式，在人工智能的决策判断下，增加对硬件设施的使用率，减少人员参与。相比于需要大量配送员进行作业的配送模式，智慧配送可以实现"送货上门"配送服务的无人化。

2. 基于客户满意的即时配送服务

与智慧仓储和智慧运输相比，智慧配送更加注重客户体验。由于业务量过多，需要在一定的时间点收集前一时间段的所有订单，然后进行统一配送。这对于客户来说就产生了或多或少的滞后，可能下单时间仅仅相差五分钟，收货时间却相差一天，严重影响客户体验。新零售所带来的产业升级已经成为人与货、时间与距离的赛跑，客户与货物之间的距离变得越来越近，时间变得越来越短。可以说，新零售为配送市场带来机会的同时也让竞争变得异常激烈。

智慧配送为用户提供可以在线下单的互联网平台，在客户下单后，系统将线上线下的订单信息数据化，通过算法匹配，自动将配送任务信息发送到最合适的配送员的移动终端或配送设施的接收器上。配送者取件后，直接送达到指定的目的地，无任何中转环节，真正实现即取即送。

即时配送基于智能交互与需求共享理念，调动闲置的配送资源，发挥现有配送资源的最大化使用效率，通过短链、无人化等智慧物流技术，实现收派一体、即取即送的配送服务。智慧配送的及时性为广大私人用户、企业及商业办公人群打造了高效、便捷、安全的加急件和私人物品专业化服务。

3. 小范围内的主动配送服务

配送不是单纯的运输或输送，而是运输与其他活动共同构成的组合体。而且配送所包含的那一部分运送范围较小，需求可以进行预测。

近年来，市场竞争日益激烈，未来的配送新趋势是一场关于人、环境、大数据和效率的革命。若不尽快采取措施去适应市场环境的变化，势必会逐渐失去原有的销售优势，使市场份额日渐丧失。

因此，各企业均在想方设法地通过不同途径、采用各种方式抢占市场。许多公司通过不断优化零售网络，提升商品的质与量，为客户提供标准化、专业化和个性化的优质服务，培养自身的服务品牌，提高顾客的忠诚度，抢夺市场份额。

主动配送是在配送过程整体优化的基础上，依靠物联网大数据的支持，基于对一定市场范围内需求的预测和库存变化的判断，满足消费者个性化需求，对主动配送网络布局优化，实现先发货后下单的主动式配送服务。在客户感受到缺货前，主动将商品配送到客户处，体现出智慧配送的主动性特点。

（三）智慧配送的应用

1. 智慧配送在新零售中的应用

近来国内风起云涌的新零售的浪潮，再次加剧了不同商业生态的配送服务的竞争。

新零售表现为对人、货、场三者关系的重构，消费者对购买商品的便捷性和最终获得产品的及时性有着更高的要求并同时要求有更好的和商家的交互体验，具体到商品的配送环节，就是终端客户对配送的时效性和对服务全过程的要求越来越高。

目前，商家自建配送体系、整合平台众包和临时加盟形式并存的即时物流服务，以及配送网络下沉、配送中心前置的策略等综合解决方案，正深刻地影响着今天的消费方式和终端消费者的偏好，并逐步演变为新零售模式下的典型配送服务方式。

在新零售发展的今天，第一个变化就是顾客购买将呈现出频率高、部分商品下单时间比较集中等特点，那么门店的配送系统也会呈现出特定时间段订单激增、时效性变短、最终配送地点多为居民区等特征。其次是配送半径大幅缩短，配送半径基本在 5km 以内。再者是服务要求高，基本上都要求配送人员送货到家，并与客户当面进行货物交接。最后是配送商品以生鲜类为主，商品自身的价值周期短对配送服务要求高，除了及时配送之外还需要一定的保鲜、保值的专用设备或附加服务。

在新零售的配送环节中引入智慧的因素，可以有效应对这些新特点。智慧配送在新零售中的应用主要体现在：①终端客户配送服务的及时性大幅提升，从接收订单到配送完成，基本要求在 30min 内。商家与现有配送平台进行合作，利用其终端配送能力覆盖 3km 的范围，实现即时配送。②对于除生鲜、熟食等类商品外时效性较长的商品，可以总结客户购买规律，运用主动配送的方式提升时效性。③充分利用如丰巢快递柜、速递易等智慧配送终端资源，解决居民区配送最后一公里的问题。

2. 智慧配送在特殊物流保障中的应用

无人化是智慧配送的典型特点之一。无人机配送代表了物流行业向自动化、智能化方向发展。智慧配送中的无人机主要应用于灾害应急、医疗应急和区域性快件投递。要根据事件类型及货物类型，确定使用机型，对无人机配送的专用线路、运输规则、商业模式、监管机制、人员培训等设计系统性方案，保障特殊物流需求。设计系统性方案时要对无人机的载重、续航时间、服务半径、环境适应性等方面做好前期规划，严格把控产品研发和生产测试等环节，做到精细管理和万无一失。

在紧急救援和运输应急物资等方面，无人机能发挥常规运输工具无法比拟的优势，把现场信息第一时间传至指挥中心。

3. 地下物流

地下物流系统的末端配送方式是将物流主干道与客户所处地区建筑底下的运输管道相连，最终发展成一个连接城市各办公楼或生活小区的地下物流管道网络，并运用云计算、大数据等技术，达到高度智慧化。

客户通过互联网下单后，商家接受订单，将商品通过搭建的地下管道传送至物流中心进行分拣，然后通过地下物流管道搭配智能智慧系统进行运输或配送。

来自各处的商品在经过主干道的地下运输后，集中在各个地区的物流仓。以综合管廊的物流仓为中心，建立多条次干道，增加输送功能。可利用现代电子信息识别技术对商品进行自动分拣，通过现在日趋成熟的自动运输与导航技术，完成从集散点经过次干道至各小区各建筑物的派送。地下物流的智慧配送系统与园区地产结合，通过楼宇的自动化机械完成到户到家的终极目标。

智慧配送在地下物流中的应用，不仅具有高效率、高准确度等优势，而且可以避免城市交通拥堵问题，减少机动车辆带来的环境污染，提高城市商品配送的服务质量。

二、智慧配送的设施设备

（一）智慧配送站

1. 技术介绍

智慧配送站设有自动化分拣区，无人快递车停靠区、充电区、装载区等多个区域，能够完成货物分拣、无人快递车停靠、充电等一系列环节。

当包裹从配送中心运输至配送站后,在物流分拣线上按照配送地点对货物进行分发,分发完成后,站内装载人员按照地址将包裹装入无人快递车,配送至消费者手中。

末端无人机和无人快递车是解决城乡"最后一公里"配送难题的有效手段,相比于以往无人设备需要按照人工指示单点送货和人工送货,智慧配送站则相当于一个智能中转站,将收发环节互相连接,实现全程无人配送。

2. 发展现状以及目前的瓶颈

智慧配送站可以存储多个货箱和终端无人快递车,并具有无人快递车充电设备,同时可以为客户提供商品自提、退换、收发等服务。

智慧配送站可以提供无人配送服务,自动卸货、自动装载,并自动送至指定地点,收件人收取包裹既节省时间又减少行走的路程。

由于技术与环境的限制,在不同的区域可能会采取不同的配送形式。智慧配送站会把货物送到分货柜中进行智能分拣,区分不同配送区域的货物,来进行相应货物的分发。比如在校园中,无人快递车可以直接将货物送到学生宿舍。在农村进行配送时,会在比较集中的区域里设一个配送站,收件人可以到配送站自提。

3. 竞争优势

从长期经营的角度看,智慧配送站的成本比传统配送站的人力成本低。随着人口红利的减少和农村电商的发展,人力成本越来越高、订单越来越多。使用智慧配送站,可以有效控制配送成本,同时保证安全性和稳定性,增加客户服务体验。

从配送流程的角度看,智慧配送站让配送的全流程无人化成为常态,用智能化设备来无缝对接解决电商业务的复杂场景,无论在国内还是国外,都是在开创行业标准。

智慧配送站的应用推进了智慧物流体系战略的构建不断向前发展:于智慧配送站所在地区而言,必将推动探索更多产业变革的新机会,促进传统产业转型升级；于使用智慧配送站的企业而言，将为"无界零售"时代的到来提供强力支撑，为全球智慧物流革命提供实践样本和技术支撑。

未来，智慧配送站将会提升技术，争取适用于城乡山区等多种环境；不再仅是管理或连接无人送货设备的手段，还要增加辅助客户退换货、收发件等智慧服务。智慧配送站的广泛应用将为社会创造更加智慧、更加便捷的购物环境。

（二）智慧配送的送货设备

目前配送需求剧增，不断增长的业务量使现有的人力物力越来越难以满足日益增长的服务需求。伴随着人口红利的消退以及服务场景的复杂化，快递企业开始面临人工成本高、配送难的现状。对物流企业来说，如何解决用工成本高、末端配送难，让商品更快到达消费者手中的问题成为重点。现阶段，物流企业努力实现配送环节的自动化、无人化，这是成本控制的需要，也是行业进步的需要。

1. 无人机

在偏远山区、交通不便的农村地区，配送一直是个难题。农村地区"最后一公里"的物流成本更是占到整个物流成本相当大的比例，在交通运输基础设施落后的情况下，物流无人机能够凸显独特优势，提升物流网点与终端之间的流转效率。

无人机技术已在上一章有所介绍，此处不再赘述。

（1）无人机在智慧配送中发挥的作用。

1）克服环境对配送的限制，具有空间优势。无人机技术可以进行精准定位，智慧配送使用无人机作为配送设备，具有更强的技术优势。配送中的难题主要存在于农村、山区及市中心等地区。农村地区地广人稀，部分地区甚至没有水泥道路；山区的地理形势复杂，山道崎岖难行；市中心地区交通情况复杂，管制、拥堵不时发生。在这样的地区如何完成"最后一公里"配送，将物品送到消费者手中，是一直被广为关注的问题。人力配送在农村、山区或市中心很难达到低成本、高效率、高质量服务的目标。

智慧配送中应用的无人机技术，可以通过遥感对交通情况复杂的区域进行精准细致的定位，反馈的信息经智慧系统处理，为无人机规划出最优路线；同时无人机可以在空中飞行，不受路面的地理环境影响。因此，无人机搭配智慧技术是农村、山区及市中心配送的最佳选择。

2）灵活性强，时间成本较低，具有时间优势。智慧配送中使用的无人机的体型较小，载货量较低，因此无人机配送更加灵活，不需消耗时间汇总到一定数量的订单后再集中配送，减少了客户的等待时间。无人机接到订单后立即执行任务，商品即收即送，同时无人机的速度较快，可以迅速抵达客户的位置，从而提高消费者的购物体验。

3）优化末端配送流程，提升配送效率。智慧配送使用无人机作为配送设备，可以大量减少配送的中间环节。商品抵达配送站后，无须装车，而是直接通过智慧分拣系统使用无人机送达消费者处。

4）节约人力成本。智慧配送使用无人机作为配送设备，可以节约人力，缓解企业作业压力。较高的人力成本会给劳动密集型的配送企业造成很大的经济压力，从而影响企业的业务拓展和技术升级，甚至决定了企业的生死存亡。用无人机代替人力配送，可以减少企业的人力成本，提升企业的技术水平。

（2）智慧配送中无人机应用的局限性

1）技术瓶颈难以突破。无人机技术瓶颈的存在限制了行业应用的拓展。无人机的技术瓶颈主要体现在续航时间短、载荷重量较低、可靠性弱和作业半径较小等问题。续航时间短（20min左右）是无人机的通病，至今民用无人机还未解决这一难题；天气不佳时，无人机暂时难以抗风防雨，无法规避天气风险。较短的续航时间与载荷量使无人机配送只局限在小件商品，而较小的作业半径和对于恶劣天气的较差应对能力又从时间空间的角度限制了无人机在配送中的应用。

2）政策尚未完全完善。虽然已经颁布无人机操作的相关条例，但鲜少有机构或人员监督和管理，规定的实施较为无力，有关无人机的标准和规范也不够完善。无人机在物流领域的发展确实尚存在一些待解决的问题，其中包括：如何将无人机的事故风险概率控制在合理范围；如何让无人机在各种天气下保持稳定；无人机货运需大量执飞较长航线，怎样解决通信及干扰问题等。无人机的运用避免不了空域管理的问题。无人机的配送还会受到飞行范围、飞行高度、飞行重量等多方面的影响。在相当长的时间内，无人机配送还难以实现大规模的商业化运作。

3）仍然存在各类安全隐患。无人机的安全隐患以人身财产安全问题和个人隐私安全问题为主。无人机的培训产业尚未完全发展起来，当无人机技术被应用到智慧配送中时，可能发生因操作不当引起人身伤害或人为影响无人机配送货物等问题。另外，无人机在配送中的广泛应用也会导致大众隐私被暴露的隐患，由于无人机送货时带有摄像头，如果无人机在配送商品的过程中碰巧捕捉到沿途行人或居民的私人或敏感信息，那么这些信息的处理将成为问题。

2. 无人快递车

（1）无人快递车简介。无人快递车主要依托于高精度遥感技术与智能导航系统，是一款可以在陆地上行驶，代替配送员将包裹全自动地配送到用户家门口的机器人。大部分无人快递车体积较小、四轮驱动，具备若干个不同大小的载货舱，可以按照既定路线自动导航行驶，并具备环境感知、车道保持、动态识别、实时规划、智能避障等功能。

在进行配送前，用户可以与无人快递车预约配送的时间、地点与物品，无人快递车会协同工作，自动进行包裹的分配和运行路径的规划。通过内建的导航系统，它能在无人干预的情况下实现自主定位导航。此外无人快递车还具备多种智能功能，如乘坐电梯；识别行人车辆等动态障碍物，预判它们的运行轨迹并进行动态避障；自动实时监控机器人正在运送的包裹，不仅在包裹被盗时进行报警，也能在包裹被误取时进行提醒。

它能够很好地提升配送业务操作系统完善程度、配送服务规范程度，对配送需求做出即时响应，降低人力成本，从而满足消费者对于速度、服务、个性化等高质量的需求，缓解巨大的配送压力。与无人机配送的方式相比，无人快递车配送还具备载重量大、续航里程高、安全可靠等重要优势。

（2）无人快递车的关键技术。

1）环境感知。无人快递车以安全第一为标准，配备多个视觉传感器和雷达，通过生成视差图等方式构建三维环境，检测障碍物的大小和距离，控制机器人避障。

2）车道保持。通过深度学习算法，可以识别交通标志和车道线，在任何照明状况或天气状况下都可以保证行驶遵守交通规则。

3）动态识别。无人快递车能动态识别环境的变化，当探测到原路径无法正常通行时，机器人会立即重新调整、规划路线。

4）实施规划。利用在线学习算法，根据线上反馈数据，实时、快速地进行路径调优。

5）智能避障。通过深度学习，识别环境中的行人、车辆等不同的实体，对动态实体进行准确的轨迹预测，提前进行规避。

（三）智能快递柜

1. 智能快递柜的发展

智能快递柜技术现在较为成熟，国内以顺丰为首投资的丰巢以及菜鸟投资的速递易等一批研究并应用智能快递柜的企业已经出现。但是目前智能快递柜仍然面临着使用成本较高、智能化程度不足、普及率低、盈利模式单一、无法当面验收商品等问题。

可以说智能快递柜目前已具备商用的基础，已经在国内一二线城市得到推广，是各物流公司布局的重点。但受限于成本与消费者使用习惯的问题，未来发展还存在着不确定性。

2. 智能快递柜技术

智能快递柜结构分为储物终端、平台管理系统，可以智能存件、智能取件、远程监控、管理信息、发布信息等。内嵌固定式条码扫描头，可读取一维、二维条码等信息。取件时,用户可凭手机上收到的取件码,在智能快递柜的扫描窗口刷取,验证成功即可取件。其核心技术在于物联网、智能识别、无线通信等。智能快递柜远程操控示意图如图4-1所示。

图4-1 智能快递柜远程操控示意图

应用智能快递柜还可以帮助企业实现数据闭环的自主研发,通过掌握末端数据,获取较强的业务能力,直接承接上游业务。

在没有应用智慧配送终端的情况下,企业可以掌握上游商品、交通工具调度、配送员实时位置等数据,但由于缺乏末端用户的情况,导致数据闭环不能够完整地流通。智慧快递柜可以帮助企业切入末端市场,并及时获取缺失的用户信息,形成客户画像,从而能够对客户需求进行精准预测,进一步整合配送终端的数据资源,利用大数据和智能算法优化商品物流效率,对商品的整体物流流程进行统一的调配,最终实现物流资源高效化的目标。

3.智能快递柜的作用

(1)提高配送效率。配送员需要和客户协调配送的时间,有时配送员已经按时到达订单上的地点,但客户因时间安排无法进行签收,配送员需要在其他时间再一次配送,这样就增加了时间成本。应用智能快递柜后,配送员在送件时可以将商品直接存放在快递柜内，减少收件人相关因素对于配送时间的影响。改变了以往配送员和消费者面对面交接的模式，避免了配送员与用户时间错配的问题，使配送的整体效率提高。

（2）增加客户配送服务体验。智能快递柜的24小时自助服务可以随时存取件，不会因为快件的签收而干扰客户的日常生活工作，具有极高的便利性。客户的取件时间更加自由，客户可以选择自己的空闲时间去快递柜领取自己的商品。

（3）具有较高的安全性。有些快递员在客户无法签收快件时为了避免再一次配送，将商品放置在客户门口、门垫下或消防器材等地，这可能导致商品丢失或客户信息泄露。智能快递柜通过移动端扫码取件，具有较好的安全性，同时有效地保护了客户隐私。

三、智慧配送决策

随着技术的进步，可供消费者选择的商品种类增多，客户需求也瞬息万变。为充分适应现有的市场状况，满足客户多维度的物流需求，通过配送服务提升消费者体验，建立智慧配送体系替代传统的配送模式变得迫切起来。

图4-2讲述了智慧配送的体系构成及主要技术。

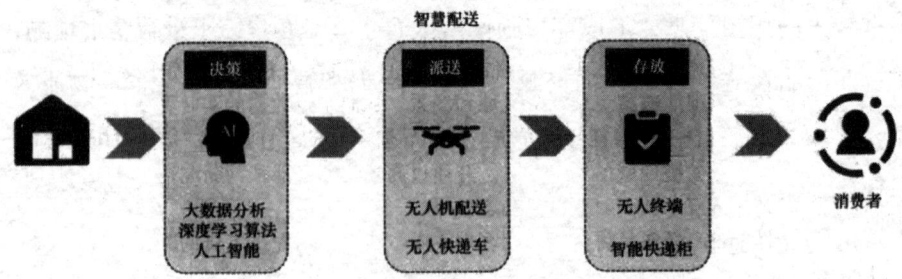

图4-2　智慧配送的体系构成及主要技术

智慧配送体系由大数据驱动决策、无人机和无人快递车、智慧终端存放三个顺序连接的过程组成。

（1）基于大数据驱动的智慧配送决策。收集成本、服务、交通等信息，以服务水平最大化、总成本最小化为目标，设计模型和优化算法进行求解，对智慧配送区域选取、配送工具选择及路线规划做出决策。

（2）使用无人机、无人快递车等无人设备进行配送。通过利用遥感技术、自备感应装置和预先设置的行驶方式，使无人操纵或驾驶的机器运送包裹。其优势主要在于可以应用于配送难度较高、成本较大的偏远或闹市地区，节约人力成本，提高配送效率。

（3）将商品存放到智慧配送终端。很多商务楼以及社区因为安全问题，要求配送人员不能上楼，而智能快递柜这类智慧配送终端通常摆放在楼下物业处，无须过多管理，也不需要人值守。无人机、无人快递车或配送人员将商品存放至智慧配送终端中，消费者可通过短信取件码等方式取出商品，节省配送成本同时还便于管理。

智慧配送体系可对配送需求制订出及时计划，通过无人技术将商品送达配送终端，达到配送过程的快、精、准。

（一）智慧配送区域选取

1. 无人配送区域选取

应用场景的具体情况决定了技术的研究方向，互联网电子商务企业纷纷在自动驾驶领域进行研发投入。自动驾驶技术与实际商业应用场景的结合至关重要，在人工智能领域中最有可能落地应用，吸引了整个科技行业的目光。在这种背景下，无人配送被认为是最先可能实现的实际运营场景。无人配送的实现要结合具体的场景，中期还是以人机交互配送为主要发展方向。

（1）无人配送工具引导——高精度测绘。高精度测绘是无人配送导航运行的技术基础，只有测得详细而全面的数据，才能为无人送货设备的行驶提供可靠的行动指引。

传统的数据地图以满足人类认知为目的，因此在数据表达上采取的是以人类能够理解的可视化方式。然而，在无人配送中应用的高精度地图是完全面向机器的数据信息，在生成数据内容、传达位置信息的方式上与传统的地图都有较大差异。

传统地图数据的生成，大多通过全站仪、卫星图像匹配等手段。而高精度测绘采集到的数据在精度方面有更高的要求，因此主要依赖激光点云数据的采集以及其他高精度感应装置获取的数据加工而来。

无人配送工具的运行本身也是数据的感知行为，借助车身上搭载的各种传感器，无人机或无人快递车能够感知实时的道路情况。并且随着无人机在配送领域应用的规模化，数据感知的范围能够覆盖更多的区域和场景，从而实现数据的实时更新。

（2）停靠点选择——智能导航系统。智能导航系统的工作原理，是通过服务端向无人配送工具发送关键地域的地理信息，并通过高精度传感器来判断配送工具的当前位置是否偏离预定轨道，从而对其进行动态引导。

无人配送的核心任务是将商品送到客户手中，因此无人配送工具的路径规划需要对用户的订单进行全面的解析，并在此基础上进行多途径点的配送规划。

由于无人配送的基础是客户订单，因此对于目标地址的解析需要精细到可停靠或可进入的精准位置。例如，对于办公楼，需要精确地停靠在大厦规定的可停靠区域，等待用户取货。因此，对于每一个地址，主流的地图数据服务商均提供地理编码服务，将地址转化为经纬度信息，并且需要无人快递车分析出实时的可停靠位置，这样才可以将此位置作为停靠点。

（3）配送区域选取——大数据分析。确定无人配送的区域范围，需要对海量历史订单信息进行大数据分析，再结合无人配送工具自身的货舱容量和地理信息数据，以配送需求全覆盖和配送路线最短路径原则，为无人配送工具和监控人员提供合理的选择方案，判断该地区是否需要使用无人配送。例如运用大数据分析确定出某订单密集的闹市区域，可以在此区域部署更多的无人配送工具，确保配送效率。

2. 主动配送区域选取

随着科技水平高速发展，大数据应用越来越广泛，主动配送结合大数据相关技术已经进行了初步探索与应用。

首先对海量消费者行为数据进行挖掘分析，构建用户画像、家庭画像、小区画像和商品画像，建立有效的物流需求预测理论与方法体系。然后在已有的基础上，加入对其他信息的分析，包括社交信息、地域信息等，提高画像的精度。最后运用基于实时大数据构建的智慧配送的优化模型与计算时间为毫秒级的智能算法，解决主动配送区域选取的优化问题。

（1）聚类分析。利用聚类分析法，根据用户特征相似度进行聚合，抽取能够刻画各聚类的属性标签。结合以 TF-IDF0 为例的各类信息检索技术，统计属性标签在消费者画像中出现的频率，并计算权重，以此识别消费者的典型行为特征。

（2）数据挖掘。使用贝叶斯网络、聚类分析、关联分析等方法对消费者的人口属性、消费特征、信用属性、兴趣爱好、交互信息等进行分析，结合地域分析和时序分析，构建消费者精准画像。

（3）深度学习和宽度学习。通过深度和宽度混合学习算法实现物流需求量时空分布预测，以此确定主动配送区域。首先通过深度学习算法对物流需求数据进行预测，得到具有代表性的特征信息。为解决深度学习在训练中极度耗时的情况，利用宽度学习算法提高预测的效率。基于这种混合学习算法，在实现精度可以被接受的前提下，用最短的时间来完成预测。

选择合适的主动配送区域可以提高企业的实际物流效率。主动配送的区域选择采用大批量历史数据模拟计算，减少了人为干预，极大地提高了区域选择的准确度；同时主动配送探索数据源采用物流系统内部数据，减少系统之间的交互，可以直接在内部直接使用，提高使用数据优化效率；主动配送区域选择所需数据与普通的配送采用同一套数据源，当物流系统对数据进行变更与调整的时候，可以实时反馈到主动配送数据中，增加区域选择的实时性。

3.即时配送区域选取

目前即时配送开始向生鲜、鲜花、蛋糕、医药等对时效性要求较高的配送服务领域拓展，服务边界快速扩张。随着新零售的发展，即时配送迅速同新零售的线下门店配送对接，快速向商超宅配、零售末端配送等领域扩张；随着懒人经济发展，即时配送又开始与 C2C 业务对接，向代买代送、同城快递领域扩张；随着客户对配送时效要求的提升，即时配送也开始与系统对接，向同城落地配领域渗透，推动末端的快递市场变革，不断扩张着边界。

即时配送需要在满足干线物流健康发展的前提下，实现末端物流整体性、系统性、全局式的网络布局，通过融入 AI、导航等先进技术，更好地实现线上线下对供需市场的有效匹配。对于即时配送平台来说，获取订单量和流量是关键，而要实现这一点离不开大数据、人工智能等技术的支撑。

即时配送平台可以通过技术手段帮助商户在时间、天气、是否是节日、地段和环境等诸多因素方面进行综合考量，并进行准确时间预估，以此来完成前置备货等。在此过程中需诸多技术，比如大数据、人工智能、运筹优化等算法、无人配送技术等。

（1）选取最合适区域的即时订单——智能调度系统。智能调度系统是各家运力平台的技术核心，依托海量历史订单数据、配送员定位数据、商户数据等，针对配送员实时情景（任务量、配送距离、并单情况、评级），对订单进行智能匹配，实现自动化调度及资源全局最优配置，最大限度地提升用户体验。因此，包括无人配送、依靠大数据和 AI 的智能调度系统是未来发展的方向。

智能调度系统主要包含了智慧物流、智能调度、智能营销、智能客服、图像识别、智能硬件等部分。

（2）进行复杂决策——AI 人工智能。即时配送线下环节非常多且复杂，这就需要人工智能技术必须能够面对复杂的真实物理世界，必须能深度感知、正确理解与准确预测，并瞬间完成复杂决策。

AI 人工智能快速进行复杂决策需要具备以下四个能力：

①具备大数据处理和计算能力。比如算法数据、大数据平台、机器学

习平台等。其中大数据平台实现对配送员轨迹数据、配送业务数据、特征数据、指标数据的全面管理和监控，并通过模型平台、特征平台支持相关算法策略的快速迭代和优化，形成精准的画像；机器学习平台则是一个一站式线下到线上的模型训练和算法应用平台，主要负责从海量的数据中寻求规律并进行准确预估，其目的在于解决算法应用场景多、重复造轮子的矛盾问题，以及线上、线下数据质量不一致等问题。

②具备建立对世界的深度感知能力。定位系统可以提供商家、配送员和客户正确、精确的位置以及两点之间正确的骑行导航。同时，多传感器提供室内定位，以精细化场景刻画、识别配送员运动状态。

③具备正确理解和准确预测能力。主要是对配送环节所需时间、销量、运力等方面的预估。

④具备完成复杂决策能力。这主要体现在调度、定价和规划几个方面。例如运筹优化模块，主要是在大数据平台以及机器学习的预测数据基础上，采用最优化理论、强化学习等优化策略进行计算，做出全局最优化的分配决策，并和配送员高效互动，处理执行过程中的问题，实现动态最优化。

（3）时间送达预估（Estimated Time of Arrival）分析——机器学习。时间送达预估是配送系统中非常重要的参数，与用户体验、配送成本有直接关系，而且会直接影响调度系统和定价系统的最终决策。为了给用户提供更好的感知体验，就需要通过机器学习技术进行精准预估预测。

准确预估送达时间是一个非常复杂的过程，从配送员接单到最终送达，这就涉及接单、到店、取货、送达等每个关键环节的预估时间，这中间需要考虑商户准备餐食的时间，以及用户最终收货时间等，每一个节点都需要精准的预测。因此，需要机器学习技术来对出餐时间、交付时间、未来订单、路径耗时等进行精准的预估预测，为调度决策提供准确的基础信息。

（4）运筹优化。运筹优化主要是在大数据平台以及机器学习的预测数据基础上，采用最优化理论、强化学习等优化策略，对整个路径规划、系统派单、自动改派、仿真系统等进行计算,做出全局最优化的分配决策,并和配送员高效互动,处理执行过程中的问题,实现动态最优化。

优化算法的作用是找到最优的策略。而如何设计好的优化算法,从庞大的解空间中搜索得到一个满意解,并在运行 2—3s 的时间内给出最终决策,这依然是一个很大的挑战。

运筹优化中涉及了各类基础性的算法,应用到具体场景中就是对于配送员路径的优化算法和订单分配优化算法。

(二) 选择智慧配送工具

1. 决策意义

选择合理的智慧配送工具的意义在于将需求点和服务能力匹配,最大化配送服务效率。

物流行业末端配送成本占整个物流的三成,无人机等技术在末端应用会提升时效、降低配送成本。企业需要通过智慧物流来降低成本,补充运力,人机协同来提高效率。

有人配送可以被看作是点到区的配送服务,而无人配送属于点到点的配送服务。由于无人设备的资源有限,快递数量庞大,因此在需求点密集的区域可以优先考虑采用有人配送的方式,降低配送成本,体现规模效应。面对有特殊需求(地理位置不便、时间不好协调)的客户可优先考虑采用无人配送。

2. 决策过程

通过优化设定配送费以及预计送达时间来调整订单结构。在接收订单之后,考虑到配送位置、在途订单情况、配送工具能力、交付难度、天气、地理路况、未来单量等因素,在正确的时间将订单分配给最合适的配送方式和工具,并在执行过程中随时预判订单超时情况并动态触发改派操作,实现订单和配送工具的动态最优匹配。

(1)对商品进行筛选。无人配送受到的限制条件很多,因此需要对商品进行筛选,判断其能否选取无人机或无人快递车进行配送。这一过程需要考虑以下三个因素：

①无人机和无人快递车能够装载货品的限制条件。用于短途配送的旋翼无人机的运输能力普遍较小，平均最大载重量约15—30kg，无人快递车的载重略高于无人机，无人配送适用于可小批量、高频次运输的商品。如果没有提前考虑到无人设备的载货条件，就可能出现超载或半空载情况，超载对于无人设备的损耗巨大，而半空载使得运力浪费非常严重。

②收货方对货品配送时间及方式是否具有特殊要求。无人配送工具的效率高、速度快，因此非常适用于应急件的配送。国际快递，DHL曾使用无人机为居住在海岛上的客户进行了药品等应急物资的配送，而亚马逊Prime Air推出的30min送到服务，也充分发挥了无人机的速度，为客户提供更高时效的配送服务。

③需求点的地理位置及周边需求点的密集情况。无人设备的电池续航时间短，限制了无人配送的服务范围。需求点与配送点的距离、需求点是否在禁飞或限行区域以及需求点附近的交通状况，这些条件也决定了配送工具的选择。

④分析环境因素。室外用于巡逻的监控无人机通过利用环境感知技术获取数据，进行环境因素分析。无人快递车适宜在车流比较少、交通标志清晰的街道行驶，无人机适合为地理位置偏僻或者交付难度高的订单配送。

（3）选择配送工具。结合商品自身属性和外部环境特点，通过对需求点标记坐标，结合天气、交通实况、交付难度等计算采用无人机和无人快递车进行配送的最优路径，同时结合无人机和无人快递车的运力情况，最终确定配送点到需求点的最优配送方式，分别挑选出适宜采用无人机和无人快递车配送方式的订单进行配送。

（4）配送监控。通过高精定位技术进行订单配送过程中的实时监控，发现订单异常时及时反馈，可重新规划路线或者更改配送方式进行配送。

（三）智慧配送路线规划

车辆路径问题即 VRP，通常可以描述为：对一系列装货点和（或）卸货点，组织安排适当的运输线路，在满足一定的约束条件（如货物需求量、车辆容量、发货量、交发货时间）下，达到一定的目标（如使用车辆数最少、路程最短、费用最少、时间最少、客户满意度最高等）。

智慧配送与现有配送路径规划问题的不同之处主要在于智慧配送工具的使用，包括智慧设施设备和智慧决策方法。前文中对智慧配送的设施设备已有详细的介绍，除了以上的工具外，此节还将介绍规划中起到支撑作用的几个关键技术工具。

1. 智慧配送路线规划的关键技术工具

（1）智能交通系统。智能交通系统（Intelligent Traffic Systems，ITS）的前身是智能车辆道路系统（Intelligent Vehicle Highway System，IVHS）。智能交通系统将先进的信息技术、数据通信技术、传感器技术、电子控制技术以及计算机技术等有效地综合运用于整个交通运输管理体系，从而建立起一种大范围内、全方位发挥作用的，实时、准确、高效的综合运输和管理系统。

智能交通系统将参与物流活动的人、车辆、道路信息相互联系，从而降低交通拥堵的发生率，减少资源消耗，降低环境污染程度，保障生命财产安全，提高运输效率并增加经济效益。

智能交通系统是一个兼具采集信息、处理信息、发布信息的三大功能的观测系统。它每隔一段时间收集指定地理区域的变更信息，并且把这些信息录入自身的系统。为了避免重复计算，该系统采集的数据信息会经过信息中心自动审核、分类，那些变化较小被系统认为不会影响行驶路径的信息将被自动忽略。系统会筛选出超过临界值的旅行时间，输送至计算中心做进一步规划处理。

ITS 工作流程图如图 4-3 所示。

第四章 智慧运输和配送

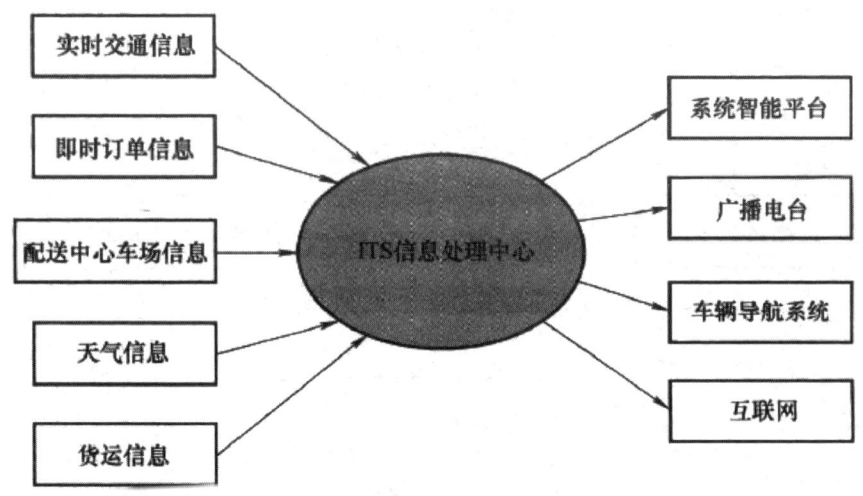

图4-3 ITS工作流程图

（2）地理信息系统。地理信息系统（GIS）是以计算机系统为基础建立的，包括空间学、地球学和信息学等学科的交叉学科系统。它是在计算机硬、软件系统支持下，对整个或部分地球表层（包括大气层）空间中的有关地理分布数据进行采集、储存、管理、运算、分析、显示和描述的技术系统。

地理信息系统的本质上讲是一个为管理者提供空间信息决策的系统，能够自动捕获数据，并且分析处理、进行逻辑推导，最终显示计算结果。地理信息系统为智慧配送路线规划的决策提供有效的信息。

地理信息系统应用在配送领域使得各种车辆、道路、交通网络等信息更加直观易懂，可以帮助规划更为科学的配送路线。此外，地理信息系统具有对路径信息的动态实时监测功能，可以为智慧配送提供更具有时效性的路径规划决策方案。

一个完整的地理信息系统一般包含五部分，如图4-4所示。

· 111 ·

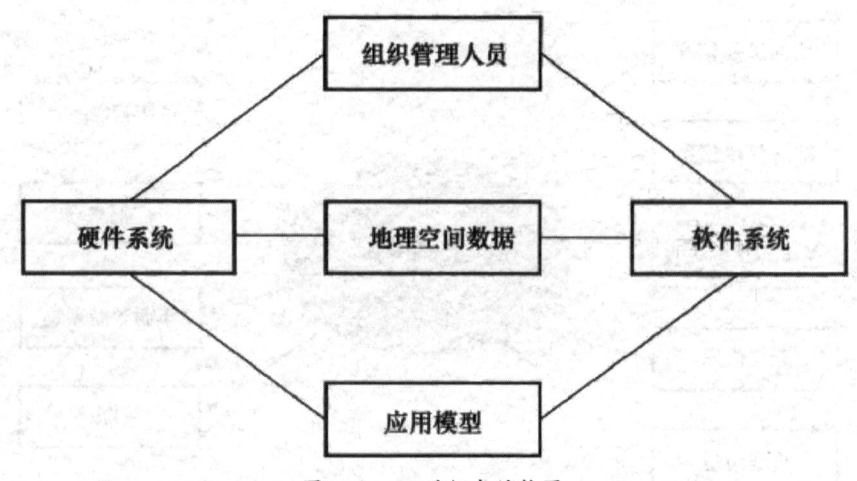

图4-4　GIS的组成结构图

（3）北斗卫星导航系统。北斗卫星导航系统是一款完全由我国自主研发的全球卫星导航系统，它是继美国的全球定位系统、俄罗斯的格洛纳斯卫星导航系统、欧盟的伽利略卫星导航系统之后，第四个成熟的卫星导航系统。

北斗卫星导航系统由空间段、地面段和用户段三部分组成，可在全球范围内全天候、全天时为各类用户提供高精度、高可靠度的定位、导航、授时服务，并具备短报文通信能力，定位精度达10m，测速精度达0.2m/s，授时精度达10ns。

卫星导航技术是无人快递车路径规划领域的重要组成部分。北斗卫星导航系统以其精准、敏捷、连续的动态定位功能为智慧配送的路径规划问题带来了全新的技术解决方案。

2. 基于静态、动态两种时间窗的路线规划

车辆路径问题（VRP问题）涉及许多因素，这些因素是VRP分类的依据。目前已知的研究模型是组合一种或者几种因素，忽略其他因素建立的。表4-2对VRP构成要素进行了分类，VRP构成要素主要包括配送中心、客户、车辆、道路网、运输安排的要求以及优化目标这六大类。

表 4-2　VRP 构成要素

组成要素	属性
配送中心	单配送中心/多配送中心
客户	有时间窗/无时间窗、送货/收货、单计划周期/周期计划、确定性需求/不确定性需求
车辆	车辆的载重能力、容积、多车型/单一车型、车辆数量的限制、有无行驶里程（或时间）的限制等
道路网	无向网络/有向网络、静态网络/动态网络/不确定性、行驶费用等
运输安排的要求	客户只能由一辆车服务/客户可由多辆车服务、车辆需返回配送中心（对于多配送中心情况）等
优化目标	总运输成本最小（包括车辆和行驶里程）、客户等待时间最少、客户满意度最大等

VRP 模型分类见表 4-3。

表 4-3　VRP 模型分类

静态 VRP（SVRP）	有能力约束的 VRP（CVRP）	仅对车辆载歌和行驶时间（或距离）有约束
	带时间窗约束的 VRP（VRPTW）	在 CVRP 的基础上加入时间窗约束
	带取送货的 VRP（VRPPD）	①客户不仅流要货物，还要返回货物 ②将货物从取货点处取走，送到相应的卸货点
	分散配送 VRP（SDVRP）	允许一个客户被两辆车或者多辆车配送
	周期性的 VRP（PVRP）	车辆在一个周期内多日的安排
	多仓库的 VRP（m-VRP）	多个仓库分布在不同区域

（续表）

	多车型的 VRP（HVRP）	车辆可有多种类型
	开放式 VRP	不要求车辆完成取送任务后返回原仓库
动态 VRP（DVRP）	动态需求 VRP	需求预测产生的不确定性（如需求量、需求时间的不确定性）
	动态车辆 VRP	服务车辆、驾驶员的不确定性
	动态网络 VRP	路线网络性能的不确定性

新零售时代，消费者对终端配送方式及时效性的要求越来越高，主要体现在时间窗及配送任务的实时变化上。对于智慧配送的路线规划问题可以从静态时间窗及动态时间窗两种情况进行决策。

（1）研究带有静态时间窗的多配送员任务分配及路线规划问题。假设消费者配送时间窗及配送任务是不变的，即在静态时间窗情况下，以惩罚、配送总成本最低为目标，通过构建配送任务调度模型并采用相关智能算法求解得到最佳方案。

（2）带有动态时间窗的多配送员任务分配及路线规划问题。例如，在实际中，由于预测偏差或人为因素，如消费者改变收货地址或收货时间，使实际与预订计划偏离，导致配送任务的时间窗发生改变，在动态时间窗下进行决策，这时要以最少配送人员数、最低成本与最少时间窗偏离为目标构建配送任务调度模型，并设计启发式算法进行求解。

第五章　供应链视角下的智慧物流发展研究

在当今全球化、网络化热潮中，企业之间的竞争已经变成与其相关的供应链之间的竞争。"智慧供应链"是结合物联网和现代供应链管理的理论、方法和技术，是在企业中和企业间构建的，是实现供应链的智能化、网络化和自动化的管理，是一种信息技术与现代管理模式融合的综合集成体系。构建智慧供应链是社会经济发展的需要，也是企业增强核心竞争力的重要途径。智慧供应链具有技术渗透性、可视性、信息整合性等优点，能够有效提高未来供应链的绩效和解决目前供应链管理中存在的诸多难题。

集装箱运输是运输史上革命性的举措，它直接推进并刺激了贸易及许多现代技术的进步和发展，已成为智慧供应链和物流的重要手段。目前，全球贸易的90%通过集装箱运输完成，集装箱也成为应用最广、最标准化的物流基本容器单元。集装箱运输链可以充分发挥各种运输模式（如海运、内河、铁路、公路）的长处，实现优质门到门的服务，大人降低了转运、装卸、仓储费用成本和货损，同时也降低了整个运输过程的碳排放，是最环保的运输方式之一。近年来，全面应用现代物联网和移动计算等智慧技术的智能集装箱开始出现。

第一节　智能集装箱

随着全球化的迅速发展，国际贸易的增加，全球集装箱吞吐量增长速度激增。面对如此大规模、国际性的货运运输流通载体的集装箱，其箱号识别、信息采集、集装箱的跟踪与管理大都是通过人工或手工完成。由于箱号识别的不准确、数据人工抄录的错误、信息传递的延误等的问题，造成了集装箱供应链数据的紊乱。调查显示，集装箱物流数据中实时且准确的一般只有65%，其他35%的信息存在丢失或不准确的情况。而且，集装箱特别是特种集装箱（如冷藏箱）内的物理参数如果没有得到实时监控，会造成巨大的货物损失。

智能集装箱通过RFID电子标签实现对集装箱箱号的无线自动识别，通过智能集装箱安全设备实现对集装箱安全状态的监测，通过GPS技术实现集装箱定位，通过MEMS（微电子机械系统）等传感技术实现集装箱状态的自动监测，通过RFID/WLAN/GPRS/卫星通信等方式实现数据的远程传输，通过智能集装箱公共数据平台实现集装箱信息的自动采集与管理，来实现集装箱在整个物流链上的信息透明化，从而大大提升现代物流的效率、效益和资产调度与管理水平。

一、智能集装箱的概念和功能

智能集装箱是指应用自动识别、安全和物理参数监控技术，以及与之相关的定位、无线通信、机械技术于一体的现代化集装箱及其管理系统。智能集装箱运输系统由集装箱多式联运系统涉及的各类硬件设施和软件管理系统组成。完整的智能集装箱运输系统应具备以下功能。

（一）自动识别功能

自动识别集装箱，使其与作业系统进行快速的信息交换，减少手工录入及单证流转过程中的差错，同时提高通关速度。

（二）安全监测功能

探测并记录集装箱的非法入侵事件，识别并记录经授权的开/关箱门操作，提供报警功能，协助海关及客户进行快速查验，确定安全责任划分。

（三）定位和追溯功能

通过管理信息系统和定位技术手段，记录和查询（或自动报告）集装箱位置，当与预先设定的运输路线不一致时发出警报信号，同时可以追溯集装箱运输过程中的历史状态。

（四）状态监测功能

利用传感器和网络通信技术，实现对运输过程中集装箱状态的实时监测。

（五）集装箱堆场自动作业功能

由于智能集装箱具有自动识别能力，因此堆场机械能在无人操作的情况下，自动找到对应的集装箱，并根据系统提供的信息，将集装箱放在计划的堆场位置上。

（六）信息服务功能

自动记录集装箱的关键信息，如箱内货物、箱号、提单号等，并通过与后台信息系统的数据关联，实现经授权的信息管理和查询功能。

（七）集装箱设备维护和管理功能

记录集装箱的生产商、生产日期、规格、维护情况、箱主等信息，集装箱管理人（箱主或租箱人）可以据此安排集装箱设备的维护和保养计划。

二、关键技术和装备

智能集装箱是多种软硬技术集成的产物，主要涉及自动识别技术、集装箱安全和状态监测技术、定位技术、无线传输技术等多个领域和学科。

（一）自动识别技术

它是指在整个集装箱运输链上各操作环节中对集装箱的唯一性标志（如箱号）进行自动化识别的技术。例如在供应链监控管理过程中，集装箱装/卸车、船，进/出码头、堆场或仓库，以及某些途中地理位置（如车站或 GPS 测量点等），都需要及时采集它的动态并予以处理，而这些动态感知都需要先识别集装箱号并把动态（或位置）与其关联，形成完整的动态（或位置）信息送到监控管理平台进行处理。

由于集装箱在长途运输，特别是多式联运中基本上都是露天操作，容易污损，而且往往在持续移动中，因此条形码并不适合于集装箱的自动识别。OCR 技术是一种光学识别技术，在集装箱运输上的应用指由电子设备（如数码相机）对箱体上的集装箱号进行图形扫描，然后对获得的图像文件进行分析处理，获取数字化的文字信息的过程。该技术的不足之处是对天气、光线的要求较高，在大雾或夜晚条件下难以实现较高的识别率，但有些码头的闸口会在较好的光照条件下使用此技术对箱号进行识别，并辅以人工校正。

集装箱电子标签可以实现非接触式操作，支持远距离数据存取；可重复使用，应用便利，无机械磨损，寿命长；穿透性好，读写距离远；抗污染能力和耐久性强，可以在恶劣环境下工作；并且可以同时读取多个标签。典型的集装箱电子标签是一种技术上最为简单可靠的特高频（UHF）无源电子标签，在写入箱号及拥有人等基本信息后可以终身无维护。

（二）集装箱安全和状态监测技术及装备

智能集装箱实现自身安全监测主要依靠两种技术原理：第一，通过安装电子铅封来监测箱门开关状态，以代替传统的铅封；第二，通过在集装箱内的传感装置来监测箱体和货物安全。还有一种集装箱安全装置（CSD），则利用各种技术综合对集装箱的安全进行更完善的监控。

电子铅封是一种能够自锁、防开启、带识别芯片的集装箱封印。每个封印都具有唯一的编码，包含供智能手持终端识别的条形码或二维码、

REID 芯片，以及供人眼识别的编码。电子铅封采用非接触式自动识别技术，可以自动识别目标，获取相关数据，并能智能读写和通信转换，实现计算机管理。电子封印标签数码 ID 具有全球唯一性，通过 RFID 读写器完成施封、解封管理过程，数据下载及远程传输。

对集装箱的内部状态监测主要通过速度传感器、碰撞传感器、倾角传感器、压力传感器、液位传感器、气体传感器、开关传感器、温度传感器、湿度传感器等装置，来实现对集装箱状态的数据采集，如加速度、压力、液位、温度、湿度等。这些参数通过集装箱外部的天线或无线通信单元，利用无线传输技术传送到集中监控平台上进行处理。

（三）定位技术

集装箱的定位目前多采用全球定位系统（CPS）。

（四）无线传输技术

集装箱数据的近距离无线传输往往适合应用多种无线传输技术。在较固定的物流操作场地使用移动设备时，Wi-Fi 技术通常是进行近距离数据传输的首选方式，如在码头、堆场、查验点等地使用手持智能终端对电子铅封进行合法性检查，或进行施封/开封操作。由于应用环境不同，也可采用其他短距离无线传输技术，如集装箱堆叠在一起时，可以采用具有自组网特性的 ZigBee 技术。

为实现智能集装箱与远程监控平台之间的数据通信，目前智能集装箱的远程通信大部分采用 GPRS/3G/4G 移动网络技术，在特殊要求情况下（如沙漠、海上等地区对集装箱的连续检测跟踪）也必须使用卫星技术。很多智能集装箱系统采用两者结合并以卫星为备用的通信方式。

（五）集装箱安全装置

还有一种被称为集装箱安全装置，这是将上述各种技术融于一体的装置，结构类似门夹式电子铅封，但同时具备识别、安全、定位和集装箱内参数监控等功能。这种装置分内外两部分，外部包括定位装置、通信模块及天线，内部具有光敏传感器。当箱门或任何一侧的箱体被打开时，光传感器即被触发，如非正常解封，箱体自动将当时的 GPS 地理位置和时间通过外部通信模块向监控平台发出报警信息。内部还有对箱内温度、湿度等参数进行监控的各种传感器，其测量结果加上 GPS 的定位信息，按照预先设定的时间间隔，自动向平台发送。

三、智能集装箱管理系统架构

智能集装箱系统一般采用无线传感网络架构，通过分布在集装箱内的传感器节点收集和采集各种信息，然后通过集装箱外部网络传输这些信息到基站，最后由后台处理器对数据进行整合，做出功能性判断，还可以提供可视化服务。

（一）数据源（采集）层

在集装箱内部或外部安装不同的传感器，用以采集包括标志（如电子标签标示的箱号）、位置（卫星或基站定位）、温/湿度或压力、光线等物理参数、箱门（锁）开/关状态等。应用这些传感器实时感应和采集集装箱的状态信息（如位置、通过闸口、门或锁的开/关状态等信息）以及其内部的环境数据，这样可以快速及时掌握集装箱的整体动态和内部的物理状况。

（二）数据传输链路（网络通信）层

由于集装箱在储存和运输过程中空间和时间的跨度都很大，而且箱体是金属制造的，所有的信号都被屏蔽，所以如何把箱子信息传给基站是至关重要的。数据传输链路层往往是多种网络通信技术的混合结构。一般的链路都会自动首选成本低、传输可靠的移动通信手段，主要利用各移动通信公司提供的 GPRS 移动网络。而在移动信号无法覆盖的荒漠、山区和海上，则需要采用比较昂贵的卫星通信手段。

（三）公共数据平台层

它的核心功能是对由分布在世界各地的智能集装箱所采集，并通过通信链路层传输上来的数据进行收集、管理和服务。平台接收到智能集装箱的数据后，通过筛查集装箱的属性和箱号等判断该集装箱的性质和拥有人，然后送到相应的应用系统进行处理，如将相应的信息通过 EDI 等手段传送给拥有人的系统，或把位置信息展示在相应的电子地图上，或根据采集的参数值来判断是否需要报警及报警对象和处理升级顺序等等。

（四）用户端系统

它是各种智能集装箱用户获得信息的门户，其后台管理包括：终端（如 PC 或手机、手持终端等）接入控制、接入安全管理、用户权限管理以及安装在终端的应用程序（客户端 APP）。

四、物联网下舰船供应链运输集装箱的智能调度

针对我国集装箱码头调度方法进行调查和分析，发现当前我国采用的多数集装箱调度方法基本属于"岸桥+集卡+场桥"的调度模式。该方法可以有效实现对码头集装箱的水平运输和集卡配置的目标，但由于操作相对较为复杂，会直接对集装箱的装卸效率、作业成本等产生极大的影响。因此，需要对船舶供应链集装箱调度方法进行优化。

（一）集装箱智能调度适应算法

结合自适应算法对舰船供应链运输集装箱调度特点进行采集并建立优化模型，并利用模拟退火算法对优化调度算法进行求解，从而简化计算步骤，提高计算精度，达到调度数值收敛最佳的效果，同时也可以在一定程度上缩短作业时间，提高作业效率，降低作业成本。其具体算法如下。

$$F_{\min} = R \sum_{i=1}^{R} \sum_{i \in k} \sum_{j \in s} d_{ij} x_{ij} + P_i^k(s_{ij}^k) + k$$

式中：

R——为采集到的资源调度特征；

K——为迭代过程；

场桥的移动成本为 d_{ij}、S_{ij} 和 x_{ij}，分别表示集装箱调度过程中的等待集卡和工作时间；P_i^k 表示智能调度的均衡性控制参数。

以上参数都可以对集装箱调度方案进行约束。基于上述算法对集装箱智能调度适应性进行计算，以作为集装箱调度过程中的参考数值。结合集装箱调度总数及安全性参数要求，对其标准的配送任务时间进行计算。设调度过程中，集装箱的最长配置时间为 QT，Q 为调度处理过程中的差异值，则

$$f(t) = \begin{cases} Q \to +\infty, & t \leq e \\ v(AT - t), & AT \leq t \leq QT \\ 0, & AT \leq t \leq QT \\ k(t - QT), & 1 \leq t \leq QT \\ A \to +\infty, & t \geq r_\circ \end{cases}$$

式中：e 为可接受的最高集装箱调度参数；k 为成本系数；r 为标准调度适应数值与实际数值差；v 为延迟惩罚系数。

（二）集装箱自适应调度步骤优化

在集装箱智能调度适应算法基础上，进一步优化，为了避免集装箱智能调度过程中出现差异性问题，需要对集装箱调度的初始参数进行计算，并根据计算结果规范调度过程中的代际间种群以及调度过程中的安全距离。集装箱调度过程中可以表示为：集装箱传送位置的选择和确定，并计算位置选定的标准参数，对比集装箱调动的需求量进行数值确定，并对集装箱调度路径进行规划，达到目标配送参数最小的约束目标。根据以上步骤对集卡参数的交叉变异算子的代种群进行计算，具体算法如下：

$$G_{\min} = \sum_{i=1} \sum f(t) + \sum_{i=1}^{j} x_{ij}(k + s_{ij}) \leq F_{\min}$$

根据以上计算结果进一步对集装箱智能调度步骤进行优化，具体如下：

（1）有多个集装箱的配送路径选择，针对不同的调度路径进行选择，获取最优调度路径。

（2）由于集装箱配送类型不同，载重量不同，因此调度过程中的调度参数也各有不同，需要进一步进行优化计算。

（3）在调度过程中，要保证集装箱配送中心对配送需求和位置的精准选择，保证配送任务聚类距离处于规定范围。

在完成上述步骤后，对船舶供应链运输集装箱进行调度的过程中，需要结合TPS系统进行信息支撑，为此需要对TPS信息管理系统的运行程序进行优化，具体结构如图5-1所示。

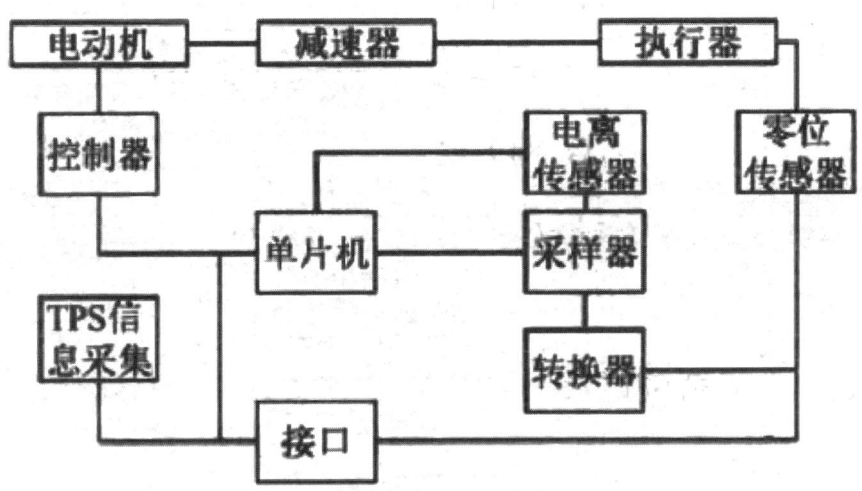

图5-1 TPS调度信息管理系统结构优化

根据TPS调度信息管理系统结构进行信息的管理和采集，从而根据采集到的信息进行相应的调整，并根据调整后的调度信息激活船舶集装箱的装载管理和计划，并对作业指令进行发布，保证发送指令的数量可以控制在2000—2500条之间，以保证最大限度地对大量集装箱数量进行同步调度，从而实现对船舶供应链运输集装箱的智能调度。

(三）运输集装箱智能调度的实现

在对集装箱进行智能调度的过程中，传统的调度方法通常会省去实配环节，仅根据预配参数实现对集装箱的调度处理。该方法易导致调度效果不佳等问题。由于集装箱之间大多不存在种类差距，因此按照预配参数、集装箱调配的稳心高度和强度等参数要求进行集装箱调配管理。在调配过程中，需要对智能调度流程进行优化，具体如图5-2所示。

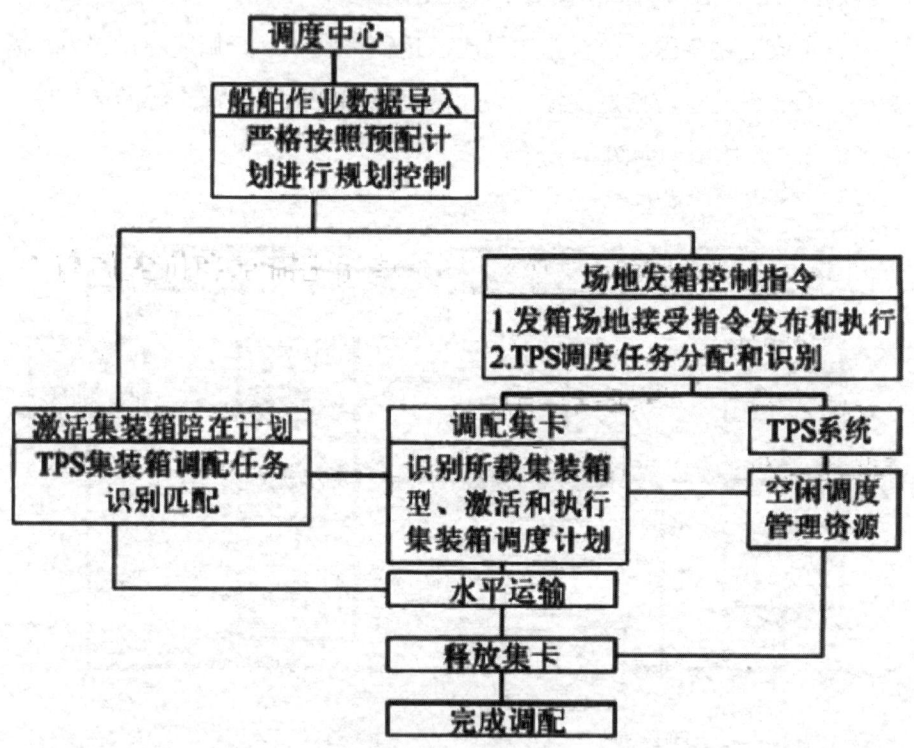

图5-2　船舶集装箱智能调度流程

根据图5-2对船舶供应链运输集装箱的智能调度流程进行制定，针对不同类型的集装箱种类、目标位置及箱型等特征进行精准有效的船舶集装箱传输调度处理。并结合ASP技术制订科学合理的作业方案及操作环节。由于港口环境较为复杂，因此在对集装箱进行调度的过程中，需要进行多方案设计，以便实现对集装箱的灵活分配。在此环境下，对多集装箱同时调度及多信息管理等方法进一步进行优化，具体的优化流程如图 5-3 所示。同时，在进行集装箱调配及方案选择的操作，其关键影响因素在于调度指令的有效发布。从而实现对调配方案的有效选择，并实现对调配方案的分配和实施，达到对调配作业集中和均匀分配的目标。

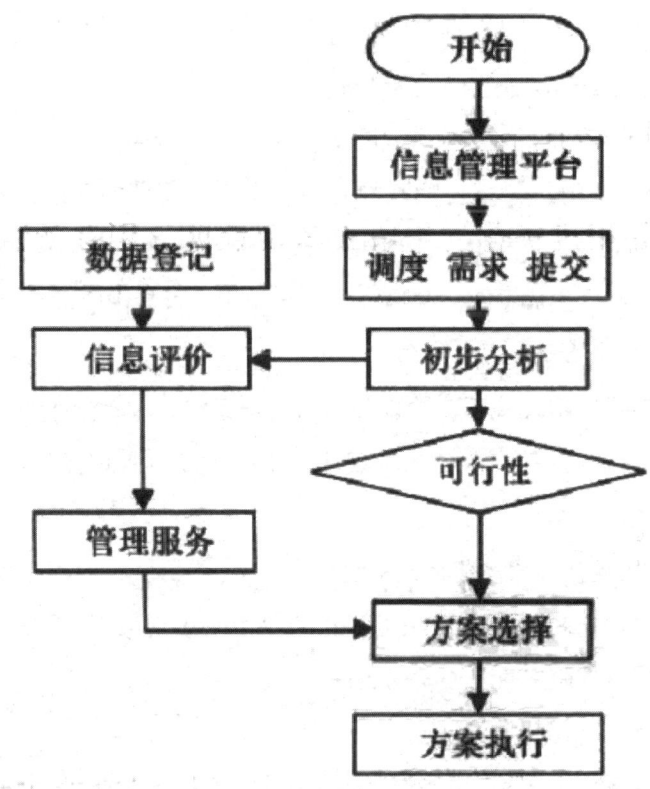

图5-3 多集装箱智能调度流程

第二节 智慧供应链管理

现代物流需要最大限度地利用现代化的管理技术和网络信息技术，整合供应链上、下游各环节的订单、商务、制造和销售配送的需求信息，同时根据需求整合社会物流资源,把运输、仓储、包装、加工、配送等环节紧密连接起来,高效率地满足供应链上各环节的物流需求,从而实现了商流、资金流、物流和信息流集成一体的高效率、低成本、低能耗、低排放的供应链管理体系。这种理想的供应链管理体系只有通过智慧化的方式才能实现。

一、智慧供应链的概念及特点

"智慧供应链"是结合物联网和现代供应链管理的理论、方法和技术,在企业中和企业间构建的,是实现供应链的智能化、网络化和自动化的技术与管理的综合集成系统。与传统供应链相比,智慧供应链有以下特点:

(一)技术渗透性更强

在智慧供应链环境下,管理和运营者会系统、主动地吸收包括物联网、互联网、人工智能等在内的各种现代技术,主动将管理过程适应引入新技术带来的变化。

(二)可视化、移动化特征更明显

智慧供应链更倾向于使用可视化的手段来表现数据,用移动互联网或物联网的技术手段来收集或访问数据。

(三)协同、配合更高效

由于主动吸收物联网、互联网、人工智能等新技术,智慧供应链更加注重链上各环节的协同和配合,及时地完成数据交换和共享,从而实现供应链的高效率。

(四)供应链链主更凸显

在管理体系上,往往由一个物流服务总包商来向供应链链主(一般是货主)直接负责,利用强大的智慧型信息系统来管理整个门对门的物流链的运作,包括由一些物流分包商或不同运输模式的承运人所负责的各个物流环节。

二、构建智慧供应链的意义

传统供应链内部成员之间的信息交流是基于存在直接的供应和需求关系的企业之间。在实际的交流过程中，信息流往往会由于不同企业采用的不统一的信息标准系统而导致无法正常流通，使得供应链内部信息无法自由流通和共享。

（一）高度整合供应链内部信息

智慧供应链依托智能化信息技术的集成，能够采用有效方式来解决各系统之间的异构性问题，从而实现供应链内部企业之间的信息共享，保证信息流无障碍地流通在供应链的各个动脉和静脉组织，提高信息流的运转效率和共享性。

（二）增强供应链流程的可视性、透明性

传统供应链环境下，上、下游企业之间缺乏有效的信息共享机制和实现方式，整个供应链是不可视的。由于供应链的不可视性，供应链中上、下游企业无法对产品的供、产、销过程实现全面的了解，仅从自身流程和业务，以比较单一的成本因素考虑如何选择供应商和销售商。这样就无法实现供应链内部企业的一致性和协作性，更不能形成良好稳定的合作关系，导致供应链竞争力低下。拥有良好可视化技术的智慧型供应链，能够实现企业之间的信息充分共享，对自身和外部环境增强反应的敏捷性，企业管理者能够依据掌握的全面的产品信息和供应链运作信息，正确做出判断和决策，组织好切合市场需要的生产，实现有序生产管理。

（三）实现供应链全球化管理

全球化运作的供应链一般都是由复杂的、通常是多式联运的众多物流环节构成的。智慧型供应链具有良好的延展性，它能保证供应链实现多种运输模式下的协同，也能防止供应链在全球化扩展情况下效率降低的问题。信息交流和沟通方式在传统供应链下是点对点、一对一的，但随着供应链层级的增加和范围扩展，这种传递方式难以应对更加复杂的信息轰炸。智慧供应链依据自身对信息的整合和有效的可视化特点，可以打破各成员间的信息沟通障碍，不受传统信息交流方式的影响，能够高效地处理来自供应链内部横向和纵向的信息，实现全球化管理。

（四）降低企业的运营风险

智慧型供应链所具有的信息整合性、可视性、可延展性等特点，使得供应链内部企业能够实时、准确地通过了解供应链中各环节企业的生产、销售、库存情况，保证和上、下游企业的协作，避免了传统供应链由于不合作导致的缺货问题。因此，智慧供应链能够从全局和整体的角度将破坏合作的运营风险降到最低。

四、大数据供应链管理

大数据技术的战略意义不在于掌握庞大的数据信息，而在于对这些含有意义的数据进行专业化处理。换言之，如果把大数据比作一种产业，那么这种产业实现盈利的关键在于提高对数据的"加工能力"，通过"加工"实现数据的"增值"，这无疑是对大数据时代供应链物流管理信息系统的开发与应用提出了更高的要求。

从行业上看，物流和供应链管理是服务于生产和商务活动的典型的现代服务业，而在大数据时代，电子商务已经成为新的生产和销售活动的商务模式，因此供应链管理是服务于电子商务的供应链管理，也有人称之为电子供应链管理。

近年来，中国互联网和电子商务迅猛发展，已经处于世界前列，成为推动中国国民经济转型的重要动力，而服务于电子商务的物流和供应链管理则成为这一新进程中不可缺少的重要一环。

电子商务是利用电子信息技术和通过网络进行的商务活动，它不仅改变了商务和交易的方式，而且也改变了人们的消费方式、制造业的生产方式、金融业的服务方式，以及政府的管理方式，当然也改变了构成商务活动基本要素之一的物流的服务方式。

供应链是由原材料供应商、零部件供应商、生产商、分销商、零售商、运输商等一系列企业组成的价值增值链。这一价值链是电子商务的灵魂，因为电子商务追求的就是商业活动的高效率，而只有高效率的供应链才能从整体上体现电子商务的价值。

在一个完整的电子商务过程中，从询价、协商、合同、交易、付款都可以通过信息化手段，以虚拟化和平台化的方式高效地完成，但供应链物流的运作无法完全虚拟化，而没有供应链和物流，电子商务活动无法最后完成。传统的落后的运输和仓储模式造成的供应链的不畅，形成了供应链的瓶颈，也成为电子商务活动的瓶颈。

电子商务企业赖以生存的互联网、物联网和先进的信息技术，又成为优化和改造供应链管理体系的利器。信息技术正把全世界连成一个巨大的供应链网络，使信息及时共享变得可能。电子商务面向企业整个供应链管理，使企业降低交易成本、缩短订货周期、改善信息管理和提高决策水平。它整合了上、下游企业，构成了一个电子商务供应链网络，消除了整个供应链网络上不必要的运作和消耗，促进了供应链向动态的、虚拟的、全球网络化的方向发展。

第三节　物流公共信息服务平台

物流公共信息服务平台是向大范围用户提供物流应用服务的信息技术设施，是集成式的多种物流应用软件、系统架构、基础设施、基础数据、数据交换、协同设施和网络接入服务的集合。

伴随着智慧物流发展理念的出炉，智慧物流公共信息化平台破局而出，将智慧物流从理论层面推进到实际操作层面，将彻底改变传统物流运作方式，带来物流行业发展的新跨越和新势头。智慧物流公共信息化平台是一个基于智慧物流理念，融合云计算、物联网、三网融合等最新技术的服务平台，该平台提供物流信息、技术、设备等资源的共享服务，通过网络统一管理和调度计算资源，整合供应链各环节物流信息、物流监管、物流技术和设备等资源。面向社会用户提供信息服务、管理服务、技术服务和交易服务。平台设立物流信息数据中心，满足物流活动全过程，构建三张基础网络，通过分层建设，达到平台能力及应用的易成长、可扩充，具有超大规模、虚拟化、开放性好、安全可靠、易扩充等独特功能。

目前，中国的公共物流服务平台基本上有两大类：一类是由企业建设，主要以有偿方式为其他企业或个人提供物流领域的信息服务，以盈利为主要目的，如一些公路运输的车、货互配的服务平台；另一类是主要由地方或中央政府牵头建设，以无偿方式为本地区或全国的企业提供物流领域的信息服务，不以盈利为主要目的，如各省级或国家的物流公共服务平台。

智慧物流公共信息化平台的功能主要体现在如下七个方面：

一、物流资源整合功能

平台能整合各物流信息系统的信息资源，完成各系统之间的数据交换和信息传递，实现信息共享。按照物流信息化标准，将异构系统进行整合，实现分散的、不同标准的信息资源的有效整合，有效提高整个供应链的运作效率，降低供应链总成本。

二、社会物流资源整合功能

可加强物流企业与上、下游企业之间的合作，形成并优化供应链，提高社会物流资源的利用率，优化社会供应链、理顺经济链，将产生更高的经济效益和社会效益。

三、物流信息服务功能

主要表现为对各类物流信息提供录入、发布、组织、查询、维护等服务。例如，最新物流动态信息、公共信息、业务交易信息、车辆服务信息、货物跟踪信息、信息咨询服务等。

四、在线交易平台

平台集网上交易、支付、监管、查询、项目招标、产品展示、推广、营销等应用为一体，支持买卖双方完成物流服务的采购和交易，有利于规范市场运作，有效整合物流资源，并可确保 B2B 和 B2C 在互联网上的安全协作，实现网上购物、电视购物与城市配送的有机结合。

五、物流作业管理功能

平台有力的控制技术和安全保障，应对客户的需求快速构建和集成端对端的物流管理功能，可对企业内、外部资源进行计划与管理，并能面向企业供应链的全过程，包括库存控制、国际贸易物流管理、运输工具管理、财务管理等。

六、物流行业信用评价功能

平台利用其积累的全面、有效的数据，依据有关法律法规、制度和科学合理的分类，建立一套完备的物流行业评估指标体系，引进第三方担保组织，对物流企业的经济实力、偿债能力、信用程度、经营效益及发展前景等方面做出综合评价。

七、平台管理功能

平台规定、控制用户访问和使用信息的权限,维护整个系统的正常运行,保证数据安全。

第四节　供应链金融

供应链金融(Supply Chain Finance,SCF)是指商业银行根据供应链企业、用户(供、产、销及终端用户)的金融需求特点,对供应链企业、用户提供全方位金融(融资)服务的一种服务方案。它包括对供应链核心企业及核心企业上、下游企业,以及产品终端使用者的融资及其他金融服务(如结算、理财、信息服务等)。按照深圳发展银行的早期营销模式,供应链金融也可称为 1+N 金融服务模式。显然,供应链金融不是解决某一个企业的融资及金融服务需求问题,而是解决围绕核心企业生产供应链上的 W 个企业的金融需求问题。因此,供应链金融本质上是一个综合金融解决方案。供应链金融既能解决供应链企业中小企业的融资和金融服务问题,也能在一定程度上控制小企业的信用风险和市场。

一、供应链金融的四大主体

供应链金融业务的开展是以供应链为依托的。供应链金融业务通常涉及四个主体:

第一个主体是核心企业。核心企业往往是实力强大、资本雄厚,在供应链中对其上、下游企业具有支配地位的企业,是所在供应链的"灵魂",其自身可以从供应链中收益颇丰,同时也对供应链的稳固、协调做出了贡献,核心企业具有较强的竞争力,自身资信状况通常较好。例如,在以大众汽车公司为核心企业的供应链中,其上、下游企业的生产和销售都是以大众汽车公司为核心进行的。

第二个主体是银行。供应链上的核心企业及其上、下游企业都是银行的目标客户,银行通过提供金融服务将信用和资金注入供应链当中,在得到利润的同时也为供应链资金的顺利流动提供支持。

第三个主体是物流企业。物流发生在产品的生产和销售环节之间,主要包括运输、仓储、装卸搬运、包装、配送、流通加工、保险等环节,这些环节交易费用巨大,但独立性强,生产企业通常为了专注于核心业务而将物流业务外包,物流行业正是在这种趋势下逐渐发展和壮大起来的。随着生产的发展和进步,企业对于第三方物流公司的依赖有增长趋势,不但需求运输、仓储等基础服务,还有了预付款、结算等金融增值服务需求。在供应链金融合作过程中,物流企业管理、控制着作为抵质押物的客户有效资产,对客户的生产经营状况和产品销售情况都比商业银行拥有更多信息,可以帮助银行解决信息不对称问题,降低信贷风险。另外,物流企业可以降低银行和企业的信贷交易成本,交易成本主要包括信息成本和交易成本,物流公司通过实地监管的便利、专业化的技能及对物流的占有性控制有效地降低了交易成本。此外,物流公司提供参与供应链金融业务,可以获得许多稳定的业务来源。

第四个主体是上、下游配套企业,这些企业往往为中小企业。在供应链上,核心企业往往凭借其强势地位,对其上下游企业在价格、交货条件、账款期限等方面进行严格限制,使得这些配套企业承受巨大的资金压力。这些企业规模较小,资本实力弱,产品可替代性较强,竞争力弱,资信状况不佳,按照传统方式难以获得银行信贷,即使能够获得也要付出高于核心企业几十个甚至上百个百分点的利息。中小企业融资难是中国市场经济中一个老生常谈的问题,作为配套企业的中小企业是供应链上不可或缺的部分,供应链金融的最大受益者便是这些上、下游配套中小企业。

在静态上,供应链金融是对上述四个供应链主体之间的错综复杂的资金关系的整合，是一种供应链资金流管理的解决方案。在动态上，供应链金融是一种财务管理解决服务，使供应链的资金流配合信息流和物流的流动顺利地进行，提高供应链的效率并为各方创造价值。

供应链中的物流就是供应商把原材料交给生产商，生产商将其生产加工成半成品，半成品再经过进一步加工成为产成品后进入销售环节，再从分销商通过零售商到达最终消费者手中的这一整个过程。资金流与物流的方向是相反的，流动方向是从最终消费者到零售商、分销商再到原材料供应商。供应链上各个环节的融资需求便来源于此。

信息流与物流和资金流不同，是双向运动的。一方面信息流伴随着物流从供应链的上游流向下游，另一方面还伴随着资金流的流动从供应链的下游往上游流动。

二、供应链金融的产品与特点

供应链金融产品主要包括三类：第一类是存货类产品，包括抵质押授信、标准仓单质押授信、普通仓单抵押授信；第二类是预付款类产品，包括担保提货（保兑仓）授信、进口信用证项下未来货权质押授信、国内信用证、附保贴函的商业承兑汇票等；第三类是应收账款融资，包括保理、保理池融资、票据池融资、出口应收账款池融资、出口信用证项下授信。这些产品基本上均属于货币市场产品，授信期限较短。

供应链金融的特点如下：

（一）供应链金融是与传统融资业务有明显区别的产品

在传统融资模式下，信用评级的对象是授信企业，银行通过考察其资产规模和盈利能力等历史信息，做出是否对其提供授信的决定；在供应链金融模式下，信用评级的内容不仅是授信企业，而是将授信企业置于供应链的大背景下，综合考虑授信企业的交易对手、供应链状况、交易资产等状况。在传统融资模式下信用评级的要点集中在财务报表上，评级方式主要是主体评级；而在供应链金融融资模式下，信用评级的要点不仅是财务报表，更重要的是融资项下的资产，信用评级的方式是主体评级加债项评级。传统融资业务项下，贷款的第一还款来源是企业资金；而在供应链金融模式下，第一还款来源是融资项下的资产。在传统融资业务项下，中小企业往往由于资本实力不雄厚，财务信息透明度较低等原因信用评级往往较低，很难获得银行的贷款；但是在供应链金融业务中，银行通过第三方物流监管等新型风险控制手段管理中小企业信贷风险，中小企业获得融资的难度大大降低。

（二）供应链金融是一个产品组合

供应链金融提供的并非是单一的产品或服务，而是一个产品组合。该服务以供应链上的核心企业为出发点，考察其上、下游企业，针对整条供应链提供一揽子的综合金融服务和金融支持。为供应商提供保理、商业发票贴现、订单融资、应收账款融资、商业承兑汇票贴现等融资解决方案；为核心企业提供项目贷款、财务中心解决方案等金融服务；为下游的销售商提供贸易融资、动产抵质押授信、提货担保等融资解决方案，另外，还可以提供现金管理、企业理财等综合金融服务。这一系列的产品组合不但为供应链的发展提供金融支持，保证了生产和销售的顺利完成，同时也促进中小企业与核心企业建立长期稳定的战略合作关系。

（三）供应链金融以贸易背景为依托

供应链金融往往以真实的贸易背景为依托，以交易的自偿程度和货物价值为保障，向供应链核心企业及其上、下游企业提供金融服务。

国内供应链金融的产生源自供应链企业融资需求，主要是解决中小企业贸易融资的需求。随着对供应链金融认识的深化，供应链金融发展较快的国内商业银行推出了不同行业供应链金融服务方案、网上供应链金融服务方案及涉及整个供应链的物流、信息流、资金流综合服务方案。

第六章 供应链物流与云物联

第一节 云物联供应链物流管理平台

供应链是围绕核心企业，通过信息流、物流、资金流将供应商、分销商、零售商直到最终用户联结成一个整体的功能网链结构模式，链中的成员称为供应链的节点。更确切地说，供应链是描述商品需—产—供过程中各实体和活动及其相互关系动态变化的网络。供应链管理的核心思想是"系统"思维观和"流"思维观，对供应链中一切活动的优化要以整体最优为目标。

供应链管理是一体化的管理理念，其核心意义在于如何使企业能够与合作伙伴在供应链运作上实现协同性，实现供应链合作伙伴资源共享、协调支持供应链所有企业的协同运作，从而取得整体最优的绩效水平，达到提高供应链整体竞争力的目的。

供应链的信息流动和获取方式不同于单个企业的情况。连锁企业通过网络从内外两个信息源中收集和传播信息，捕捉最能创造价值的经营方式、技术和方法，创建网络化的企业运作模式。在这种企业运作模式下的信息系统和传统的企业信息系统是不同的，需要新的信息组织模式和规划策略。因此，研究供应链的管理，要从建立面向供应链管理的新的企业信息系统入手，这是实施供应链管理的前提和保证。

一、云物联供应链物流管理平台

"云物联"即物联网和云计算关系描述的简称。现有物联网研究主要集中在物联网领域的共性基础关键技术研究上，如物联网编码技术、RFID 射频识别、传感器、无线网络传输、高性能计算、智能控制等，但如何对海量物品信息进行后期的高效利用，对各类服务进行整合，并且提供给企业或个人更为人性化的服务，目前尚未得到足够的重视。

（一）物联平台概述

在物联网和云计算技术下的供应链物流管理，不仅能够支持对物流资源及相关物品的全程动态跟踪，实现适时适地的信息智能分类推送服务，而且能够支持平台以 SaaS、Peas 和 IaaS 等方式为供应链上各企业提供各类 IT 资源应用服务。

因此，在分析供应链物流管理特征的基础上，深化研究物联网和云计算技术在供应链物流管理中的应用，并建立基于物联网技术的供应链管理平台，以提高物流园区对社会物流资源的整合利用和优化配置效率。随着物流园区逐步成为物流企业大量集聚的空间区域，如何加快供应链物流管理公共平台的建设，支持各类物流企业依托物流园区开展物流供应链服务，已经成为当前国内外学者关注的热点，但是与现有供应链管理平台相比，供应链物流管理平台的构建具有以下优势。

1. 移动工作任务

园区集聚的各类物流企业，其业务活动常常表现为较大空间范围内的频繁移动服务过程，对供应链业务数据采集的时效性和准确性要求更高。

2. 高度专业分工

物流园区具有典型的产业集群特征，相关企业的专业分工程度较高，因此，对于企业之间协同信息传递的可靠性和及时性要求更高。

3. 海量数据服务需求

集聚在物流园区的物流企业数量较多，对 SaaS 和 Peas 服务模式的接受程度也较高。因此园区供应链管理平台的信息种类和数量都成倍增加，要求其具备高效的海量的数据处理能力。

4. 智能信息服务需求

随着物流数据海量特征的日趋突出，如何对海量的物流数据进行智能挖掘与处理，支持企业在合适的地点和时间，及时准确地获得合适的信息或知识服务，也是当前供应链物流管理平台面临的重大挑战。

物联网技术的快速发展为上述问题的解决提供了新的思路。物联网是指通过射频识别、红外感应器、全球定位系统、激光扫描器等信息传感设备，按约定的协议，把任何物品与互联网连接起来，进行信息交换和通信，以实现智能化识别、定位、跟踪、监控和管理的一种网络，具有全面感知、可靠传递和智能处理等特征。

二、平台技术架构

基于物联网技术的物流园区平台是指通过传感器等终端数据采集设备、无线传感网络等各类物联网技术应用，实现对车辆、货物、集装箱、仓储等物流资源状态的全程监控，建立统一的园区多元数据集成中间件。在此基础上，采用 SOA 平台架构建立园区供应链集成管理平台，支持平台以 SaaS 软件方式为园区内外各类物流服务主体提供应用软件系统服务，以 Peas 平台服务方式为园区内外用户提供各类 Web 服务，进而建立园区供应链"云计算"公共服务中心。通过园区供应链的数据挖掘，实现园区物流资源的优化配置。该平台的概念模型包括物流资源层、数据采集层、网络通信层、供应链数据层、供应链应用层、供应链服务层。

（一）物流资源层

该层刻画了园区供应链管理面向物流资源对象的视图描述，如仓储、集装箱、车辆、物流设备、装卸场地和物品等。

该层应用物联网关键技术实现了对各类物流资源实时状态的监控和跟踪。根据数据采集时间周期，分为三种：基于 RFID 等终端数据设备的实时数据采集；基于专用企业接口系统的定期数据采集；基于特定情况发生的应急数据采集，如发生特大自然灾害时有关道路通行信息的采集。

（二）网络通信层

该层是在集成物流园区有线网络、无线网络和传感器网络的基础上，建立具有自适应自组织特征的物联网网络通信系统，重点实现基于混合汇聚点的无线传感器网络构建。

（三）供应链数据层

该层提供了数据定义、数据集成、数据交换和数据分发等四类数据管理组件，建立了统一描述的多元物流数据视图模型，以及支持园区物流资源及其业务数据自主统一访问的专用集成数据中间件。

（四）供应链应用层

以 SaaS 应用模式为用户提供了包括货物运输管理系统、仓储管理系统、司机手机服务系统、货代管理系统、LCD/LED 信息发布系统等在内的多类软件系统租赁服务。

（五）供应链服务层

该层定义了资源定位服务、信息推送服务、资源调度服务等四类供应链通用服务单元，支持以 Peas 平台服务方式为用户提供上述四类 Web 服务。

（六）供应链决策层

重点建立并依托园区"云计算"公共服务中心，根据用户要求和园区资源优化配置目标，调度相关计算资源，开展分布海量数据挖掘；通过数据分析和挖掘结果，支持园区供应链的业务协同和管理优化。

三、关键技术

物流产业的发展已经到了一个阶段，信息系统已经成为现代物流企业物流管理和操作的一个不可或缺的要件。许多企业在选择第三方物流服务供应商的时候往往把是否有IT系统的支持作为重要的前提条件。

（一）支持供应链管理的物联网构建技术

物流工作移动性和业务复杂性等特点，需要在集成有线网络、无线网络和传感器网络的基础上，建立适应多类型障碍、满足园区连通与覆盖面，并支持RFID、EPC和移动数据终端等多种数据采集和交换方式的物联网。

其中，物流供应链上各环节之间主要是通过VPN等有线网络进行商务数据的采集和交换，如仓储企业和运输企业之间的配送订单数据；物流企业与运输车辆、驾驶员等通过移动宽带等无线网络进行物流资源或物品状态数据的采集和交换，如车辆当前位置和可用状态数据；而对货物及运载货物的集装箱、托盘等储运工具在园区内部的实时状态监控，主要是采用园区传感器网络进行采集和交换，并通过和有线网络、无线网络的集成，以合适的方式推送给园区内外相关业务主体。

园区传感网络设计采用基于Zigbee协议和成簇拓扑系统的自适应自组织网络体系，包括汇总数据节点、区域路由节点和传感器节点三类节点类型。其中，每个传感器节点都具有自我修复能力，不仅可以实现数据采集功能，而且兼有实现数据转发和自检功能，通过网络配置，所有无线传感器节点可以直接互相通信，且每个传感器节点都有多条路径到达基站节点，每一次网络传输都会选择一条或者多条路由进行多条传输，将所要传输的数据信息传给基站，以增强网络信息传输的可靠性。

其中，资源属性数据模型、物流业务数据模型和空间地理数据模型属于静态源数据。通过中间件中的数据格式定义模块、源数据解释模块、数据迁移管理模块和数据质量控制模块，可以为园区供应链管理平台提供上述不同类型数据的标准接入功能，并将分散存放的上述数据抽象为结构化的分布式数据库。

过程数据模型反映的是通过物联网实时采集的物品动态过程数据特征，

通过数据中间件中的数据存取管理模块和数据质量控制模块，可以实现上述海量过程数据流的高效存储和访问，通过数据中间件中的分布异构数据源整合模块，则可以将对来自不同传感器节点的数据进行汇总、清洗和整理，得到完整记录物品运动状态的过程数据流概要模型。

（二）信息智能推送服务技术

物联网技术的应用不仅要为供应链平台提供强大的数据采集和通信服务，更为关键的是要为供应链上不同主体之间的数据交换，尤其是如何根据不同主体面临任务情境的差异，进行业务信息或知识的智能推送，提供强大的技术支撑。任务情境是指园区供应链管理任务面临内外环境因素的特征，通过建立基于任务情境的信息智能推送服务系统，可以根据任务情境感知处理信息，提供适时适地的数据交换和分发服务，强调增强系统对复杂环境下任务需求的敏感性和适应性；其中，数据交换服务提供了兼容对等交换与主从交换的混合业务数据交换模式及机制，能够支持园区供应链管理平台通过物联网数据中心、云计算公共服务中心、企业数据专用接口等多种途径，进行任务情境数据采集和业务数据交换；数据分发或推送服务则提供了任务情境感知和触发组件，能够实现任务情境特征的结构化描述，并通过预先设定的情境触发规则，支持园区供应链管理平台为成员企业提供主动、及时和有针对性的信息分类智能推送服务。如基于服务请求者查询触发的定向信息推送服务、基于任务时间情境触发的信息推送服务、基于任务地点情境触发的信息推送服务和基于任务用户偏好情境触发的信息推送服务。

（三）云计算公共平台园区供应链决策优化技术

基于云计算模式的园区供应链决策优化系统核心是在园区"云计算"公共服务模式的总体架构下，建立由园区内外应用系统服务器、GIS 应用服务器、物流企业服务器等软硬件资源构成的计算资源协作群，通过海量分布计算资源的敏捷调度，使每个用户均能享受园区"云计算"平台提供的分布异构海量数据分析和挖掘服务。其中，园区供应链全局控制节点 Agent

负责对用户任务进行结构化分解，确定所采用的数据挖掘模型及其相关数据集，然后为不同的子任务执行找到相应的 Web 服务资源节点，实现挖掘任务与相关计算资源的动态绑定，进而汇总各个局部节点传递的数据和知识，并以可视化方式提交给用户。各分节点 Agent 则根据全局控制节点 Agent 分配的子任务集合，提供局部自治的数据挖掘，并将相关子任务执行结果返回给上层节点。

第一，系统通过在仓储区等地设置传感器节点等数据采集设备，采用"一卡通"系统为园区车辆、储运设备和人员绑定 RFID 射频卡，建立了集成有线网络和无线传感网络的物联网系统，支持电脑、LCD、LED、车载终端和 RFID 等多种网络数据实时采集方式。

第二，建立了由基础数据、业务数据、决策数据和元数据构成的数据中心，支持平台各应用系统进行自主访问。

第三，提供了一站式登录的园区应用软件服务，支持以 SaaS 模式为入园企业提供专线货物运输管理系统、企业仓储管理系统、GPS/GIS 监控应用服务等软件系统服务，支持 Peas 模式为用户提供园区公共资源的 Web 服务，如依托货运配载系统提供货运配载服务，依托网上车库系统提供车库资源查询和调用服务等。最后，平台还提供了非常强大的增值信息服务，支持平台以手机短信服务、专用设备信息接收信息大厅自助查询机等方式，为各类用户提供强大的分类信息推送服务。

物流园区供应链管理平台架构在物联网和云计算技术上，不仅能够支持对物流资源及相关物品的全程动态跟踪，实现适时适地的信息智能分类推送服务，而且能够支持平台以 SaaS、Peas 和 IaaS 等方式为园区供应链上各企业提供各类 IT 资源应用服务，对于支持物流企业依托园区供应链管理平台，组建面向不同任务的物流服务供应链，并实现园区供应链协同管理具有重要的意义。

第二节　云物联供应链管理

随着管理理念的不断进步，从物流管理发展到供应链管理，着眼点从独立的企业扩展到整个产品的生态链条，这可以说是管理发展史进程上的一大步，是从整个社会的宏观角度来对各种资源的利用、产品的生产进行调控，达到资源的节约及直接或间接地对整个地球生态进行保护。

一、物联网技术在供应链中的应用

供应链战略实施的成功与否，很大程度上取决于供应链上各企业间信息交流的通畅、透明程度。而"牛鞭效应"是供应链战略实施的一大掣肘，通过讨论物联网在供应链各个环节中的应用，利用电子产品码（EPC）技术、无线射频识别（RFID）技术，达到对整个供应链上每一个零件、每一个配件、每一件产品的数据跟踪的目的，从而可以最大限度实现产品信息及时、完整地在各个供应链环节的传递，将"牛鞭效应"的影响控制在可控状态。

（一）供应链的界定

关于供应链的定义是：供应链是围绕核心企业，通过对信息流、物流、资金流的控制，从采购原材料开始，制成中间产品以及最终产品，最后由销售网络把产品送到消费者手中，将供应商、制造商、分销商、零售商直到最终用户连成一个整体的功能网链结构模式。我国国家标准的定义是：生产和流通过程中，涉及将产品或服务提供给最终用户的活动的上游与下游企业所形成的网链结构。供应链实际上也是一种业务流程模型，它是指由原材料和零部件供应商、产品的制造商、分销商和零售商到最终用户的价值链组成，完成由顾客需求开始到提供给顾客所需要的产品与服务的整个过程。

供应链管理理论的不断完善，特别是近年来在企业中的应用也越来广泛，这就对供应链战略的具体实施提出了更多更实际的要求，也面临了一些技术上的瓶颈，比如说"牛鞭效应"的影响就很难去除。不过现代科学技术同样在飞速发展，随着各个学科研究的深入，形成了越来越多的学科交汇区，很多新技术的产生不仅对自身学科有用，而且应用在其他原本不相关的学科，有时候可能会得到更好更充分的利用，比如说物联网技术就可以在供应链战略的实施中发挥很好的作用。

我们主要讨论的就是物联网技术中的 RFID 技术、EPC 技术在供应链各个环节的应用，对整个供应链上每一个零件、每一个配件、每一件产品的数据进行实时跟踪、实时监控，形成供应链系统上下游企业信息的畅通，从而使"牛鞭效应"的影响变为可控。

（二）"牛鞭效应"对供应链的影响

1. 供应链上库存管理的"牛鞭效应"概念形式

传统库存管理模式主要是以单一企业为对象的库存管理，是各节点企业独立管理库存，从企业自身利益最大化的角度通过确定订货点及订货量以寻求降低库存、减少缺货、降低需求不确定的风险。这种模式使供应链上的各企业之间缺乏信息沟通，企业间的合作程度很低。所以产生了供应链上的一种需求变异逐级放大的效应，通常被称之为"牛鞭效应"。

"牛鞭效应"其实是在下游企业向上游企业传导信息的过程中发生了信息失真，而这种失真被逐级放大的结果，从而涉及企业的营销、物流、生产等领域。"牛鞭效应"成因于系统原因和管理原因，它们的共同作用提高了企业经营成本，对产品供应链造成消极影响，导致对市场变化的过激反应。

2. "牛鞭效应"的应对措施

应对"牛鞭效应"只有通过创新的技术手段来对其加以改善和控制。它造成各个环节企业对需求预测修正缺乏可靠数据来源、订货批量决策不能做到最优、各企业之间的盲目扩大配给、博弈对价格波动应对不当。所以，针对"牛鞭效应"的主要来源，物联网技术对于解决这一问题有很好作用；利用 EPC/RFID 技术系统可以大大提高产品在供应链各个阶段的信息透明度。这样，只要各个企业之间达成供应链战略联盟，信息共享就能很快速地实现战略联盟，"牛鞭效应"也就可以降到最低。

（三）物联网供应链工作原理

物联网体系结构可分为三个层次，即泛在化末端感知网络、融合化网络通信基础设施与普适化应用服务支撑体系，它们通常也被称为感知层、网络层和应用层，而其核心是电子产品码（EPC）技术、无线射频识别（RFID）技术。通过对每一产品进行电子编码，结合 RFID 技术，可以对流通中的产品、零部件、原材料在加工、运输、配送和销售环节进行跟踪，提高供应链信息传递的透明度和可控性。

1.EPC 技术

EPC（Electronic Product Code，产品电子代码或电子产品编码）是为了提高物流供应链管理水平、降低成本而新发展起来的一项新技术，是一种编码系统。与传统的条形码所不同的是，它建立在全球统一标识系统条形编码的基础之上，在条形码的基础上增加了三段数据，分别是域名管理者、对象分类和序列号，以实现对单品进行标识。产品电子代码是下一代产品标识代码，它可以对供应链中的对象（包括物品、货箱、货盘、位置等）进行全球唯一的标识。EPC 存储在 RFID 标签上，这个标签包含一块硅芯片和一根天线。读取 EPC 标签时，它可以与一些动态数据连接，例如该商品的原产地、生产日期、目前状态等。通过在商品流通环节对这些信息的不断更新，人们可以在全球实现对商品从原料到货架的全程追踪。

2.RFID 技术

一个最基本的 RFID 系统一般包括三个部分，分别为 EPC 标签（Tag）、读写器或阅读器（Reader）和应用系统（包括连接线路）三部分。其中，RFID 标签存储有识别目标的信息或错误校验等附加信息，读写器接收标签信号，应用系统管理收集到的数据。

3.EPC/RFID 技术的优势结合

EPC/RFID 技术的物联网充分结合两种技术优势，在供应链中发挥着越来越重要的作用。EPC 标签中存储着规范而具有互用性的信息,此标签在产品生产完成后一旦形成,此后在产品的整个生命周期,该 EPC 代码成为产品的唯一标识,通过无线数据通信网络把它们自动采集到中央信息系统,实现产品的相关信息的实时查询与识别,进而通过开放性的计算机网络实现信息交换和共享,在供应链的各个流通环节对产品进行定位追踪,实现对产品的透明化管理。

同时,利用 RFID 技术,当电子标签进入发射天线工作区域时会产生感应电流,电子标签获得能量被激活,然后将自身编码等信息通过标签内置发送天线发送出去;系统接收天线接收到从电子标签发送来的载波信号,经天线调节器传送到阅读器,阅读器对接收的信号进行解调和解码然后送到后台主系统进行相关处理;主系统根据逻辑运算判断该标签的合法性,针对不同的设定做出相应的处理和控制,实现电子标签存储信息的识别和数据交换。它对供应链中产品的流通进行合理的优化,对资源进行合理配置,对流通过程进行实时监控,提高了供应链的运行效率和透明度。

二、物联网在供应链各个环节中的作用

物联网在供应链管理中的应用主要体现在采购、生产、储存、配送、销售、售后和回收环节及集装箱、港口、码头、保管保险环节等。它使得整个供应链在瞬息万变的市场环境中能够迅速做出反应,提高了供应链的市场反应力。从整个供应链来看,EPC 技术和 RFID 技术能使供应链的透明度大大提高,产品在供应链的任何地方都能被实时追踪。安装在工厂配送中心、仓库及商品货架上的读写器能够自动记录物品在整个供应链的流动,从生产线到最终的消费者全程记录。

EPC/RFID 技术将在供应链的诸多环节上发挥重大的作用,主要体现在以下几个环节:

（一）在采购环节的应用

应用物联网技术，可以分类识别不同原料的生产厂家和生产日期，合理安排采购批次和采购量；同时也可以监控原料采购的质量，保证采购过程的合理和采购效率。通过对大量复杂原料和配件的唯一标识的登记，便于后期管理性和问题识别，保证了产品的生产质量和售后服务的即时跟进。利用物联网还可以对供应商的信息进行有效管理，根据供应商在供应环节的表现，对供应商进行分类管理，针对不同等级的供应商采取不同的采购策略，从而提高企业的采购水平，培养供应商的忠诚度。

（二）在生产环节的应用

在生产制造环节应用 EPC 技术可以完成自动化生产线运作，实现在整个生产线上对原材料、零部件、半成品和产成品的识别与跟踪，减少人工识别成本和出错率，提高效率和效益。同时，基于 EPC/RFID 技术的物联网技术还可以帮助企业的生产管理人员合理安排生产进度，通过识别电子标签来快速从品类繁多的库存中准确地找出工位所需的原材料和零部件，即时跟进生产环节，并根据生产进度发出补货信息实现流水线均衡、稳步生产，同时也加强了对产品质量的控制与追踪。

生产线发料过程中，首先系统进行生产任务自动排产，AGV 小车满载按一定规则摆放物料，经过生产线每个工位，安装在每个工位上的 RFID 读写器实时对经过的 AGV 小车进行扫描，即可实现自动识别当前工位需要的何种物料、需要多少、是否已经全部到位等信息，当前工位员工即可根据配备的显示屏的提示，拿取生产物料。

在生产补料过程中，生产工位上的 RFID 读写器自动识别当前工位物料的剩余情况，实时将物料需求信息传送到发料室，及时做好备料发料工作，保证生产线物料充足，不出现不断料、不堆积等问题；提供现场物料周转率，使现场整洁。

（三）在储存环节的应用

在仓库里，EPC 技术最广泛的使用是存取货物与库存盘点，它能用来实现自动化的存货和取货等操作。

当贴有 EPC 标签的产品出入仓库时，安装在仓库的 RFID 阅读器自动识别各类物品，自动进行盘点。通过调阅数据库中的资料，RFID 阅读器还可以自动读出产品进出货时间，储存位置和进出仓库的数量，提高仓储中心的空间利用率，并能快速、准确地了解自身的库存水平，从而有效降低库存成本，节省劳动力和库存空间，同时减少整个物流中由于产品误置、送错、偷窃、损害和库存、出货错误等造成的损耗。

（四）在配送环节的应用

在配送环节采用 EPC 技术能大大加快配送的速度，提高拣选与分发过程的效率与准确率，并能减少人工数量、降低配送成本。

通过 EPC 技术，可以对货物的真假进行自动识别，实现配送环节的自动通关；同时可以提高配送环节的安全性和可视性，方便企业追踪货物的配送过程。同时，物联网的应用，提高了货物配送的安全性和可靠性，对货物在配送环节中的分拣、包装、运输和堆码等作业提供了强大的技术支持，提高了这些作业的准确性和效率，降低了配送成本。

在配送过程中，在途运输的货物和车辆贴 EPC 标签，运输线的一些检查点上安装上 RFID 接收转发装置。因此当货物在运输途中，无论是供应商还是经销商都能很好地了解货物目前所处的位置及预计到达时间。特别对于价值高的物品、危险易泄漏的物品和需要封箱运输的物品等，均可采用主动式 RFID 技术，将其封装于箱内；如果出现非正常开箱，中央监控系统即可获得物品状况，及时报警，减少危害和损失。

这样就确保了在整个配送过程中精确的库存控制，甚至可确切了解目前有多少货箱处于转运途中、转运的始发地和目的地，以及预期的到达时间等信息。

（五）在销售环节的应用

物联网可以改进零售商的库存管理，实现适时补货，有效跟踪运输与库存，提高效率，减少出错。当贴有 EPC 标签的商品摆放在货架上，顾客在取走货物时，自动识别系统就可以自动地向系统报告，同时在自动识别系统还可以根据货架上商品的数量即时告知补货。在结算平台，也可以利用 RFID 技术进行自动识别，节约了人工成本，提高了结算的速度，加快了结账流程，同时提高了顾客的满意度，而且通过信用卡系统记录货物的流向，便于企业统计产品的销售细节。另外，EPC 标签包含了极其丰富的产品信息，例如生产日期、保质期、储存方法以及与其不能共存的商品，可以最大限度地减少商品耗损。

（六）在售后和回收环节的应用

消费者在购买商品后，可以利用商品上的识别标签，对商品从原料到生产过程等详细信息进行了解后，放心使用。同时在售后服务阶段，企业也可以跟踪消费者的使用情况，针对使用过程中的问题追溯产生问题的原因，提出改进意见，提高客户服务水平，更好地占领市场。针对较大的产品事故，在产品各阶段数据完备的情况下，供应链上各个企业可以共同协商，讨论出应对方案，因为未来的商业竞争是供应链与供应链的竞争。整个供应链是一体的，共同面对产业危机、共同发展产业机遇，只有形成这种意识，企业才能在新的竞争环境中，通过改善自己的供应链来改善自己的商业模式，通过调整自己的供应链来改进企业价值创造和价值获取行为应有的逻辑关系和价值网络。

而且，针对当前大力提倡绿色经济环境，企业也可以通过标签识别，对那些报废的产品进行有效回收，对其中的有用部件进行合理利用，提高废物利用的效率，对于发展循环经济具有很好的实践意义。

（七）在集装箱、港口、码头、报关检测环节的应用

集装箱上的电子标签可以记录固定信息，包括序列号、箱号、箱型、尺寸等，还可以记录可改写信息，如货品信息、运单号、起运港、目的港、船名航次等。

集装箱 RFID 自动识别系统完成装箱数据输入、集装箱信息实时采集和自动识别，通信系统完成数据无线传输，集装箱信息管理系统完成对集装

箱信息的实时处理和管理,能完成数据统计与分析,向客户提供集装箱信息查询服务。而港口集装箱管理系统可以监测该信息。

第三节 可视化供应链管理

物流公司将可视化供应链管理(Visible Supply Chain Managment,VSCM)技术与制造企业实现对接,不仅提高了物流过程效率,而且扫除了物流过程的信息盲点,达到物流全过程的透明化、可视化。

一、物流供应链全程可视化智能管理系统

物流供应链全程可视化智能管理系统以分布式视频监控技术为核心技术,以图像/视频识别和理解技术及智能算法为支撑的可视化管理系统,结合GIS、计算机网络、多媒体压缩和数据库等技术,架构了具有三层体系的仓库综合监控分系统和具有两层体系结构的移动载体综合监控分系统,可实现对仓储仓库内部、仓库车场和围墙等固定场所的实时智能监控,并对运输过程中的车辆以及货物的状态监控,实现车辆车牌、状态识别和车辆的智能调度。

(一)可视化仓储管理

通过在物流公司总部设立一级报警与监控中心,建立主控中心,实现对前端所有仓库的集中监控管理,中心用户按权限通过网络浏览管理前端仓库状态与信息。主控中心(一级监控中心)是报警监控系统的核心部分,是利用视频识别分析技术、计算机网络、地理信息技术、数据库技术开发的整合式集中智能综合监控管理来控制应用平台,中心汇接各前端仓库相关信息,将所需的视频、数据等信息通过网络进行传输、存储和共享,并根据授权进行远程调阅、查询,由开放的接口实现互联、互通、互控及

第六章 供应链物流与云物联

其他多种应用,为各级领导决策、指挥调度、取证提供及时可靠的第一手信息。

(二) 可视化订单管理

物流信息平台的功能,可以实现订单的跟踪功能,通过对物料的 ID (BaiCode 或 RFID) 进行扫描,来记录物品的使用及现有状况和来源;通过对半成品在生产中所经历过的工序记录和数据统计来跟踪其生产细节;可以在退货或者生产过程中追踪到在生产中哪道工序、哪些物料、哪个机型、哪些人员等存在问题,并可以采取相应的措施来进行修补;通过对成品的包装、入库、库内调整、出库,还有质检等工序记录、统计来跟踪成品在最后阶段的状况以便需要时进行查询操作;最后实现对整个生产从物品到半成品到成品的单个、类别以及全部的产品追溯、质量控制和流程管理,建立完整的生产追溯管理系统平台。

(三) 车辆管理

根据以往经验,货物在运输过程中容易发生损毁、丢失和被盗等问题,如何在移动过程中有效地监控运输过程和货物状态,确保货物能及时、安全地到达目的地,成为物流公司迫切需要解决的问题。设计与实现移动载体综合监控分析系统,利用全球定位、地理信息系统、计算机视觉、模式识别、人工智能等技术,实现对运输过程中车辆和货物的有效管理与监控。该系统由车辆监控与管理、货物运输过程状态监控和无线数据传输部分组成,通过无线网络与主控中心管理系统完成实时通信。

基于 GPS 的车载定位系统能够及时将货车的位置信息发送回位于公司总部的总控中心,由地理信息系统软件进行实时更新和显示;在货车驾驶室内架设摄像头,可监控行车过程中司机的精神状态,防止出现疲劳驾驶,杜绝事故苗头;通过数据传输部分的无线网络,可将压缩后的监控视频和分析结果传输至总控中心备份保存。

由于物流物资在运输途中可能会发生盗窃、损坏等情况,给客户和公司带来经济和声誉上的损失。因此,对运输过程中的货物状态进行实时监控成为一个必要环节。物流公司所有车辆都在车厢内部安装监控摄像头，在车辆出发时由特定权限的管理人员设置开启后，即开始对货物监控，并实时分析其状态，采用预先设定的相关模式与监控视频进行匹配，对可能的异常现象进行分析判别，将结果通过无线数据传输部分上传至控制中心，需要观察的异常包括运输过程中货物的位置是否发生变化，是否有人打开车厢（厢式），在到达终点前是否有人接触货物等。

（四）管理平台系统

可视化供应链管理平台是一个高度开放和可视化的集成平台，管理企业的采购、销售、仓库和运输等各个环节，并且可以有效地整合各链条中的信息及资源做到协同作业来实现高度的可视化。

VSCM作为一个成熟的供应链管理平台，能够提供针对特定行业的解决方案，它可以适用于服务复杂订单交货流程的第三方物流企业，也适用于高度关注产品生命周期的传统制造企业，同样也应用于在复杂订单驱动的装配环境中生产的高科技企业。

二、连锁经营供应链管理系统

跨区域、多业态连锁经营的大型百货商场、购物中心、综合超市、便利店、品类专业店等，通过统一的SCM将内部供应链（分店）和外部供应链（供应商）联系起来，进一步实现集团化规模化的统一采购，与供应商建立良好关系共建供应链。

（一）系统描述

1. 总部数据控制中心

开户管理、对账管理、供应商登录信息、SCM报表查询、更改个人信息、网上招商。

2. 商场端系统功能

文档管理、扩展功能管理、信息管理、用户管理、顾客反馈管理、商店管理、开户管理和开户查询、开户审核、欠款供应商查询、开户供应商查询、对账管理、供应商管理、SCM 报表查询、更改个人信息、网上招商等。

3. 供应商端系统功能

供求（订单）管理、库存信息、销售信息、结算对账、商品管理、信息管理、会员管理。

4. 网络量贩系统功能

消费者信息发布、促销管理、精选商品批发、精选商品特卖等。

5. 集团报表合成、上报、公文流转、E-mail 等办公自动化功能

6. 企业集团级信息中心

全面引入 IMP 和数据仓库，提供 BI 商业智能分析。

7. 可视化管埋

该系统可采用分布式视频监控技术为核心技术，以图像/视频识别和理解技术及智能算法为支撑的可视化管理系统，结合 GIS、计算机网络、多媒体压缩和数据库等技术，可以实现可视化综合管理。

（二）**系统优势**

带给客户的收益如下。

第一，以 POS-ERP（连锁分销管理）为基础，对 POS-ERP 功能进行扩展，完成 POS-ERP 所不能完成的，把供应商、制造工厂、分销网络和客户等纳入了企业的管理资源范围，建立一种跨企业的协同商务系统。

第二，通过将商业企业的上下游合作伙伴，依托 VPN 技术建立起来的企业自有的 Extranet 外联网，向多家供应商等合作伙伴提供统一的库存、销售、结算数据查询，提供基于 Web 的电子订货协作、在线交易、商品管埋、采购、结算和分析。其中 EOS 系统可处理从零售终端、物流中心、采购中心、供应商、分销商发出的要货行为，完成网络采购或自动补货，实现门店、物流中心、采购中心、供应商分别监控库存。

第三，帮助企业将所有集团各个分店联网，提供面向下游团购顾客的

统一的电子购物及公众服务。为所有集团核心职员提供统一的Intranet服务，包括企业内部的信息公告以及各分店的库存、销售、财务、采购等数据的深层分析。

第四节 云物联的发展前景与挑战

物联网（Internet of Things）又称传感网，它是互联网从人向物的延伸。随着时代的发展进步，消费者已经改变了对移动技术和社交媒体的看法，而物联网将极大地影响着企业的未来前景。毫无疑问，物联网行业还将一如既往地保持增长势头，如何将物联网转化为商业价值也成为企业热议的话题。

一、物联网的发展现状与趋势

目前，物联网的发展处于起步阶段，从国内外对物联网的研究来看，物联网没有一个统一的国际标准，物联网时代的浪潮才刚刚开始。物联网的大革命必须依托互联网的高速发展和物流的智能化发展，物联网把虚拟的网络物流和实际物体相结合，而这两者的结合都需要强大的技术支持。

当下，互联网的发展未到饱和状态，物的智能化、网络化控制技术也不能够满足物联网的快速发展，核心技术包括传感器技术、识别技术、数据处理技术、通信网络技术、安全隐私技术等，这些技术需要进一步的发展以实现与互联网的有机结合。物与互联网的结合技术涉及实践中的方方面面，影响整个社会的经济生活，包括军事领域、交通物流、医疗卫生、建筑材料等，需要的技术支撑就可想而知了。

尽管物联网发展受到技术和生产力的制约，但是美国、德国等欧美国家、中国及日本等亚洲国家都十分重视物联网的发展，并且在国家层面上进行了发展规划。这些国家层面的举措都能够大大地促进物联网相关技术的发展，物联网的发展前景是乐观的。

二、云计算的发展现状与趋势

云计算技术的发展催生了商业模式的创新。越来越多的企业利用云计算技术改善自身的商业模式，目前主要依托云计算技术的业务模式有 Peas 模式、IaaS 模式、SaaSm 模式。是因为云计算是互联网转向物联网时代的先锋，它率先完成物联网核心技术中的数据处理技术，同时能够对大数据进行统计并分析，提高了经济活动中的资源利用率及消费、需求的一致性。但是，当下云计算技术并没有被广大企业广泛使用，云计算的技术成本较高，主要被少数大型企业掌握。云计算在物联网中的重要作用还有待其他技术的发展而升级。

云计算的进一步发展必须依托物联网中传感器技术和识别技术，随着物联网技术的发展和广泛使用，越来越多的数据被收集并且反馈回到互联网上，这时云计算处理大数据便变得十分必要和重要了。

随着技术的日趋成熟，物联网已被视为产业新的增长点。其英文名称是 Internet of Things（IoT）。顾名思义，物联网就是物物相连的互联网。这有两层意思：其一，物联网的核心和基础仍然是互联网，是在互联网基础上的延伸和扩展的网络；其二，其用户端延伸和扩展到了任何物品与物品之间，进行信息交换和通信，也就是物物相息。物联网通过智能感知、识别技术与普适计算等通信感知技术，广泛应用于网络的融合中，也因此被称为继计算机、互联网之后世界信息产业发展的第三次浪潮。麦肯锡将整个物联网定义为"数字化物理世界"（digitizing the physical world）。物联网是新一代信息技术的重要组成部分，也是"信息化"时代的重要发展阶段。

从概念上来说，互联网包括了人、数字以及物的连接。而物联网（Internet of things）又包括了 M2M（Machine to Machine），M2M 仅指物物之间的简单通信，而物联网是基于物理设备和物联产品之上的数字技术应用。

第七章　新零售时代的智慧物流模式

第一节　新物流的内涵、特征与架构体系

一、新物流模式的内涵

在第二次信息革命与第三次全球产业转移的背景下，我国数字经济及以数字经济为基础发展起来的产业逐渐迈进第二发展阶段，物流业有望实现爆发式增长。在近十年的发展过程中，我国城镇化发展速度不断加快、政策比较宽松、人力成本较低、传统商贸模式比较落后、数字经济规模庞大、产能极大，在这六大条件的支持下，电商实现了迅猛发展。

现如今，人口红利逐渐消失，快递成本不断增长。我国劳动力人口供给负增长趋势已持续五年，对物流行业产生了直接影响。根据阿里研究院提供的调研数据显示，目前，部分快递企业的人力成本在以年均10%—25%的幅度增长，场地租金在以年均30%左右的幅度增长。2017年"双11"前夕，韵达、中通等快递企业上调了快递价格。此前，在十多年的发展过程中，快递企业一直以降低价格的方式来获取竞争优势，这次价格上调说明整个快递行业对成本的承受程度已经达到了极限，快递价格触底反弹。

另外，我国居民的消费习惯很难改变，物流规模的扩大与物流碎片化

现象都使物流成本有所增长。目前，随着移动互联网的普及应用，电商的定义愈加模糊，线上与线下融合发展趋势愈加明显，越来越多的线下门店开通了"门店配送"服务，快递需求进一步增长。该问题已超出物流行业的范畴，演变为在居民消费习惯不变、物流成本不断增长的情况下，现有数字消费模式能否实现可持续发展的问题。要解决这个问题，降低成本、提升效率是关键。在此形势下，物流行业急需进行智慧升级，实现自动化、可控化、可视化、网络化。

现如今，"智慧"一词在物流领域频频出现，属于供应链管理文献中的高频词汇。相对而言，新物流是一个新词，尚未形成统一的定义。下面，我们对新物流的概念进行梳理，从而对新物流做出科学界定。

"智慧地球"倡导将新一代IT技术引入各行各业，将传感器安装到日常生活的常见物体上，让他们相互连接形成"物联网"，并利用超级计算机与云计算对该网络进行整合，进而将网上数字地球、物理系统、人类社会整合在一起。如此一来，人类生活、生产都将实现精细化、动态化，从而实现智慧化。

"智慧地球"这一概念自提出以来就引起了诸多效仿，出现了"智慧医疗""智慧企业""智慧城市""智慧校园"和新物流等诸多新概念。

具体到实践层面，新物流的发展主要体现在信息化建设方面，也就是将信息技术引入物流领域。因为发达国家的信息化水平较高，各种信息技术在物流行业实现了广泛应用。而在我国，新物流的发展主要体现在两个方面：第一，通过采购、运输、仓储、配送等环节实现信息化，让整个供应链实现信息共享；第二，借助传感器、GPS、RFID技术、自动化物流设备打造自动化、智能化、可视化的物流。

总体来看，新物流不是物流行业发展到某一特定阶段必然出现的形态，也不是某种至高无上的形式，而是层次丰富、富有活力与创新力、动态发展、能使资源实现集约利用的物流集合。

通过上述分析我们发现，新物流系统包含以下几个重要组成部分与关键维度，分别是自动物流、产品智能、智能交通系统、物联物流产业的演变路径网、自组织物流。

综上，新物流是将物联网、互联网、云计算、人工智能等信息技术的深度应用与传统物流的自动化、机械化、标准化相结合，满足用户的个性化物流需求，将企业的资源利用潜力充分发挥出来，具有透明、协同、柔性、即时反应等特征，能为商业创新提供有效支持，提升物流效率，推动物流实现绿色安全运行。

从本质上看，新物流就是原有物流要素的升级与重构，以供应链的数字化为前提，以流通设施及物流网络的完善为基础，以物联网、云计算等新技术的应用为支撑，以网络伙伴间的协同共享为关键。

二、新物流模式的主要特征

在经济发展进入新常态、科学技术不断进步、商业模式持续升级的形势下，消费者购买行为与购买习惯发生了极大的改变，对服务业，尤其是物流业的智慧化、数字化提出了更高要求。下面通过对国内外研究成果及企业实践情况的分析，对新物流发展模式进行梳理。

新物流模式具有四大特征，下面进行具体分析：

（一）动态性

新物流是一种实时变化发展的创新业态，具有动态性的特征。从根本上来看，新物流的动态性主要体现在以下两个方面：

1. "智慧"的变化发展

随着大数据、物联网、人工智能等新技术快速发展，"智慧"的内涵愈加丰富，物流的"智慧"水平有了大幅提升。

2. "物流"的变化发展

随着供应链协同及物流整合趋势不断加强，共享物流与信息平台进一步发展，物流行业实现了转型升级与创新发展。

（二）系统性

现阶段，新物流最常见的发展形势就是信息技术在物流行业的应用，所以人们对新物流的认识尚处在技术层面，具有一定的局限性。虽然物流的发展确实离不开技术的进步与应用，但其发展还需要其他条件的加持。

准确来说，新物流是一个复合型的系统。在整个系统中，技术支撑仅是其中的一个层面、一项内容。除技术外，新物流的发展还涉及了很多问题，比如体制问题、管理问题、组织问题、系统运行问题等。在这个系统中，新技术发挥的作用比较重要，但也需要系统的整合、组织、管理与运作。也就是说，新物流的发展是上述因素共同作用的结果。

（三）普适性

物流涵盖了众多领域，物流产业本身也涵盖了众多行业，但目前，各行业发展良莠不齐。起初，那些获取了领先优势的行业最先出现新物流，之后这些行业发挥示范、带动作用，形成了具有普适性的新物流。

具体来看，新物流的普适性主要体现在以下两个方面：

1. 物流产业全方位普适

新物流的发展刚刚起步，该形态多出现在行业或企业对新物流的探索实践中。随着积累的经验不断增多，物流企业间的协作共享意识不断增强，可以带动其他行业或企业，全方位推动物流产业实现智慧升级。

2. 价值创造的普适性

新物流发展的意义主要体现在两个方面：第一，新物流可提升企业绩效，拓展市场份额；第二，新物流能为顾客创造价值，给经济、社会、民生带来巨大的益处。

（四）渐进性

对于我国物流行业来说，全面实现新物流是一个比较理想的战略规划。这一战略的实现需要整个物流行业共同努力，对目标任务进行细分，推动其按部就班地落地实施，整个过程必须脚踏实地、循序渐进。具体来讲，新物流的落地实施必须由物流企业从技术升级、管理升级、装备升级、系统升级等方面着手实现。

一直以来，企业经营与交通运输环境都深受物流成本的影响，同时，物流运输方式也因新商机、新零售、新技术的出现发生较大变革。但目前，我国部分物流企业仍没有建成物流管理信息系统，物流信息技术与设备比较落后，整个行业的运营效率较低，没能与客户实现深度合作。在此形势下，物流行业急需通过智慧升级提升发展水平，增强核心竞争力。这一点体现了新物流的核心要义：

第一，通过云计算、大数据、人工智能等信息技术在物流企业的深度应用来提升企业信息化水平。

第二，与传统物流标准化、机械化、自动化的特性相结合，使物流实现智慧化配送。

第三，在满足用户个性化需求的基础上，通过对资源潜力的充分调动，构建一个透明、协同、柔性，能实现即时反应的综合物流企业。

第四，以支持商业创新为目标，推动整个物流行业实现绿色、安全、高效的运行。

（五）新物流模式的逻辑架构

通过对国内外相关成果及我国新物流发展现状的研究，我们构建了新物流模式的逻辑架构。从总体来看，新物流的逻辑结构可分为三层：第一，数据感知层；第二，决策分析层；第三，应用层。其中，数据感知层主要为新物流提供基础功能支持，决策分析层主要确定新物流的智慧升级模式，应用层主要呈现新物流具体的发展形态。

1. 数据感知层

新物流技术层以数据感知为基础，尤其要获取关键数据，包括人、场、地等数据，通过这些数据让物品信息实现数字化，借助卫星定位、RFID等技术实时获取物流信息，如物流车辆所处位置、货物配送状态等。

新物流技术层以智慧流通基础设施为重要支撑，该设施包括物流基地、公共配送中心、分拨中心、末端配送网点等。同时，物流基础设施的信息化改造也为新物流的实现提供了强有力的保障。新物流技术层以物联网、自动化、物流云为核心，通过新技术的推广应用，来实现仓储、配送、客服等环节的自动化，整个物流过程也可实现自动化。

2. 决策分析层

要想将技术层获取的数据连接起来，进一步打通这些数据，必须借助基本的算法模型、基础协议与标准、行业判断、竞争策略与发展定位。

通过决策层的构建，数据挖掘与信息处理等技术可在物流管理与配送系统实现广泛应用，可对客户需求、物流数据、商品库存进行有效分析。具体来看，决策层有三大作用：第一，能计算出最佳仓储位置，规划出最优仓储路径；第二，能使物流仓储与配送决策实现智能化；第三，能对货物进行精准定位与追踪管理，将物流信息实时反馈给客户及管理者，从而对商品产地及流通信息进行追溯。

（六）应用层

新物流的落地需要政府、行业、研究机构的共同作用。现阶段，新物流的应用具体表现在以下几个方面：

1. 多式联运

比如入选"第一批多式联运示范工程项目名单"的公铁联运、公铁海河多式联运、集装箱公铁水联运、集装箱水铁联运等。

2. 车货协同

比如用户可通过货拉拉 APP 叫车，实现同城即时货运，享受优质、高效、专业的物流配送服务。

3. 末端共享

比如共享第三方代收平台、智能快递柜等基础设施，开展共同配送服务等。

4. 智能仓储

比如苏宁借助"业务＋仓储＋技术"的零售仓储体系管控模式，以多元化的零售场景为核心，构建多种多样的仓储形式，如 DC 仓储、FC 仓储、门店仓、微仓等，从而满足电商、品牌商、零售商的业务需求。

三、新物流模式的服务体系

数字经济时代，数据已成为企业参与市场竞争的重要战略资源，订单处理与查询、出入库、物流计划、物流运输、客户交付等各物流环节都要有数据提供的强有力支持。以物流计划为例，物流计划的制订离不开货物订单数据，物流计划的执行离不开物流资源要素数据。

货物订单提供了货物种类、数量、交付时间与地点等重要数据，是物流服务需求具体化的直接体现。货物订单数据覆盖了订单的整个生命周期，然而传统物流对这方面数据的采集、分析及应用缺乏足够重视，难以制订出科学合理的物流计划，主要就是管理者根据自身积累的经验制订，有较强的主观性，难以实现对物流资源的高效配置，无法响应客户的个性化需求。

新物流基于包括物流订单数据在内的海量数据来制订物流计划，可以对所有订单需求进行整合，综合考量送货时间、地点、成本等多种要素，使物流计划更具科学性、灵活性、适应性。

物流计划的执行不仅是由物流订单的要求决定的，更受到物流资源要素的直接影响。当物流资源要素数据缺失、滞后甚至出现错误时，在车辆与仓库的选择、运输线路实时优化等方面很容易遇到各种问题，进而降低物流效率，提高物流成本。

数据驱动将会成为物流业的主流趋势，为此，我们必须要加快研究大数据、云计算、人工智能等新一代信息技术在物流领域的落地应用。未来，随着新物流模式日趋成熟，物流企业日常经营管理、仓储、运输、"最后一公里"配送等数据都会被实时收集，并存储到数据库中，应用数据分析模型深度发掘其潜在价值，实现物流数据在供应链上下游企业之间的高效流通共享，提高整体供应链运行效率，为目标用户创造更高的价值，最终实现多方共赢。

四、新物流具有三重属性

新物流具有三重属性，首先是物理属性。物流就是物的流通，所以它的物理属性很好理解，无须过多讨论。

新物流的第二重属性就是数据属性。这一属性经常隐藏在物的流通轨迹背后，很难被发现，它回答了物的来源、物的构成、物的流通环节与目的地、目标消费群体类型、物的获取场景与方式等问题。

整个物流过程会产生大量数据，借助这些数据可对物流出口端的客户行为做全面分析，增进物流商对客户的了解，甚至让物流商比消费者自己更了解自己。同时，借助这些数据还可对物流入口端的物品进行追溯，让物流商了解物品的来龙去脉。物品流通过程自然也有物流商存在。由此可见，物品的全生命周期管理都实现了数据化。

经数据的链接与传导，新物流又产生了第三重属性——服务属性。在物品流通过程中，物流企业不仅为顾客提供拆零分拣、包装定制、搭配重组、场景设计等服务，还为其提供配套的金融服务，推动服务与文化不断增值。

五、新物流生态的前台、中台、后台

新物流生态的前台是多样化的场景，社群众多，消费者无处不在，可以根据大数据精准画像为消费者提供按需定制服务；产品只是企业与消费者的接触点，与消费者沟通交流的工具。物理空间、时间维度都得到了有效延展，消费者打破了时间、空间、店铺位置的限制，商品打破了内容、种类、数量的限制，消费者体验、商品交付打破了物理形态的限制。

新物流生态的中台是整个服务体系的核心，主要为商家赋能，包括柔性制造或柔性物流，智能制造或智能物流，各种各样的特色服务，等等。

整个服务体系不是由一家企业包揽的，而是由多家企业共同构建的，企业各展所长，最终打造精准、丰富、及时的新物流服务。

新物流生态的后台是基础设施，具有软硬兼施、人机匹配的特点。对于线上来说，这个后台系统就是 SaaS 云；对于线下来说，这个后台系统就是快运快线网络最关键的连接枢纽。京东的无人机、无人车、无人仓、334工程也好，菜鸟的 ACE 计划也罢，都是试图通过新物流基础设施的构建在未来的市场竞争中占得先机。

第二节　新零售时代的商业变革

一、新零售：颠覆传统零售格局

近年来，新零售的概念逐渐进入大众视野，在这样的大环境下，包括传统零售企业、网络企业、跨界企业在内的实力型企业都在新零售领域展开了布局。

在同质竞争异常惨烈、消费升级的背景下，传统电商的流量成本不断攀升、服务及体验缺失等短板越发凸显，而在电商强烈冲击下陷入关店潮的实体零售也陷入发展困境，如何借助技术、模式及管理创新推动自身的转型升级，抢滩新零售风口，成为零售企业急需解决的重点问题。

线上、线下相结合及现代物流构成的新零售模式崛起，给企业提供了广阔的发展空间。亚马逊的无人零售 Amazon Go 及阿里巴巴的 VR 购物"BUY+"等诸多新零售项目，让我们充分认识到了新零售的惊人潜能。与传统电商过度依赖线上渠道不同，新零售涵盖了线上、线下两种渠道，能够以人们的本地化生活场景为切入点，在满足人们个性化需求的同时，带来极致的购物体验。

新零售模式出现后，相当多的传统实体零售企业对其充满了期待，希望通过充分发挥自身的线下资源优势,借助新零售风口夺回被电商企业蚕食的市场份额。

传统电商及实体零售企业的积极布局,使新零售虽然发展时间较短,但增长势头十分强劲,线上流程优化完善、物流效率不断提升、传统实体门店被改造成为体验中心等行为预示着新零售时代即将来临。云仓储、智能机器人配送等新零售衍生业态,颠覆了人们对零售业的认知。此前,很多人认为新零售只不过是传统电商及实体零售企业为了破解发展困境而炒作新概念,并不会独立创造出一种新的事物。

新零售模式不仅给零售业带来了新技术、新设备,更引入了新思维、新理念,将会对零售业及物流、制造、服务等关联产业产生深远影响,给人们的日常生活及工作带来诸多便利。

新零售的概念有很多特征,其中最关键的莫过于两点:以消费者为中心,以数字化为核心驱动力。为了跟上新零售时代的步伐,实现线上、线下渠道的一体化运营,参与其中的零售企业需要重塑商业模式,革新传统物流及供应链运营体系。在这个过程中,始终要坚持将消费者放在核心地位,并充分发挥数字化技术的推动作用。

二、新零售驱动下的数字化转型

整个零售行业的发展过程可分为三个阶段:第一,传统零售阶段;第二,现代零售阶段;第三,电子商务阶段。现代零售是以传统零售为基础发展起来的,实行标准化运营、规范化管理,使整体运作效率得以大幅提升。但在这个阶段,零售商对商品、消费者都不甚了解,商品品类管理较为粗放。

到了电子商务阶段,一些问题就得到了有效解决,开展电子商务的商家开始主动了解客户需求,提升商品管理质量与效率。但从另一个角度来讲,电子商务也存在一些缺陷,比如无法让消费者获得真实的购物体验、物流速度比较慢等，这给新零售的出现和发展造成了一定的影响，这种影响主要体现在以下两个方面：

（一）对消费者层面的影响

首先，通过线上业态与线下业态的结合满足消费者随时购物的需求；其次，通过线上数据与线下数据的结合对消费者做出全面把握，满足消费者个性化的购物需求；最后，通过构建分散化的渠道、多元化的场景、多种多样的支付方式让消费者享受整个购物过程。

（二）对商业层面的影响

新零售对商业的影响主要包括提升整个供应链的智能化程度、对商业模式进行创新、构建现代化的商业业态、提升物流流通效率与商品品类更迭效率。

新零售供应链建设需要时间，需要克服计划、网络、配送、仓储等方面的挑战。在新零售模式下，企业要为此做出两大战略调整：

1. 从以产品为中心转向以消费者为中心

在新零售模式下，商家不仅要满足消费者对产品功能的需求，还要满足消费者对服务体验的追求，将关注重点从选址、货架转向购物体验，优化消费者体验，全面提升消费者的认同感、参与感，将服务变成消费者的消费内容，让消费模式对生产流通模式产生逆向牵引作用。

2. 将数字化打造成核心驱动力，重新构建产业生态链

线上渠道、线下渠道的打通与多渠道的构建需要不断提升数字化技术。从传统意义上讲，数字化指的就是某个环节的数字化。但从长远来看，数字化指的不是设计、生产、营销等环节的数字化，而是端到端的数字化。

将数字化打造成核心驱动力需要很多条件，如大数据、新平台、新技术、新制造、新金融等。零售行业要提升所掌握的用户数据的质量，形成用户洞察，对设计、生产、采购、物流等环节进行有效引导。

为实现数字化转型，品牌商、物流商、零售商要解放思想，调整战略思路，从以内部为主导、自行研发、技术私有，转向对外合作、技术共享。

此外，品牌商、物流商、零售商还要借助第三方机构与科技公司的力量参与生态圈构建。

自新零售出现之后，线上零售企业、线下零售企业、跨界零售企业都对其开展了积极探索，参与者大致可划分为三种基本类型，每种类型都有自己的优势。第一，线上电商拓展线下业务。电商在技术、数据方面有明显的优势，但缺乏线下资源，线下运营能力不足。第二，传统线下零售企业拓展线上业务。这类企业掌握着丰富的供应商资源，在商品管理、网络终端经营方面有自己的独到之处。第三，跨界企业，这类企业最典型的就是物流企业。物流企业负责商品流通，与新零售的资源优势相契合。

三、智能技术驱动零售效率优化

除了线上、线下融合及现代物流外，新零售还涉及物联网、大数据、云计算等新技术应用，对商业逻辑进行颠覆性重构，对用户体验进行升级改造。它对零售企业提出更高的要求，也为其商业探索提供了几乎没有天花板的想象空间。

淘咖啡、缤果盒子、F5未来商店、Amazon Go等无人便利店项目，让广大消费者充分认识到了新技术在零售领域应用后，对提高购物效率、降低购物成本所创造的巨大价值。人脸识别支付，将会显著提高客户响应效率及支付安全性，同时解决传统实体零售中的排队付款、人力成本过高等问题。工厂直通消费者的C2M模式，通过减少流通环节显著降低交易成本，同时结合预售定制模式实现低库存甚至零库存，促使供需更趋平衡。

流量从线上到线下的回流是新零售发展的重要驱动力。电子商务具有的商品品类更为丰富、价格更低、打破购物时间和空间限制、送货上门等优势，使流量从线下转移到线上，从PC端转移到移动端。但在消费升级背景下，电子商务的服务和体验缺失、物流时效差、无法保障产品品质等短板越发凸显。

把集中在线上的流量向线下转移，确实是打破电商发展困境的有效方式，它能给电商行业的发展增添新动能，使广大线上卖家及平台借助流量红利获得高额利润回报，是新零售模式的一大重要特征。但它并不是新零售发展的唯一驱动力，如果新零售仅仅是将流量从线上转移至线下，根本无法促使零售业完成转型升级，在优化用户体验方面也不会取得实质突破。

应用新技术优化用户体验，进行商业模式创新来提高零售效率，发挥物流、服务等关联产业的协同联动作用等，都是新零售发展的重要驱动力，也是新零售风口所带来的红利。

新零售将会给人们的日常生活带来深远影响，电商尤其是移动电商的崛起，使人们从逛街转变为逛网店。而由于模式限制，传统电商无法迎合持续升级的消费需求，这些问题经过微信、微博等社会化媒体的扩散后，给传统电商企业的经营管理带来诸多阻碍。

新零售模式的出现，使传统电商模式造成的用户痛点有望得到有效解决，新技术的应用改善了用户体验，提高营销转化率，帮助企业深度发掘潜在的消费需求。事实上，新零售更深层次的意义在于，它给人们带来了一种全新的生活方式。

就像当前人们热衷于使用智能手机进行网络购物一样，未来随着新零售不断走向成熟，刷脸支付、无人配送、无人零售等将会成为人们购物生活的重要组成部分，并推动零售业不断发展壮大。

电商崛起对传统实体零售形成了强烈冲击，也让很多实体零售企业对电商企业积怨颇深。而新零售时代，电商和实体零售从对立走向统一，二者都回归服务用户的商业本质，并给人们带来新的生活方式。

四、流通供应链商业模式的转型升级

新零售重构了流通业参与主体之间的关系，也将带来流通供应链商业模式的转变，这主要体现在以下几个方面：

(一）流通供应链的核心竞争力发生了改变

传统流通供应链以企业为中心，在新零售驱动下，其商业模式转变为以消费者为中心，据此其核心竞争力也发生了变化，需围绕消费者价值主张来整合各方资源，进行技术和管理方面的创新，为消费者提供超预期的服务。通过供应链的柔性化和数字化可以迅速为消费者提供个性多样的需求，提升自身的核心竞争力。

(二）流通供应链的商业模式在客户服务上发生了改变

传统商业模式输出的是单一产品、单一的流通渠道、单向的信息传递，而在新零售驱动下，供应链提供的是"产品+服务"的综合性服务，以消费者为中心，深入挖掘其消费需求，与之构建互动关系，建立社群，增强用户黏度。在此模式下，流通供应链需要共享化和数字化，这样才能整合各主体的产品和服务，融合线上线下渠道，为消费者提供全面的服务，将价值理念精准传达给消费者。

(三）供应链的运营管理模式发生改变

参与主体从原本的竞争运营模式改变为合作共赢的管理模式。由于客户服务模式的改变，各个企业间需要进行资源共享和数据共享来实现合作共赢，因此其原本的企业间进行博弈的经营模式必须改变，转而在客户间寻求资源、零售终端、物流资源、采购策略等方面进行整合和共享，在缩短供应链的同时，降低运营成本，实现合作共赢。

(四）盈利模式发生变化

传统流通供应链的商业模式是通过产品交易中产生的差价来盈利，而在新零售背景下，供应链的盈利主要是通过为消费者提供更多的增值服务而实现的。这种增值服务的供给是建立在消费者需求之上的，供应链的各个参与主体也成为功能互补的服务主体，通过满足消费者的个性化、多样化需求来提高自身的盈利能力。

(五）利益分配模式的改变

在传统零售的供应链模式中，获利方式是单向通过卖库存获利，且利益割裂，供应链下游利益分配呈递减趋势；而在新零售的供应链模式中，利益获取是通过价值共享且利益共享，供应链的利益分配开始向末端倾斜。在新的商业模式中，可以根据供应链参与主体对消费者的价值贡献大小以及投入多少来划分利益分配比例，并且充分认识到零售终端在整个供应链中的重要作用，其为消费者提供体验度极佳的服务，与之建立持续互动的关系，这为整个供应链的良性运转提供了保障，因此在利益分配上也应适当向末端倾斜。

第三节　新物流与新零售的逻辑关系

一、新物流是新零售落地的关键

新零售全面铺开：阿里巴巴、腾讯开始加速线下布局；传统零售企业开始加速转型升级，积极布局新零售；创业公司也不甘落后，试图借新零售快速崛起。短短几年时间，新零售火爆发展，"餐饮＋超市"等新零售项目及无人超市、无人货架等无人零售业态遍地开花。

通过观察可以发现，无论是"餐饮＋超市"模式还是无人零售业态，抑或是向新零售转型的传统电商与零售商，都对物流提出了全新的要求，都在强调新物流。现阶段，对于零售商来说，对库存进行精准控制、开展智能配送已成为其提升坪效与购物体验的重要环节。由此可见，新零售的发展离不开新物流的支持。从某种层面也可以说，新物流是新零售落地的关键，没有新物流，新零售就无从谈起。

新零售是以消费者体验为中心的数据驱动的泛零售形态。新零售的定位是以较低的成本对资源进行实时、高效配置，对客户需求进行深度、精准的挖掘，通过直播、社交、反馈带给客户更加优质的体验，贯穿生产、销售、物流等各个环节，积极引入人工智能、虚拟现实（VR）、机器人等新兴技术。

零售行业的发展趋势是从以产品为导向向以消费者为导向转变。新零售的核心价值在于使全社会流通零售业的运转效率得以全面提升，并提出"零售二重性"这一新概念。零售二重性指的是，现阶段所有零售主体、商品、消费者既具有物理属性，又具有数据属性，需要从二维角度对新零售进行全面思考。

二、新零售借助新物流的发展情况

基于数据属性，新物流最终可发展为柔性物流；基于服务属性，新物流最终可发展为与商品增值服务对应的专业物流或在物流、信息流、商流联合的基础上形成的新物流。在整个过程中，物流的物理属性始终是外在体现。

正是在这个由物流、商流、信息流构建的立体系统中，才能由物流带来数据流，最终走向资金流。从这个角度来看，新物流可称为"生态物流"。未来的商业竞争不再是企业之间的竞争，更多的是生态系统之间的竞争。之前发生的顺丰与菜鸟竞争事件就是两个生态物流系统间的竞争。

正是在这个新物流体系的支持下，新零售领域的"零售物种大爆发"才有可能实现，新零售远景（任何时间、任何地点、任何主体、任何内容）才有可能构建。说得更直白一点，新零售就是新物流的呈现方式。任何时间都体现了物流在新零售领域的不可或缺性。事实确实如此，新零售物种出现的同时，消费者的物流体验有所提升，对物流精准度的要求也有所提升。零售基础设施革命是一场数据驱动的物流前置革命，最终目标是实现单未下，货先行。

事实上，很多新零售业态都将"物流前置"作为核心发展点，主打丰富、新鲜、精准、便捷，在不同的覆盖半径内布局，让"单未下，货先行"的设想真正实现。新物流与新零售密不可分，新零售无法脱离新物流生存发展。

在新零售业态下，人、货、物都将实现数据化。过去是生产决定消费，现在是消费者参与产品设计与生产；过去是品牌商、零售商主导供应链，现在以互联网为媒介，小品牌也能直接让产品触及用户。互联网、云计算、大数据等技术的作用就是改造传统的商业基础设施，只有改造完成，人、事、物、时间、地点才能实现连接，实时互动，真正进入新商务时代。

在新零售时代，供应链不再是单一的链状结构，要向数字化网状结构发展。

三、新零售时代的物流模式升级

与传统零售相比，新零售的商品提供、消费场所、消费行为等都发生了明显的变化。在这样的大背景下，企业需要对消费端进行改造，进一步提升消费体验；新零售物流则需提供更优质的商品、更好的体验、更高的性价比、更快的物流，并以客户为中心开展整体运营。

（一）更好的商品：产地直采＋生鲜直达＋产品溯源

在消费升级时代，人们的消费水平及消费能力逐步提高，希望自己能够买到更加优质的产品。为了向市场输出品质可靠的商品，企业选择通过产地直采、海外直采等方式布局新零售领域。在这个过程中，物流发挥着不可替代的作用。物流的价值集中反映在三个方面：

首先，实力型物流企业在发展过程中形成了完善的全球化物流网络，可采用整合方式加速在各个环节的运转；其次，物流企业在世界范围内实施采购计划，能够将质优价廉的商品推向市场；最后，经由实力型物流企业运输的产品，在品质方面拥有更加可靠的保证。借助物联网等先进技术手段，品牌商能够及时掌握供应链的整个运作流程，在实际运营过程中不断进行调整优化，并提高消费者对产品的认可度。

（二）更好的体验：逆向物流和售后服务

随着消费渠道、消费选择增加，企业越来越重视逆向物流的建设和售后服务的完善，这也是企业向新零售发展过程中必须经历的环节。

逆向物流是从消费者到生产者或商家，在进行商品退换货或返修时通常会用到这项业务。通过网购方式购买的产品，具体包括衣服、化妆品、电子产品等，会通过逆向物流进行退换货操作，这种业务对时效性的要求不高。有些商品在使用过程中出现问题，也可通过逆向物流进行返修，这类商品的价值通常比较高，商家完成返修后需要将商品再次寄给消费者。在新零售时代，选择网购方式的消费者数量持续增多，电子产品更新换代的速度也越来越快，企业要重视逆向物流及售后服务的建设与发展。

在具体建设及发展过程中，企业应着重提高以下三个方面的能力：

第一，推出上门取件服务，对于消费者寄来的维修产品，在结束维修服务后发件提醒，邮件到达后提醒消费者取件，满足消费者对便捷服务的需求。

第二，对于消费者急需的商品，推出加急运送等相关服务，在时效性方面满足消费者的需求。

第三，如果商品本身的价值含量较高，则须避免在运送途中出现损坏，推出相对应的理赔服务，提高安全保障。

（三）更高的性价比：优化的供应链成本

与传统物流不同的是，新零售时代的物流具有多样化、碎片化的特征，还有些物流服务对时效性的要求比较高，这些因素都提高了企业的物流成本。而企业要想降低成本，就要加快物流环节的运转，实现更大范围内的资源整合，建设新物流。现如今，国内物流总体成本居高不下，物流基础设施的利用率较低，物流成本较高是很多企业面临的问题。

企业可采取如下措施来降低物流成本：

第一，利用先进的扫码识别技术、无人机、智能拣货机器人、末端配送机器人等代替传统的人工劳作，减少物流环节的成本消耗。

第二，进行多方资源整合，提高物流运能的利用率，共享仓储空间、数据资源、平台资源等，提高社会力量的参与度，进而降低企业的物流成本。

第三，对物流路径、运作流程实施调整与优化，加速整体的运转。

四、以消费者为中心的物流变革

"消费者画像"，即依据消费者档案进行内容定制，对消费者的相关信息、购物行为等进行把握，分析消费者行为的特征。

如果零售企业能够充分了解人们的消费行为特征，就能优化营销环节，并据此进行运力调度，完善物流服务体系。在战略上，企业要根据客户相关信息，综合考虑自身的特点，制定合理的营销战略；在品牌上，要参考客户相关信息，对客户的内在需求进行分析，据此选择合适的品牌发展模式；在价格上，要根据消费者的承受能力制定合理的价格；在营销上，要根据客户的需求，选择相对应的渠道开展个性化营销。

为了吸引消费者购买商品，还应根据客户的消费习惯，在商品陈列（包括线下商品陈列及线上商品陈列）环节突出企业服务的独有特色。在物流环节，企业应该做到两点：一点是，在充分把握客户需求的基础上制订物流服务方案，方案内容包括给客户送货的时间、提供的配送方式等，提升其整体消费体验；另外一点是，提前预测物流需求，提高物流系统运营的灵活性，参考客户需求信息，事先做好库存准备并制订配送计划，继而提高物流环节的运营效率。

（一）基于需求链的高效供应链

在对消费者信息进行收集与分析的同时，还要实施需求链数据管理，在此基础上制订合理的存储计划，加速供应链的运转。

（二）用 C2M 生产模式代替以往的 B2C 模式

在新零售时代，企业对传统生产模式进行了改革，开始采用 C2M 模式，围绕客户需求，在了解客户相关信息的基础上，对生产链架构进行改革，推出定制化服务,更好地对接消费者的个性化需求。

在 B2C 模式下,生产企业占据主导地位,企业采用批量化生产方式,在开发、采购、生产、营销、售后等环节遵循统一的运作流程,供应链各个环节各自为政,经常出现企业产能无法消化的情况。

以淘宝、京东为代表的电商企业采用 B2C 模式,借助互联网平台直接与消费者进行交易互动,在给消费者提供多元化选择的同时,能够降低成本消耗,并能够参考消费者数据的分析结果优化企业的生产。但从根本上来说,企业的运营仍然离不开库存的支持。不同的是,采用 C2M 模式的企业会根据需求数据制订生产计划,推出切实符合消费者个性化需求的产品与服务。

第四节　新零售时代供应链变革

一、构建新零售时代的智慧供应链模式

(一)新零售供应链与传统供应链

新零售是一种泛零售业态,消费者体验在其发展过程中占据主导地位,与此同时,企业还要发挥数据价值。在新零售具体运营过程中,除了通过创新消费场景来提升人们的购物体验之外,企业要更加注重消费内容的生产及整体的运营,为此,企业必须根据新零售的发展需求,对传统供应链体系进行改革。

从根本上来说,"传统零售"及"新零售"都应该将消费者放在核心位置,企业要做的就是为消费者提供符合其需求的产品和服务,并使其获得优质的体验。

在向新零售发展的过程中,有些零售企业采用 O2O 模式开展全渠道运营,有些零售企业注重销售与体验式消费的结合发展,还有些企业聚焦于

建设产业生态链，这也是企业未来发展的三大方向。虽然演变路径不同，但从根本层面上来说，零售还是围绕"人、货、场"这三个元素展开。与此同时，企业会依托互联网平台的优势，对相关元素进行整合，从而加快整体的运转。传统模式下，零售业主要靠数量优势取胜；如今，企业的竞争开始聚焦于成本及效率。为此，企业必须改变传统的商业模式，通过提升效率来体现自身的优势，不断巩固市场地位。

进入新零售时代，供应链管理的本质被保留了下来。也就是说，企业需要促进供应商、仓库、经销商、终端零售等供应链上各个环节之间的配合，在把握消费者需求的基础上，及时为其提供种类正确、数量正确的产品。在这个过程中，零售企业要不断完善自身的服务体系，并进行成本控制。

进入新零售时代后，供应链管理的本质表现得更加突出。在传统零售时代，企业本身在运营过程中占据主动位置，消费者则处于相对被动的地位，企业为促成与消费者之间的交易会采取多种措施，并尽力提升销售额。如今，这种传统的运营模式对消费者的吸引力已经大大降低，企业应该将消费者需求放在核心位置，供应链管理同样如此，这也是新型供应链区别于传统供应链的地方。

1. 新零售时代的供应链不仅仅是供应链

传统零售模式下，供应链的功能集中体现在供应链后端，也就是采购、生产、物流功能。企业难以实现对不同销售渠道的统一运营，与消费者之间的接触也十分有限，导致供应链上各个环节之间的运营相互独立，供应链的灵敏度不高。

在新零售时代，消费者需求开始占据主导地位，消费者、商品、竞争者、价格因素等时时刻刻都处在变化之中，企业应该改变传统的运营模式，促进不同环节之间的连接，发挥整体的协同作用来对接消费者的需求。在这种大环境下，供应链应该变被动为主动，强化与消费者之间的沟通互动关系，在选品、趋势预测、商品价格制定与调整、商品供应及优化、商品采购等方面发挥作用。在零售企业的日常运营过程中，要发挥不同职能部门之间的协同作用，从整体角度出发，将供应链管理及运营、企业营销及大数据应用结合起来。在这个过程中，供应链上的各个环节都应该明确自身的职能定位，培养全新的思维方式并形成习惯。这也意味着新零售企业要对传统组织架构进行改革。

2. 新零售时代的供应链是消费者驱动的

缺货问题及服务效率低下，会导致新零售业态难以提升消费体验。而在产品快速更新、同类产品纷纷涌现的市场环境下，消费者对即时性的要求明显提高。零售企业要想满足消费者的需求，就要提高库存管理能力，避免出现缺货现象。在新零售时代，越来越多的企业倡导实现"零库存"，而现有的供应链体系无法做到这一点。为了解决这个问题，企业必须实施精细化的供应链管理，根据消费者的个性化需求为其提供相应的服务，在这个过程中，要充分把握消费者的需求，在准确对接其需求的同时，有效降低企业的库存。

另外，企业在处理消费者退货问题时需要耗费大量成本，超过八成的国内零售企业都面临这个问题，消费者退货会导致零售企业的利润规模下降。购买之后选择退货，说明消费者对体验不满意，要减少因商品本身导致的退货，就要注重对商品质量的把关、品类结构的管理、各个门店的运营等，还要打通退货流程与销售流程，通过这种方式来提高企业的利润所得，进一步提升消费者的体验，树立良好的品牌形象。

综上所述，进入新零售时代后，供应链依然保持其原有的本质，但须围绕消费者开展运营，并为消费者提供满意的服务。为此，企业要对传统供应链进行改革，跟上新零售时代发展的步伐，以提供优质的消费者体验为出发点，不断提高消费者对自身运营的认可度与满意度。

（二）技术驱动的智慧供应链建设

为了适应新零售时代的发展需求，企业在构建供应链体系的过程中，除了要引进优秀人才、优化现有流程、采用先进设备之外，还要进行数字化改造，运用先进技术手段提高供应链的智能化、现代化水平，进行以下三方面的建设：

1. 供应链可视化

在实现供应链可视化的基础上，企业能够将采购、开发、营销、物流配送等不同环节的运营连接起来，发挥协同效应，促进运营过程中产生的库存信息、市场需求信息、销售情况、物流等信息的高效传递与共享，提高供应链的响应能力。

随着新零售的发展，除了上述环节的可视化发展之外，店员、商品品类、消费者等相关信息也将在供应链范围内实现共享。与此同时，企业将建设云计算体系。企业依托可视化信息平台，能够根据自身业务发展需求制订相对应的战略计划，促进供应端与需求端之间的对接，在降低库存的同时不断完善自身的服务体系。

2. 供应链人工智能化

新零售业态在日常经营过程中会产生多样化的应用场景数据，具体如商品数据、市场数据、库存数据、消费者数据等，根据业务发展需求及具体的场景，包括市场需求预测、商品价格制定、品类管理、营销活动、商品供应、库存管理、不同门店之间的资源调度及分享、物流规划等，结合相应的算法，就能运用数字模型对各个场景进行科学的分析。如此一来，企业就能在收集数据、分析数据的基础上，进行数字建模，对市场变化趋势进行把握，为自身的决策制定提供参考。

对新零售时代的供应链运营来说，人工智能的应用模型分为两种：预测模型与决策模型。

其中，前者是在掌握海量数据的前提下，通过构建统计模型，结合相应的算法，推测市场需求状况的发展变化趋势；后者是利用科学的算法及运筹学模型，根据企业发展需求及具体场景，为企业的决策制定提供有效参考。

从根本上来说，预测功能是人工智能的价值体现，预测本身并不是运用这项技术的目的,而是为了给企业的决策制定提供参考,减少企业因缺乏经验而产生的决策失误。

3. 供应链指挥智慧化

在零售企业的运营及发展过程中,运营指挥控制系统发挥着核心驱动作用,为此,企业应对自身的业务进行分类,并建立不同类别的运营指挥系统。不同业务类别对应着不同的功能,为企业提供其日常经营过程中产生的各项数据,包括产品供应情况、销售情况、退货情况、订单完成进度、库存周转情况等,并促进不同环节之间的配合与连接,运用合适的数学模型进行数据分析,在综合考虑多项因素的基础上为企业的决策制定提供精准的参考信息,帮助企业优化选品,合理定价,提前预测,及时供货。

在新零售时代,企业将不断扩大决策自动化的品类适用范围。如此一来,供应链管理者只需获取数据信息、确定市场需求、与目标用户展开互动、整合内部资源、促进企业改革创新即可。

(三)零售企业供应链的转型路径

新零售时代的消费内容与之前存在明显的差异,在这样的大环境下,企业在构建新供应链的过程中要做到以下几点:

1. 商业内容体系的重构

第一步,应该对商业内容体系进行准确定位。在此基础上,才能明确供应链的定位。目前,市场上涌现出许多专业店,并呈现出迅猛发展趋势,体现出新零售的发展加快及其专业化水平的提高。

接下来,要实现不同运营体系之间的对接。在零售行业中,供应链的运营会随商品的变化而改变,生鲜产品的运营则对企业提出了更高的要求。现阶段,很多企业在采购、产品生产、市场运营等环节都已经发生了变化,却仍然固守传统的运营思维及管理模式。

提起供应链,传统模式下更多地集中于企业对源头的建设;现如今,新供应链的内涵已经大大拓宽,将资本、技术、数字化等都包含在内。企业除了发挥内部资源力量之外,还可以与第三方合作,建立多方协作网络系统。

2. 数字化改造

未来，零售业及供应链都要向数字化方向发展。所有企业都想提高竞争力，但其发展会受到多方面因素的限制。

零售企业在与供应商进行合作的过程中，为了获取通道利益，通常会给供应商提供有限的数据信息；另外，生产企业需要经历许多中间环节，才能与市场终端完成财务、库存、物流等方面的对接，在这个过程中会遇到许多阻力。所以说，企业在向智慧零售转型的过程中，需要突破传统思维的束缚，并克服诸多方面的阻力才能实现。

目前的零售业尚未形成各个环节之间连接顺畅的一体化运营模式。在后续发展过程中，企业需要进行数字化改造。在进行源头采购的过程中，企业应该优先选择与已经完成数字化改造的供应商进行合作，对于那些停留在传统运营模式下的供应商，要利用数字化技术对两者之间的合作过程进行管理，提高企业在生产、制造、物流、存储、营销等各个环节的信息透明度。

企业要构建新供应链，就要实施数字化改造，要突破传统思维的束缚，根据新时代的发展需求进行内容、技术等方面的改革，积极运用网络技术、人工智能技术、大数据、云计算、物联网技术等，不断完善供应链体系，弥补传统供应链存在的不足。

3. 新发展模式的实施

新发展模式的诞生及实施有赖于各方参与及推动，具体如平台型企业的实施、资本市场的支持、相关法律政策的保障等。

现阶段，不少企业对新零售和新供应链的认知比较有限，对业务协同、全渠道运营、商业整合、数字化升级的了解也不多。在今后的发展过程中，企业会利用先进的技术手段提升整体运营效率，并带动整个行业的变革，在此期间，供应链体系也将发生相应的变化。

在进行供应链改革的过程中，企业要获取数据资源、引进技术设备、进行标准化建设、开展各项运营，这些环节都需要企业提供足够的资金。在具体实施过程中，很多企业都面临着业绩难以提升的问题，运营成本也居高不下。

企业在构建新供应链的过程中面临如下问题：思维模式陈旧、人才短板、理论多于实践等。目前只能对新供应链的总体发展方向进行推测，要想深入剖析"人、货、场"之间的关系，就要发动多方力量进行全方位的研究。

企业在向新零售发展的过程中，必须对传统供应链体系进行改革。若企业的变革仅限于产品包装、门店装修等浅层次上，则只能在短期内获得成效。立足于长远发展角度来分析，企业应该进行全方位的数字化改造，进行模式创新，丰富营销内容，通过构建新供应链，不断向新零售方向靠近。

（四）我国智慧供应链的发展趋势

在消费升级驱动下，我们开始迎来以用户为中心、重视消费体验的新零售时代。新零售模式强调供给与需求实现精准对接，为此需要打造智慧供应链。移动互联网、物联网、大数据、云计算等新一代信息技术的快速发展，为打造高效、精准的智慧供应链体系奠定了坚实基础。

在开放、共享的移动互联网时代，越来越多的供应链上下游企业开始通过共享数据、设备、人力等资源，积极打造智慧供应链体系。但从实际发展情况来看，我国供应链仍处于发展初期，效率低下、信息化建设滞后、标准化体系缺失等痛点，在造成供应链成本高企的同时，给智慧供应链建设带来了诸多困扰。

1. 供应链结构向网状结构转变

在个性化需求大量涌现，数据规模越发庞大，数据结构越发复杂的局面下，建立网状结构的智慧供应链，可以充分发挥网状结构的灵活性及高效率优势，赋予供应链动态调整能力，提高供应链响应及时性。在网状结构的智慧供应链中，同一个企业可能属于多个供应链，而纵横交错的供应链网络，使其管理难度显著提升，想要解决这一问题，需要借助信息化及智能化技术对供应链管理体系进行优化改造，大幅度提升供应链运行效率，为供应链体系的持续稳定运行奠定坚实基础。

2. 灵活敏捷将成为供应链的显著特征

移动互联网时代，人们的购物消费呈现出强烈的移动化、碎片化、个性化特征，而打造灵活敏捷的供应链有助于充分满足用户需求，使企业能够快速感知市场动态，并高效整合优质资源进行研发、生产、配送、补货、供货等，有效地解决传统供应链模式造成的库存积压、成本高企问题。

3. 供应链将会实现大规模推广普及

智慧供应链将不再局限于传统意义上的采购、生产、仓储、配送及售后，其产业链的深度及广度将会得到极大的拓展，同时借助大数据、物联网等新一代信息技术，实现集成化供应链管理。同时，智慧供应链将会和物流、制造、金融、服务、信息、农业等产业高效协同联动，服务制造强国等重大国家级战略，促使中国企业从全球产业价值链低端环节迈向中高端环节。

二、我国物流企业的供应链转型升级路径

（一）组织重构：促进供应链优化

在新的时代背景下，人们的需求层次逐步提高，越来越注重消费体验。因此，新零售要通过改革传统零售方式来满足人们的体验需求，提供符合消费者需求层次的产品或服务。

伴随着总体环境的发展，人们的需求层次也会提高；与此同时，消费渠道将由集中走向分散，消费场景由单一走向多元，消费需求由大众化走向个性化。作为一种内需，消费需求是整体经济发展的重要推动力，为刺激内需，我国实施了供给侧结构性改革，目的是促进产业链各个环节之间的协同发展，通过实施供给侧结构性改革，促进经济结构的完善。

供给侧生产供应链的形态能够提升企业的服务效率。在改革过程中，最重要的是围绕用户需求，借助先进的数字技术，改变传统的资源配置方式，从而提高服务水平，满足用户的体验需求，并达到节约成本的目的。要注重挖掘用户的内在需求，采用定制化方式为用户提供针对性的产品和服务，实施精细化运营，在恰当的时机提供服务。在此期间，要敏锐洞察目标用户的消费需求，对市场需求变化的趋势进行科学分析，做好供应链规划工作，提供相关物料及足够的资金支持等。

用户需求分为两种：显性需求与隐性需求。在消费升级时代，消费者的显性需求层次不断提高，很多隐性需求正逐渐转变成显性需求。在这种大趋势下，企业必须对原有的产品、渠道乃至品牌进行改造升级，要使价值创造符合价值需求，积极改革原有的组织结构，以提高自身对外部环境变化的应对能力。

企业进行组织改革的目的是加速整体运营并提高自身效益。面对迅速变化的市场需求，企业要提高内部组织的灵活性，为此，要注重以下几点：①能够根据用户需求为其提供富有价值的产品；②敏锐感知市场需求的变化；③加强内部各个部门之间、企业与外部环境之间的沟通；④切实执行企业发展战略，落实企业制订的发展规划。

企业进行组织改革之后，就能提高整体的运营效率，促进供应链的优化升级，为合作方及商家创造更多的价值。通过进行组织重构，企业能够用网状结构代替传统的结构模式，更加快速准确地获知市场变化，促进企业与外部环境的交流。以阿里巴巴为例，企业除了改革内部组织外，还十分注重加强供应商、渠道商、物流商等之间的沟通互动，进一步促进阿里生态系统的平稳运行。

企业可根据自身发展需求及具体情况，选择建设小组制组织、利润中心制组织或社群形态的组织。小组制组织能够满足用户多元化的价值需求，体现产品的差异性与独特性；利润中心制组织将利润放在核心地位，企业会划分各个部门的职能，为增加企业的利润所得共同努力；产品型社群的打造及运营能够调动用户的参与，促进企业与用户之间的接触，对用户需求进行准确把握，在此基础上为消费者提供相对应的产品。

（二）产品升级：企业平台化转型

很多企业必须通过产品来满足消费者的需求，从产品形态的角度来分析，产品升级需要经过四个时期：最初是比较基础的功能性产品，然后是具备情感价值的专业性产品，之后过渡到创新型产品，最后是个性化定制产品。为了满足消费者升级变化的需求，企业须相应地进行产品升级与优化。目前，多数消费者的消费层次已经达到了第二个阶段，也就是具备情感价值的专业性产品，希望自己能够获得优质的体验服务。

为此，企业要注重产品管理，通过强化产品在生产、供应、存储、物流运输等环节的管理，进一步提高产品等级，使其更符合消费者的需求。具体而言，在生产过程中，企业可打造数据平台与信息服务平台，拉近企业与用户之间的距离，依靠丰富的数据信息分析用户的内在需求，据此制订产品生产计划，运用先进技术手段加速企业的整体运转，更好地对接市场需求；在产品供应过程中，根据市场需求信息，优化现有的供应关系；在产品存储与物流运输方面，进行信息化、数字化建设，促进各个流通环节之间的信息共享，缩短产品配送时间，降低企业的库存压力。

在新零售环境下，企业要想在激烈的市场竞争中立足，就要根据自身的实力基础，选择转型为生态平台或融入生态平台中。其中，实力型企业通常选择前者，后者则适合中小企业。

生态平台能够促进供给端与需求端之间的对接，平台应该提前确立企业在加入、对接、服务等环节中需要遵循的原则，拓展增值服务，体现生态平台的价值；也可以建设互联网生态平台，在平台上集中进行产品开发、生产、营销，依托先进的技术手段和工具设备，对企业传统的供应、生产模式进行改革，促进企业与第三方之间的合作。在这个过程中，企业不妨采用外包的方式，将自己不擅长的业务或者非核心业务交给合作伙伴来完成，集中精力发展自身的核心业务。

在企业进行需求与供给管理的过程中，要注重对供给者、生产者、需求者、服务提供者之间的价值关系的处理。生态打造及运营能够帮助企业促进不同参与者之间的价值平衡。具体来说，企业怎样进行生态打造及运营呢？

1. 全渠道收集需求信息，提高产品匹配度

连接及融合是生态化运作的重点，从这个角度来说，实现线上、线下对接的全渠道运营也属于生态运营的范畴。在实施过程中，企业能够借助移动互联网工具，通过网络渠道开展营销活动，收集目标用户的需求信息，据此提供相对应的产品和服务，进行全渠道铺货，利用数据技术和智能技术提高营销针对性。未来，企业在实施单品战略的过程中，将更多地采用这种方式开展运营。

2. 全品类产品的提供

在这方面，企业须打造 B2B 网络平台，为消费者提供符合其需求的全品类产品。平台企业要对目标消费群体的核心需求进行准确定位，在此基础上建设服务平台聚集用户，对不同渠道的资源进行整合，在进行数据分析与处理的基础上，对传统供应流程进行调整与优化，省去传统模式下产业价值链条的层层中间环节，加速整体运转，实现成本节约。与此同时，企业还可以加强与第三方的合作关系，采用资源共享方式实现共赢。举例来说，不同品类的商品可以相互搭配，共同推出，满足消费者的多元化需求。

身处新零售时代的企业，能够依托互联网平台的优势，促进"人、场、货"之间的匹配与连接，利用大数据、人工智能等先进技术手段对企业的商品信息展示、网上交易、产品存储、数据收集、研发生产等环节进行改革，通过构建企业生态平台，促进不同业务之间的协同发展。

（三）模式创新：整合供应链管理

立足于供应链层面来分析，以往，零售企业采用的是多级分销体系，新零售是对这种传统模式的彻底变革。而供应链物流要想适应新零售时代

企业的发展需求，就要做到以下几点：①物流要拉近与终端消费者之间的距离；②要尽量减少库存；③要进一步提高物流整体的响应能力。

传统模式下，品牌企业通过实施规模化经营，能够有效控制运输成本，并同时与多家零售商、供货商达成合作关系，形成自己的合作网络。但在这种价值链模式下，无论是物流运输、零售运营，还是商品采购都不是企业自己能完成的，而品牌商与消费者之间的接触并不多，难以快速洞悉市场需求的变化。

另外，因为与品牌商合作的第三方能力有高有低，企业无法对交付环节实施有效的监管，而信息流通不畅，具体如货物流向不确定、渠道库存信息流通迟滞等问题，都会导致品牌企业难以制定准确的决策，无法实现业绩的提升。

随着新零售时代的到来，企业开始对传统运营模式实施改革，聚焦于设计业务的发展，能够打通供应商与终端消费者之间的通路，跨越中间的多个环节，实现物流直达。在这种情况下，企业对物流的诉求也呈现出新的特点。

目前，国内企业对于销售渠道的整合还比较有限，但部分品牌企业已经在着手整合下游的供应链，以期通过这种方式提高供应链的信息开放程度与服务质量。传统模式下，企业的产品须经过多个层级的经销商配备的物流体系流向终端消费市场；如今，已经有部分企业通过设立区域集中配送中心，对传统供应链物流运营模式进行改革。在新的模式下，经销商仍负责配送中心的库存管理，但能够有效精简流通环节，优化对虚拟库存的管理，打通集中配送中心与零售终端之间的通道，同时加快信息流通。

传统模式下，企业多采用 B2B 模式开展运营，无论是库存管理还是物流相关的供应链管理都是静态的，不同库存之间、不同运输线路之间相互独立。如今，企业开始在 B2C 领域进行业务拓展，在后续发展过程中，企业将逐渐打破不同库存、运输线路之间的隔绝状态。

一般来说，实施静态管理模式的企业，运输单线货运规模比较大，货量变化较小，能够提前进行准确预测；采用固定的路线规划及库存管理模式，各个分拨中心在管理方面各自为政，缺乏协同性，企业会将运输管理与库存管理工作交给不同的第三方物流企业来承担。

采用 B2C 模式开展运营的企业则须采用动态调配模式。在这种模式下，运输单线的货运规模较小，订单量无法提前预测；在库存与路线规划方面要改变之前的静态管理模式，促进不同分拨中心之间的协同运营，将物流运输与库存管理结合起来，在不同分拨中心之间进行资源调度。

三、基于数字化的供应链协同管理与优化

（一）供应链协同的内涵及其分类

近来，随着惠普、戴尔等企业在供应链管理方面取得一系列成就，供应链管理再次引起了各行各业的关注，甚至被视为提升企业核心竞争力的重要方法。随着管理理念的更新，企业逐渐认识到一点，相较于降低成本来说，提高顾客满意度更重要。要实现这一目标，企业必须建立供应链协同，提升供应链的竞争力，满足顾客需求。

1. 从决策时间与范围分类

供应链协同可以划分为不同的类型。从决策时间与决策范围切入，可将供应链协同相关的研究划分为三层，分别是战略层、战术层、操作层。

（1）战略层

战略层属于最高级别的供应链协同研究，该层次的研究主要是以概念模型与协同管理思想为依据，从战略层面对供应链协同进行研究。

（2）战术层

战术层研究是供应链协同研究的中心课题，主要内容是对供应链企业间的协同策略进行研究，是把握供应链协同运作的重要环节。

（3）操作层

操作层研究是供应链协同实现的基础，对供应链同步运作需要的信息

技术做了充分研究。对于供应链协同的实现来说，信息协同发挥着至关重要的作用。

2. 从内容和运作流程分类

从内容和运作流程方面切入，可将供应链协同划分为物流协同、供应链关系协同、信息共享协同、供应链网链结构规划与参数优化协同。

（1）物流协同

物流协同包含了生产过程协同、产品类型与产量分配协同、库存优化协同、配送协同、补货协同等。

（2）信息协同

信息协同包含了工作流协同建模、跨组织信息系统设计与信息共享、客户需求协同预测等。

（3）供应链关系协同

供应链关系协同包含了激励和保障机制、合作与信任机制、契约机制、渠道收益的分配机制、风险分担机制等。

（4）供应链结构规划与参数优化协同

供应链结构规划与参数优化协同包含了供应链成员选择、供应链拓扑结构选择与构建、成员设施选址、最优销售价格、订货策略等。

（二）供应链协同优势与影响因素

1. 供应链协同的优势

供应链协同是为了通过对供应链资源进行整合而缩短响应顾客需求的时间，提升服务水平与质量，让顾客更加满意，从而增强企业及供应链的整体竞争力，降低企业及供应链的运行成本，提升企业及供应链的利润。具体来看，供应链协同的优势大致包括以下几个方面：

（1）获取优势互补资源

汇聚企业优势资源不是供应链企业合作的最重要的优势，而是将企业间具有互补性的资源汇聚在一起，让它们产生协同效应，产生"1+1>2"的效果才。获取优势互补资源能增强供应链企业的市场竞争力，这种效益非企业合作不可得。

（2）快速响应客户需求

在经济迅猛发展、消费不断升级的市场环境下，客户需求越来越多元化，对单一产品及服务的忠诚度越来越低。客户不仅对产品的性价比提出了较高的要求，还要求服务完善，产品与服务具有个性化特征，能及时满足客户需求等。为此，企业要想更好地满足客户需求，提升客户满意度，与客户建立稳定且持久的关系，就必须加快响应速度，即时响应客户需求。

（3）提高服务水平

建立供应链协同之后，供应链各节点企业可对原材料采购、产品生产、产品运输等环节进行有效跟踪、控制，对整个供应链计划进行科学调整，以降低运作成本，获取市场价格优势，使供应链服务质量得到有效提升。通过对各企业的优势进行整合，供应链企业能以更低的成本、更快的速度为顾客提供比竞争对手更优质的服务。

（4）通过企业分工获得比较优势

面对激烈的市场竞争，因为资源有限，所以企业不可能自行经营所有业务，只能将为数不多的核心业务掌握在手中，集中企业的优势资源推动其发展。另外，企业可以通过专业化分工在某些方面获取竞争优势，利用外部资源满足其他方面的需求，通过多渠道发展避开市场竞争。当然，达成合作的各企业之间也可以实现协同发展。

2. 供应链协同的影响因素

供应链系统比较复杂，系统内的企业都保持着独立运作，有自己的运作目标和价值取向，相较于整体利益来说更关注个人利益，与整个供应链的发展目标相背离。根据相关研究，有以下几个要素会对供应链协商造成影响：

（1）供应链主体的利益冲突

在影响供应链协同的各种因素中，利益是最重要的一个因素，已达成合作关系的企业因利益冲突导致合作破裂之事时有发生。具体到供应链来说，只有在供应链上各企业的利益达成一致，且整体利益大于个人利益的情况下，供应链协同才能实现。如果各供应链企业没有共赢意识，供应链协同就无法实现，自然也无法取得供应链协同效益。

（2）缺乏信息共享

对于供应链协同来说，信息共享是关键影响因素。在现有的供应链模式下，供应商只能获得下游企业的订货信息，对于销售、库存等信息一无所知，也经常因信息不对称诱发"牛鞭效应"，导致上游企业无法对市场做出全面了解，难以对生产经营活动进行有效组织，从而导致资源浪费，成本增加。只有实现信息共享，位于供应链上游的企业才能对市场发展动向做出精准把握，对库存进行科学管理，进而降低供应链运行成本。

（3）供应链环节不确定

因为客户需求、供应链环节运作实时改变，所以供应链各个环节都具有不确定性。再加上供应链设计、信息夸大等因素的影响，供应链协同更难实现。同时，一条供应链往往涉及多家企业，每家企业都经营着多项业务，每项业务又有多个环节。所有的供应链活动都需要供应链上的企业协作完成，所有的企业都有权利对自己的业务、资源进行处置，所以，整个供应链活动都处在实时变化状态，使整个供应链协同过程变得更加不确定。

（4）思维误区

现如今，几乎所有的企业都存在思想误区，认为信息是对供应链协同产生影响的关键因素，于是投入巨额资金从国外引进先进设备，盲目追求先进的信息技术，但基本上都没有取得预期的成果。事实上，对于供应链协同来说，信息技术只是一种工具，拥有先进的信息技术未必能实现供应链协同。所以，要想真正实现供应链协同，就必须对影响供应链协同的各个因素的尺度进行有效把握。

（三）物流服务供应链的协同模式

采用协同运作模式的开放式供应链系统，其各个组成部分之间会相互影响，并以整体形式创造出一定的价值，也就是通常所说的"集体效应"

这种价值产生方式符合"1+1>2"的规律,即整体效应大于各个部分相加的总和。值得关注的是,物流供应链协同效应不只发生在生产分销、货品供应环节,还包含了生产厂家、分销商、供应商之间的交易互动关系。

在物流服务供应链协同运作过程中,系统内部的客户、商家,在彼此交易及互动过程中会产生多样化的协同运作关系,这决定了系统的各种运营方式也呈现出不同的特点。对这些形态各异的协同关系进行对比分析能够发现,目前国内物流服务供应链协同运作模式主要包括三种:点链式协同运作、线链式协同运作、全链式协同运作。

1. 点链式协同运作

现阶段,国内物流供应链系统中,不同成员间进行的浅层次协同运作即为点链式协同运作。虽然这些成员积极寻求彼此之间的合作,但各个成员从自身角度出发考虑问题,追求其最高利润的实现,难免会出现企业利用信息不对称,谋求自身利润最大化的情况。在具体运营过程中,可聚焦于自身核心业务的发展,实施专业化服务模式,并与集成商家达成合作关系,将非核心业务交给合作方来完成,进而更好地满足客户的需求,促使客户、集成商都实现自身的利益目标。在这个过程中,集成商要想获取更多资源,就要通过多元化渠道为客户提供更加优质的服务;并联手功能商,在服务于客户的同时,尽可能地扩大双方的利润空间。在点链式协同运作模式下,客户、功能商之间为双重委托代理关系。

2. 线链式协同运作

物流供应链系统中,不同成员之间展开的较高层次的协同运作即为线链式协同运作。在这种模式下,各个成员之间的独立性依然较强,在产生某种特殊需求时,成员个体会从集体角度出发考虑问题。线链式协同运作关系中,成员个体对供应链总体发展的关注度比较有限,会积极提升自身运营的规范化程度。

从细分角度来说,线链式协同运作又包括两种:集成商与客户联盟,集成商与功能商联盟。在集成商与功能商协同运作的关系中,其内部节点能够促使客户制定未来的经济利益获取目标，如此一来，集成商与供应商就能获得进取动力，致力于提高供应主体的利润所得。以往，客户与主体之间存在的是委托代理关系，在该模式实施过程中，两者之间将体现为合作联盟关系。

3. 全链式协同运作

全链式协同运作是物流链系统中成员之间的高层次协作。各个成员的信息开放程度比较高，所以不同成员之间能够在合理范围内实现信息共享，并共同设置专业的决策团队，用于提高物流决策的科学性与准确性。在具体运营过程中，要优先考虑物流供应的利润获取问题，并根据自身发展需求采取针对性的策略，同时考虑供应链的长期发展。另外，在全链式协同运作模式下，要从宏观角度出发，充分发挥先进技术手段的作用，从整体上提高供应链管理及控制能力。

（四）物流服务供应链的协同机理

和独立作业相比，处于协同运作机制下的开放式供应链系统中的结构单元价值创造能力将显著提升。物流服务供应链协同运作的影响并不限于简单的生产分销、货物供应等，生产商、供应商、分销商、零售商及物流服务商等产业链上下游主体都将获得更多的收益。

由于物流产业链参与主体的多元化，导致物流供应链协同运作体系将会催生多种类型的协同运作关系及流程。从不同节点参与主体的协同关系状态角度，我们可以将我国物流服务供应链协同运作过程分为以下几种：

1. 点链式协同运作

这是一种物流供应链中各节点参与主体的低层次协同运作模式，各参与主体虽然想要实现合作共赢，但为了达成盈利目的，专注于自身的利益最大化，机会主义大行其道，无法为合作伙伴提供必要的数据、人才等资源支持。

这种模式的逻辑在于企业将自身的资源与精力集中到核心业务领域，给客户提供最优质的服务；将非核心业务外包给第三方企业，而第三方企业通常会与其他企业合作，共同为目标用户提供服务。

2. 线链式协同运作

这是一种物流供应链中各节点参与主体的中层次协调运作关系，各参与主体虽然也重视自身的利益，但在部分场景中会为了整体长期利益牺牲自身短期利益。不过，它们在供应链整体效率与质量优化方面还存在较大的提升空间，更多的是针对局部环节提出较为严格的标准。

3. 全链式协同运作

这是一种物流供应链中各节点参与主体的高层次协调运作关系，各参与主体坚持共创共建、共赢共享原则，能够做到数据、人才、技术、资金等资源的高度共享，甚至组建专业团队统一制定物流服务管理决策。物流供应链整体利益最大化是首要目标，尊重各参与主体的差异化利益诉求，可以为了物流供应链的长期稳定发展，牺牲局部利益。

（五）物流服务供应链的协同策略

1. 主动构建健全完善的沟通交流机制

企业充分发挥优势技术的力量，打造物流供应链交互运作系统，保证系统内知识流、信息流的畅通，提高整个沟通环境的开放程度，便于系统内各个环节之间进行高效沟通，构建健全完善的沟通交流机制。在此基础上，物流供应链各个节点的企业均能获得更多的运营指导，解决传统模式下不同企业之间信息不对称的问题，并促进企业之间的沟通互动，减少后期的盲目决策。在具体实施过程中，应该着眼于细节，注重以下几个方面：①打造交流基础性平台，服务于企业之间的沟通交流；②不断扩大信息共享的范围，实现深层次的沟通交流；③促进各个节点之间的经验交流，为供应链运营提供指导；④倡导不同企业在文化层面的沟通互动。

2. 快速衔接科学灵活的利益分配机制

从长远发展角度来分析，物流企业应该从各个方面谋求自身利益，才能长久地立足于市场。从本质上来说，各个经济利益参与者以特定方式对其他参与者产生影响，即为利益机制的体现。利益分配方式的作用就在于，能够对各个利益主体之间的利益关系进行协调，并促进其利益的实现。在现代物流供应链系统中，各个节点之间存在一定的利益关联是很正常的，要想促进整个供应链体系的发展，就应该协调好不同节点之间的利益关系。现阶段，虽然国内物流供应链非常重视整体发展，但各个节点上的企业仍然习惯于谋求自身利益，而其价值取向、利益诉求之间都存在明显的区别。为了让局部发展方向与整体发展方向保持一致，应该做出如下几个方面的努力：

（1）进行利益制衡管理

设定相应的制衡机制，对供应链系统内各个成员间的利益关系进行管控与制衡。

（2）制定并实施灵活的利益分配机制

由于协同运作方式能够提高整个供应链的盈利能力和服务质量，其应用范围不断拓宽。但如果供应链运营所获利润得不到科学有效的分配，在其后续发展过程中则会挫伤企业参与合作的积极性，甚至有可能引发成员之间的矛盾和冲突，对整体发展产生不利影响。针对这个问题，有必要制定合理的利益分配机制，提高利益分配的效率及其公平性。

（3）建立人性化利益补充机制

在实施协同运作的物流供应链体系中，客户想要实现自身利润的最大化，则无须考虑物流服务工序流程方面的问题。因此，要采取适当的发展措施，为客户提供相关的利益保障，并在此基础上提高供给方的利润所得，制定并实施人性化利益补偿机制，处理好企业与供给方之间的利益关系。

总体来说，在现代化供应链系统中，企业之间、企业与客户之间都存在协同关系，不同的关系处理方式会对最终的协同效应产生不同的影响。在具体运作过程中，应该充分发挥优势技术的力量，对物流供应链包含的各类协同关系进行优化，致力于实现各个参与主体的最大化利益。

第八章　智慧物流的新型模式

第一节　第四方物流模式

一、第四方物流的由来及概念

（一）第四方物流产生及发展的原因

随着近年来掀起的"物流热"，信息封闭、各自为战的传统物流服务模式已不能适应社会的发展，集综合供应链管理、IT技术、人力资源管理、先进物流器具于一体化的物流服务成了行业竞争的焦点，并且迅速扩张，逐步淘汰了落后的纯粹的运输、仓储企业的市场（大部分属于自营性物流企业）。

与此同时，第三方物流的出现大大推进了物流业的发展，它将物资配送业务委托给社会化专业性物流配送中心代办，这种方式不仅节约了物流运作成本，而且提高了物流运作效率。但是，随着世界经济一体化进程的加快，物流市场需求的不断扩大，物流活动的日趋复杂，物流成本的日益攀高，第三方物流尽管具有明显的优点，但其预期效益常常难以完全实现，在实践中开始暴露出一些问题和缺陷。

究其原因主要有：一是单一的物流服务方式难以满足企业所有的物

流需求，并且难以提供全方位的服务；二是第三方物流服务商与客户之间缺乏共享的利益目标，这使得第三方物流通常只为企业提供一次性的成本节约，难以满足企业希望的持续不断地节约成本的愿景。因而，旨在弥补第三方物流发展中暴露的不足和缺陷，具有高质量、高效率、低成本、共享信息、分担风险的一个新型物流运作模式——第四方物流（4PL）应运而生。

第四方物流是具有领导力量的物流服务商，通过整合整个供应链上的企业，为客户评估、设计、制定和运作全方位的供应链解决方案，降低客户的物流成本，提高客户的物流运作效率，进而提高客户的经营利润。

（二）第四方物流的概念

第四方物流这个概念，是由美国安德逊咨询公司（Andersen Consulting）首先在1988年提出的，该公司还对这个术语进行了商标注册。同时，第一次对第四方物流的概念进行定义的是美国物流经济学家约翰·伽托拿，他在其专著《供应链战略联盟》中提出第四方物流的定义为："第四方物流是一个供应链的集成商，它对公司内部和具有互补性的服务供应商所拥有的不同资源、能力和技术能进行整合和管理，并提供一整套供应链解决方案。"

但是，随着物流行业的发展，第四方物流的概念也在不断变化，不同的学者有不同的定义，仁者见仁，智者见智。我们可以简单地将第四方物流做如下表述：第四方物流是供应链管理的理念下具有强大整合能力的服务商，它整合了所有物流及其相关资源，它的服务对象不是某一个特定的企业，而是由若干个相关企业组成的供应链，通过该供应链上资源的有效整合，提供满足供应链上所有企业物流需求的物流服务，提高该供应链的整体物流运作效率，同时增强该供应链的整体竞争能力。

我们可以从以下两个方面来理解第四方物流的含义。

1. 第四方物流对物流及其相关资源的整合

虽然在第四方物流概念的定义中没有提及物流，但是概念本身包含了

"物流"二字，关键原因就在于第四方物流的概念是在第三方物流开始暴露不足和缺陷的这样一个大环境下提出的。换句话说，第四方物流这个概念提出的主要目的之一是解决第三方物流的不足和缺陷，同时满足不断随市场变化的物流需求。第三方物流凭借其专业化的物流服务，使得其客户能够完全专注于其主营业务，大幅度提高客户的竞争能力和经营利润，得到了各行各业的广泛认同，并取得了飞速的发展。但是，随着企业管理和服务能力的不断延伸，企业物流需求越来越复杂，客户要求越来越高，使得多数第三方物流企业感到力不从心，由于其提供的服务主要集中在运输、仓储等功能化方面，服务功能往往较为单一，已经无法完全满足不断变化的市场对物流的需求。因此，第四方物流通是过对所有有关的物流资源进行有效整合，为客户提供多功能、一体化、全方位的综合物流服务。

2. 第四方物流整合物流及其相关资源的方法

随着经济的全球化和电子商务技术的快速发展，20世纪90年代中期，供应链管理的理念得到了各行各业的广泛认同。越来越多的企业将其经营管理的重点由企业内部的一体化转变为企业内、外部的一体化，企业竞争的焦点已经从企业的核心业务转变为企业所处的供应链。供应链上企业的资源整合能力也就决定了企业在市场上的竞争能力。在这种趋势下，物流服务提供商不仅仅限于为客户提供多功能、一体化、全方位的综合物流服务，而且还需要站在供应链的角度，为供应链上的多个甚至全部企业提供多功能、一体化、全方位的综合物流服务。因此，第四方物流需要从供应链的角度去整合物流及相关资源。

二、第四方物流的特征及优势

（一）第四方物流的特征

第四方物流比较突出的特征之一就是能提供一整套完善的供应链解决方案，为供应链上所有企业提供多功能、一体化、全方位的物流服务，以有效地满足市场对物流的多样化和复杂化需求，同时整合所有的物流以及相关资源，为客户完善解决问题，降低物流运作成本。它是具有强大整合能力的物流服务提供商，能够把合同供应商、第三方物流服务商、IT技术服务提供商、管理咨询顾问、其他增值服务提供商等供应链上的企业资源整合在一起，实现供应链总体成本的降低，增强供应链上企业的竞争能力，同时给各相关企业带来价值增值。

第四方物流不仅集成了管理咨询、IT技术服务和第三方物流等服务商的能力。更重要的是，通过充分发挥这些能力，它为客户提供了一个一体化的综合供应链技术方案，包括方案的设计、实施和运作，使客户价值得到最大化。这个综合供应链的解决方案主要包括供应链再造、功能转化、业务流程再造、实施第四方物流、开展多功能和多流程的供应链管理等。

第四方物流的特征之二是通过影响整个供应链来获得价值最大化，即其能够为整条供应链的客户带来利益，而不是特定的某个客户。它作为客户间的连接点，通过合作或联盟提供多样化服务，使其高效率、高质量、低成本运送服务等优点得以实现。同时，第四方物流充分利用了管理咨询、IT技术服务和第三方物流等服务商的能力，为客户带来的巨大利益包括供应链上企业利润增长、运营成本降低（包括提高运作效率、降低采购成本）、工作成本降低（提高资金周转率）、提高资产利用率等。

（二）第四方物流的优势

第四方物流本身具有很大的优势，其突出优势包括以下五个方面。

1. 降低企业运营成本

第四方物流企业本身并不需要投入任何固定资产，而是对供应链上企业客户及第三方物流服务提供商等的资产以及交易行为进行合理的调配和管理，从而使得整个供应链上的运作成本大幅度降低。它整合了业内最优秀的第三方物流供应商、技术供应商、管理咨询顾问和其他增值服务商等企业资源，为客户提供多功能、一体化的供应链解决方案，使得企业存货和现金流转次数减少，资产利用率提高，同时物流业务的分离整合协调了物流环节各参与方的利益冲突，有效降低了企业和供应商的交易费用，使得企业的运营成本也随之降低。

2. 达到供应链的共赢

由于信息不能及时共享、外包商不确定等，第三方物流往往只为某个企业解决一次性的成本降低，而不能达到企业持续降低物流运作成本的愿望，同时整个供应链上其他的企业也并不能从中受益。而第四方物流关注的不仅是仓储或运输单方面的效益，而且是整条供应链的效益，它通过整合整条供应链上的物流资源，有效地降低整条供应链的运营成本，提高其运作效率。因此，第四方物流的一体化流程建设，以及为整条供应链提供综合解决方案，使得整条供应链的客户利益都会相应地增加，达到真正意义上的共赢。

3. 拥有高素质的物流专业人才

由于第四方物流公司是提供技术服务的咨询公司，其人员不仅要有丰富的现代管理技术和知识，还需对环境变化有超强的预见能力及应变能力。第四方物流把高素质人才和其本身业务有机地结合在一起，使整个供应链规划和业务流程能够有效地贯彻实施。

4. 拥有强大的信息技术平台

许多第四方物流服务商与独立的软件供应商结盟或者开发了内部的信息系统，因此，它能最大限度地利用运输和分销的网络，有效地进行跨运输方式的货物追踪和调配，以及可以方便、快捷地进行电子交易。通过这个信息技术平台，为第四方物流服务提供了软件支持，更加凸显了其降低成本的优势。

5. 具有第三方的灵活性

通常，把物流业务外包给专业的物流公司，可以使得公司的固定成本转化为可变成本，提高公司资金周转率。通过外包，公司只需要向第三方支付物流服务费用，而不需要公司本身建立物流基础设施。特别是对于那些业务量呈现季节性变化的公司来讲，这种外包服务可以大幅度地降低其运营成本，他们也不必担心业务的季节性变化。

三、第四方物流与第三方物流的区别

（一）关注点不同

从第三方物流发展到第四方物流是一种质的飞跃。第三方物流是物流组织的载体，其经营范围包括运输、储存、加工和配送等，它关注的主要是运输和仓储方面的功能，偏重于通过对物流运作和物流资产的外部化来降低企业的投资成本。而第四方物流的服务渗透于供应链上的每个企业，从事的是整个供应链内部或者若干个供应链之间的整合运作，它关注的是整条供应链的最优解决方案，使供应链上每个企业以最低成本甚至零成本获得价值最大化，它偏重于通过对整个供应链优化和集成来降低企业的运营成本。

（二）兴起的基础不同

第四方物流是在第三方物流的基础上发展起来的，它具有很多优势，最突出的就是能提供一个综合性的供应链解决方案；而第三方物流是在自营性物流的基础上发展起来的，服务功能比较单一，难以适应不断变化的市场要求。

（三）依赖的技术水平不同

第三方物流主要是为企业提供实质性的、具体的物流运作服务，其本身的技术水平不高，能为客户提供的技术增值服务比较少。而第四方物流擅长的就是物流供应链技术，它具有丰富的物流管理经验和供应链管理技术、信息技术等，能够提供各种技术增值服务，满足客户多样化、复杂化的物流需求。

（四）合作目标不同

因为第三方物流没有系统、综合性的服务功能，也没有整合信息资源的能力，同时分工细致，使得企业客户不得不将物流业务外包给多个第三方物流。因而，企业客户与第三方物流服务商之间是一对多的合作关系。但是，第四方物流凭借其强大的资源整合能力，为企业客户提供一体化的、完善的供应链解决方案，企业和第四方物流服务商之间是一对一的关系。

四、第四方物流发展的运作条件分析

第四方物流作为新兴的供应链管理方法，提供综合性的供应链解决方案，正成为一个新的行业热点在我国推广。从理念上讲，第四方物流能以强大的资源整合能力，提供最优的供应链管理解决方案，降低供应链的整体运营成本，提高供应链管理的效益，受到了各行各业的广泛认可。然而，第四方物流在我国进行推广中具有很大的盲目性，主要是由于我国企业对第四方物流的概念没有深入的了解。因此，在总结国内外第四方物流运作实践的基础上，需要对第四方物流的运作条件、运作模式等做出深入的分析和探讨。

第四方物流的运作条件可以从以下四个方面来分析。

（一）根本条件——具有强大的物流资源整合能力

只有具有强大的物流资源整合能力，第四方物流才能够应对整条供应链上每个企业所提出的多样化、复杂化、综合化的物流需求。第四方物流提供服务的过程就是依赖业内最优秀的第三方物流服务商、管理咨询服务商、IT技术服务商等，有效地整合供应链上的物流及其相关资源，进而适应市场的迅速变化和满足客户多样化、复杂化的需求。

（二）思想基础——具有超前的战略合作意识

作为第四方物流服务商，应清楚地认识到本身同供应链上各节点企业之间并不是简单的物流服务提供者与需求者之间的关系，而是战略合作的关系。它需要对供应链上的每一个节点企业负责，通过战略合作的方式实现信息共享、风险共担等，进而降低整条供应链的成本，提高供应链的整体效率。

(三) 能力需求——具有提供供应链综合解决方案的能力

由于第四方物流服务的供应链上各节点企业往往是针对自身的实际情况提出物流需求，如果按照这种物流需求提供的综合物流服务，往往不能实现供应链物流价值最大化，从而影响供应链的整体效率。因此，第四方物流服务商需要站在供应链整体的角度来考虑解决方案，并从这个角度出发对供应链综合解决方案进行有效的策划和调整，进而确保供应链上物流系统的最优化，实现供应链上物流价值的最大化。

(四) 技术前提——具有较高的信息化水平

高效的供应链管理是建立在有效的信息共享基础之上的。如果没有较高的信息化水平实现第四方物流同供应链上各节点企业的信息共享，那么第四方物流是无法和供应链上各节点企业成立战略联盟合作关系的。同时，第四方物流要整合物流资源，必须有第三方物流服务商、IT 技术服务商、管理咨询服务商等参与者都可以共享的信息平台，才能发挥其整合物流资源的能力。

五、第四方物流的运作模式分析

第四方物流组织有较大的柔性，根据客户不同的物流需求以及不同的目标组成灵活的运作模式，满足客户多样化、复杂化、综合化的物流需求。一般来说，第四方物流主要有以下几种运作模式。

(一) 后勤服务型

这种类型的运作模式强调第三方物流与第四方物流之间是一种内部合作关系。第四方物流处于刚刚起步阶段，由于高素质的专业物流服务人才比较少，且本身物流服务的实践经验不丰富，如果仅仅靠它单独为客户提供优质的第四方物流服务，不能完全满足企业客户的物流需求。因而，第四方物流在发展初期，必须借助于第三方物流服务商的物流运营能力，本身向第三方物流提供一系列决策技术、供应链策略技巧、进入市场的能力和项目管理的专业能力等服务，形成一种内部合作关系，为企业客户提供高效率、高质量、低成本的物流服务。这种内部合作关系可以采用合同方式绑定，也可以采用战略联盟方式形成，在这种合作模式下第四方物流可能会在第三方物流公司内部工作，也可能作为物流服务的协作者在第三方物流公司外部工作。

在后勤服务型模式下，第四方物流要实现其本身的价值，必须借助第三方物流，同第三方物流内部合作。这种运作模式的优点主要有：第四方物流提升了第三方物流企业的物流运作效率，同时降低了第三方物流企业的运营成本，提高了第三方物流企业的资产利用率，协助第三方物流企业对物流资源进行整合，从而提升企业客户整条供应链的运作效率，进而提高供应链上企业的竞争力。

（二）协同运作型

这种类型的运作模式是第四方物流与第三方物流合作博弈的高级、复杂的形态，在这种运作形态下第四方物流服务商、第三方物流服务商和企业客户之间连接成一个动态三角形模式，如图8-1所示。

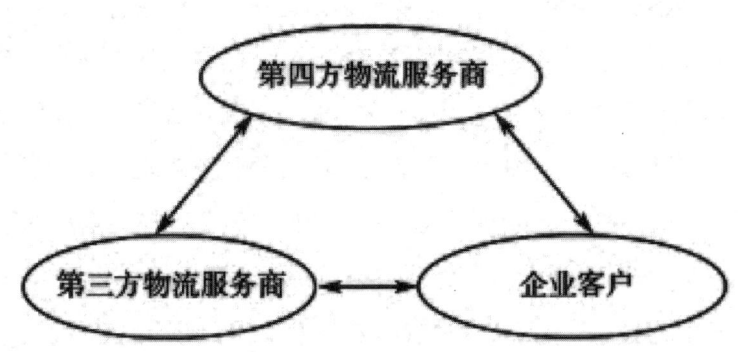

图8-1 协同运作模式

从图8-1中可以看到，在协同运作模式下，第三方物流服务商和第四方物流服务商都能与企业客户进行直接沟通和对话，并且都能取得企业客户物流需求的第一手资料。在这种模式下，第四方物流服务商或第三方物流服务商都不能充当领导角色，两者处于一个平等的状态。这种动态三角形模式，不是因为某个市场机会而临时组成的一个松散的、动态的联盟，而是几个具有互补性资产的企业，以共赢为目标构建的利益共享的长期战略联盟。这种模式的优点是第四方物流在执行与控制方面少了很多沟通协调方面的障碍，因此，物流运作服务成本也得到了更好的控制，不仅可以降低物流的运营成本，提高资产的利用效率，为企业带来更高的整合效益，还可以有效地整合市场中的物流资源，避免企业客户重复建设物流基础设施，从而提升整个社会的物流运作能力，使得整个社会的资源利用最大化。

（三）方案集成型

在这种运作模式下，第四方物流是企业客户与第三方物流服务商之间的纽带，将企业客户与第三方物流服务商连接起来。通过这样的连接，企业客户就不需要与第三方物流服务商形成一对多的合作关系，而是直接与第四方物流服务商之间形成一对一的合作关系，大幅度地降低企业的运营成本。在这种模式下，第四方物流作为方案集成商，除了为企业提供供应链管理的可行性解决方案外，还需要对第三方物流服务商的物流资源进行整合，为企业客户提供专业化、一体化、综合化的物流服务。

这种运作模式一般是在同一行业范围内运作的，供应链上下游的企业客户彼此间专业熟悉、业务联系紧密，具有一定的依赖性。同时，第四方物流服务的主要客户是供应链上的龙头企业，通过其发展带动其他成员企业的发展。这种运作模式的优点是第四方物流的服务对象及范围明确且集中，与客户的关系稳定、紧密而且具有长期性。但这种模式运作的重要前提条件是客户的业务量要足够大，使参与的服务商们都能获得较满意的收益，否则大多数服务商不愿把全部资源集中在一个客户上。

（四）行业整合型

在这种运作模式下，第四方物流企业在物流服务市场中已经占据重要的市场地位，它不再作为第三方物流服务供应商的角色。第四方物流服务商依靠自己的能力开发与管理物流市场，它可以集成多个服务供应商的能力和客户的能力，也可为多个行业的客户开发和提供供应链解决方案。与此同时，第四方物流服务商更加偏重于对供应链的上下游企业客户、第三方物流服务商、IT技术服务商等的资源进行整合、沟通协调等。这种模式下，第四方物流的价值将更多地体现为一种综合性的价值，不仅仅是对物流效率、运营成本的最优化，还包括对客户品牌价值的提升，对客户核心竞争力的提升，对整个物流市场服务水平的提升以及对整个社会的物流资源利用的最大化等。

通过上述分析，我们可以看到，这种模式无疑是最具竞争力的，最能产生整体效益的。但是这种模式的运作需要第四方物流服务商具有庞大的关系网络和协作技巧，强大的运筹规划和整合资源的能力、全球化的运营能力以及丰富的供应链管理实践经验，为供应链上所有的客户提供全面的物流咨询服务，并提供一个专业化、一体化、综合化的供应链解决方案。

第二节 农产品物流模式

一、农业物流的定义

农业物流是指以农业生产为中心而发生的一系列物质运动过程和与之相关的技术、组织、管理等活动，它贯穿于农业生产和经济活动的始终，是对农业产前、产中、产后三个阶段的科学管理。农业物流可以分成三段物流形式：一是供应采购阶段的物流形式，称为农业供应物流，以组织农业生产所需的农药、化肥、种子、农机设备等生产资料为主要内容的物流；二是生产阶段的物流形式，称为农业生产物流，包括贯穿在整个农产品生产、加工活动过程中的生产物流；三是销售阶段的物流形式，称为农业销售物流，即农产品物流，物流对象包括粮、棉、油（料）、茶、烟、丝、麻、蔗、果、菜、瓜等以及乡镇企业生产的城市消费品等。

目前，国内学术界对农产品物流的研究还处在初级阶段，不同的学者对农产品物流的概念有不同的理解。借鉴《物流术语》和美国物流管理协会对物流的定义，同时结合农产品的运销特征，本书把农产品物流界定为，为了满足客户需求，实现农产品价值而进行的农产品、服务及相关信息从产地到消费者之间的物理性经济活动。它包括高效率、高效益的农产品及其信息的正向和反向流动及储存而进行的计划、实施与控制过程。具体来说，农产品物流就是农产品的运输、储存（常温、保鲜和冷藏）、装卸、搬运、包装、流通加工、配送和信息处理等环节的有机组合，包括一系列物质运送过程、相关的技术信息组织和处理过程以及各个环节上的物流管理活动。这一活动过程创造了时间价值、场所价值和部分加工价值。因此，从概念上看农产品物流是农业物流的重要组成部分。

农产品现代物流从生产到消费包括多个环节，把农产品从生产、采摘、分类、包装、加工、储藏、运输到配送、销售等环节快速有效地整合起来，减少农产品流通中的价值损失，提高了农产品流通效率，从而大大提高了我国农产品的国际竞争力，是我国由农业大国走向农业强国的必经之路。因此，借鉴发达国家农产品物流发展的成功经验，对我国农产品物流模式发展趋势进行研究，对促进我国农产品现代物流的发展具有重要的现实意义和战略意义。

二、农产品物流的分类

农产品物流根据分类标准的不同可以有不同的分类方式。农产品物流按照农产品物流系统的性质，可分为社会化专业物流和企业物流；按照农产品物流系统的空间范围，可分为国际农产品物流、国内农产品物流和地区性农产品物流；按照农产品物流业务是否外包，可分为自营物流和第三方物流；按照农产品物流系统作用的对象，可分为粮食作物物流、经济作物物流、水产品物流、畜牧产品物流、林木及林产品物流和其他农产品物流。

三、农产品物流的特征

相对于工业而言,农业是自然再生产和经济再生产交织在一起的再生产过程,农产品的生产、流通存在着非人力能控制的风险,再加上许多农产品是人们生活的必需品,需求弹性小,这些特殊性使农产品物流表现出明显不同于工业品的特征。

(一) 农产品物流运作的相对独立性

不同地区的气候、土壤、降水等存在差异,各地适宜种植的品种不同,农产品生产呈现出明显的季节性和区域性特征。而农产品的消费则是全年性的,这就决定了农产品物流过程中需要较大量的库存和较大范围的调度或运输;不论是原材料还是食品成品,其营养性成分较丰富,容易感染微生物而腐败变质,从而对物流设备和工作人员提出了较高的要求。安全卫生性,对其生产和储运提出了更高要求,如加工中要求无菌,产品配送过程中不能和有其他气味的商品混运,以免串味,还应注意配送中微生物和重金属的交叉污染等问题,对温度和湿度做出严格的规定等。产品的交货时间有非常严格的期限性,即前置期有严格的标准;鲜食品和冷链食品在食品消费中占有很大的比重,所以食品物流必须有合适的冷链、保鲜链,甚至是气调链。绿色食品、绿色消费的日渐盛行,对绿色物流提出了更高的要求。

(二) 农产品物流量大

农产品的生产基地在农村,而广大的农产品消费者生活在远离乡村的城市之中,为满足农产品消费在不同时空的需求,就必须将农产品从农村转移到城市,准确、快捷地传送到消费者手中,以实现农产品的最终价值。因此,农产品物流面临数量和质量上的巨大挑战。2016 年,我国粮食产量 6.16 亿吨,糖料 900 万吨,棉花 534.4 万吨,油料 3613 万吨,蔬菜 77403 万吨。这些商品除部分农民自用外,大多成为商品,需要进行商品流通,其数量之大、品种之多都是世界罕见的，发展农村物流是服务"三农"、服务新农村的重要内容。然而，目前我国农村货运的特点是货源分散、运力分散、经营分散、管理粗放，这些极大地制约着农村物流的发展。如何打破"瓶颈"，形成巨大的农产品物流，这是当前需要解决的问题。

（三）农产品物流技术要求高、专业性强、难度大

农产品自身的生化特性和特殊重要性，使得农产品流通过程中的保鲜、储存、加工等环节具有重要的地位并具有很强的生产性。而且，有些农产品为了方便运输和储存，在进入流通领域之后，还需要进行分类、加工、整理等。例如，粮食储存在仓库中，必须定期进行通风、烘干，以控制粮食水分，使粮食的使用价值得到保证；活猪、活牛、活鸡等进入流通，必须进行喂养、防疫，如果收购后进行屠宰，还需要进行冷冻、冷藏处理，这就要求有特殊的加工技术和相应的冷藏设施。可见，农产品在运输、储存过程中，其所要求的输送设备、运输工具、装卸设备、质量控制标准各有不同，使得农产品物流比工业品物流更具生产性，且要求根据农产品各自的物理化学性质安排合适的运输工具，从而保证农产品的性质和状态稳定，以确保农产品品质、质量达到规定要求。

（四）加工增值是发展农产品物流的重要环节

农产品不同于工业品的最大特点是农产品的加工增值和副产品的综合利用。这部分价值是在农产品离开生产领域后，通过深加工和精加工，延长产品链而实现的增值，如粮食深加工和精加工、水果加工、畜牧产品加工及海洋水产品加工等。一般来说，其增值环节主要包括以下几个方面：一是农产品的分类与包装增值服务；二是农产品适度加工增值服务，如通过对粮食的研磨、色选、细分或者规格化等生产加工工序，以一定的商品组合开展农产品促销，能够促使农产品流通顺利进行；三是农产品社区配送增值服务；四是特种农产品运输、仓储与管理增值服务。

（五）农产品物流风险大

农产品生产的分散性、季节性，使得农产品物流的风险增大。农产品

生产点多面广，消费地点分散，市场信息更加分散，使得人们难以全面掌握市场信息，容易造成供给不适应需求的状况。而且，农作物有生长过程，牲畜亦需经过发育成长期，故农产品生产受季节性限制明显，难以连续不断地生产，无法依农产品价格的高低在短期内有所增减，难以在短时间内对供给进行有效的调节，导致市场价格波动大。过大的流通风险会降低物流经营者的预期利润，往往会使经营者更多地采取短期的机会主义行为，不利于形成有序的市场竞争环境和培育市场主体。

（六）分散—集中—分散的物流节点特征突出

我国农业生产中最为突出的矛盾是小规模经营与大市场、大流通之间的矛盾。小规模是指农产品生产、经营、流通普遍零碎化，没有规模效益；大市场是指参加农业生产的主体众多，离散性强，缺少联合，组织化程度低，导致生产盲目性，容易造成农产品买难和卖难的交替出现。这种农产品的"小生产"和"大市场"的矛盾决定了农产品流通过程呈现出由分散到集中，再由集中到分散的基本特点。一家一户就其农业生产的单体资源配置、生产能力、生产规模、农产品的产出量和商品量等而言，其水平都是较低的。这就决定了农产品生产的"小生产"的基本特征，而农产品的消费却遍布全国城乡。这种"小生产"和"大市场"的矛盾还会存在一段时期。这种情况决定了农产品物流会在较长时期呈现出由分散到集中，再由集中到分散的基本特点。

（七）政治含义的商品特征尤为明显

农产品作为附带社会政治含义的商品，使得各国政府在其生产与流通中都有不同程度的介入。一是农产品的需求收入弹性通常小于1，这意味着随着经济增长和人均收入的提高，就占总消费的份额而言，农产品需求的增长趋于下降，不利于农民收入的增加。二是农产品需求价格弹性也小于1，农产品价格下降所产生的追加需求只能带来比以前更少的收入，这两个因素对发展中国家农民的收入有突出影响，因此，许多国家都不同程度地采取干预政策以保护农民的利益。三是从食品供给安全的角度考虑，政府的干预更是无可避免的。

四、我国农产品物流发展模式

我国地域广阔，农产品种类繁多、属性各异，再加上各地区自然条件、经济结构和发展水平的不同，我国农产品物流的运营模式也呈现出多元化的特点，主要有以下几种。

（一）自营物流模式

自营物流是指农产品生产者、农产品加工者、农产品流通配送企业根据自己的经营实力和经营习惯，通过建设全资或控股物流子公司，完成企业物流的配送业务。

在这种模式下，作为农产品物流活动的主体，可以向仓储企业购买仓储服务、向运输企业购买运输服务，但是这种服务的购买仅限于一次或一系列分散的物流功能，且具有临时性、纯市场交易的特性，即物流服务与企业价值链之间的联系是松散的。由于农产品物流运作主体的不同，自营物流模式可以有多种形式的选择。

（二）第三方农产品物流模式

第三方农产品物流模式是指由农产品生产者和加工者以外的第三方负责完成农产品运输、仓储、配送、流通加工等一系列物流活动的运作过程。随着农产品市场化程度的提高，一些专门从事农产品储运、配送及流通加工的第三方物流组织逐渐出现。在这种模式中，第三方农产品物流企业不拥有商品、不参与商品买卖，仅作为主导者连接着农产品生产和加工者、各级批发商、零售商、中介组织，并为客户提供以合同为约束、以结盟为基础的系列化、个性化、信息化物流代理服务。

第三方农产品物流模式有如下几个基本特征：

1. 功能服务专业化

第三方农产品物流是独立于供方和需方，由专业的农产品物流组织进行的物流。因此，相对于自营物流而言，第三方农产品物流提供的是增值的、专业的甚至全方位的物流服务。第三方物流企业掌握着较为先进的农产品物流技术设施和设备，能根据农产品生产企业、加工企业、配送企业的生产运作和市场需要的不同，为其规划物流体系和设计物流方案，提供农产品仓储管理、运输管理、订单处理及农产品物流信息系统等各具特色的服务。

2. 物流信息网络化

物流信息网络化是第三方农产品物流运作的基础。第三方农产品物流是在物流信息商品化的基础上而展开的专业化的特殊服务活动。来自生产方、销售方和物流企业的物流信息，都可以借助第三方物流网络信息平台，进行各主体间数据的快速、准确传递，实现订货、保管、运输、流通和加工一体化信息的共享，从而在较短的时间内完成各物流主体间的协调与合作。而且，随着信息技术的飞速发展，农产品物流活动和物流费用可以被分离出来，有助于农产品物流管理的科学化，能够极大地提高农产品物流效益。

3. 关系契约化

第三方农产品物流企业是以合同为导向，向客户提供农产品物流服务的，并通过契约或合同管理委托方的物流服务活动及其过程，如订单管理、库存管理、运价谈判等。

4. 物流服务个性化

第三方农产品物流企业可以根据客户的要求和不同农产品的特点，为客户"量身定制"物流服务，提高客户的服务满意度。

5. 合作联盟化

农产品供应链企业选择第三方物流服务，主要是出自降低成本、提高核心竞争力、寻找增值服务等动机。各类企业与第三方物流企业的合作，既有整体物流业务外包，也有部分外包，还有个别企业则聘请物流公司来管理运作企业自有物流资产设备。其形式虽各异，但本质上是第三方物流企业主导货物和商品的组织管理、运输调度和配送活动。

(三) 农产品物流园区模式

农产品物流园区是指由分布相对集中的多个农产品物流组织和物流设施，以及服务功能不同的专业化农产品物流与加工企业等构成的，能实现农产品物流规模化、功能化的农产品物流组织区域。

农产品物流园区处于农产品产业链上的流通环节，上游向生产领域延伸，与产地农户相连，下游向零售和消费领域延伸。因此，农产品物流园区是集农产品集散、交易、物流、加工、信息平台、展览等于一体的综合性园区。农产品物流园区一般具备仓储、运输、装卸、流通加工、配送、信息处理等基本功能，此外，还具有提供报关监管、商务综合服务、交易展示等服务项目的功能。

第三节 跨境物流

跨境电商目前已经成为一种新型的国际贸易形式，其对我国的国际贸易有着强大的推动作用，并且为了推动跨境电商的发展，政府也出台了一系列相应的支持政策。同时跨境电商具有消费便利、提升销售总额、中间环节少等优点，已经被众多电商企业视为提升其自身竞争力的主要手段，因此，解决跨境电商交易时的物流问题成为众多电商企业和消费者普遍关注的问题。

一、跨境电商及其与国际物流概述

(一) 跨境电商

跨境电商是指交易的两个主体（买方和卖方）位于不同的关境，且在一定的电子商务平台的帮助下完成了商品选择、支付等交易环节，最后卖方通过跨境物流将商品送至买方手中的一种交易模式。

第八章 智慧物流的新型模式

（二）跨境电商与国际物流间的关系

国际物流是指在应用国际化物流网络的基础上应用现代物流技术而选择的一种高效率、低风险的物流方式，主要呈现方式是交易货物在不同关境间的流动。跨境电子商务的主要内容有：信息流、商流、资金流以及物流等，前三者可经网络虚拟实现，但后者只能通过实体交易实现。因此，国际物流的效率和成本问题成为跨境电商达到自身效益的首要难点。

二、跨境电商和电商物流的发展趋势与特点

（一）跨境电商的发展趋势

目前，跨境电商发展的主要方向已经开始由 B2C 转变为 B2B，这一方向能实现生产和销售的共同发展，从而促进国际物流的转型。B2B 采用的物流方式为国际小包，与传统的 EMS、UPS 以及 TNT 等物流方式相比，具有成本低、便利、实现门到门服务的优点，因此小包物流方式成为广大跨境电商的首选物流模式。中国跨境电商的发展速度较慢的一个主要原因是中国与产品相关的售后体系不完善，这对注重售后服务的许多欧美国家消费者来说是一个重要阻碍点。

（二）跨境电商采用的主要物流方式

1. 小额邮包、国际快递

小额邮包主要指的是新加坡邮政小包、中国邮政小包、中国香港邮政小包等。该物流方式的主要特点是物流时间长、物流信息更新较慢。国际快递是指 EMS、DHL 等物流方式，虽然该物流模式的速度较快，但其费用过高。目前这两种物流方式的使用企业较多。

2. 海外仓

海外仓是指跨境电商在境外国家（地区）租赁仓库，并且一次性地运输大量商品至目的仓库，当国外客户通过电子商务平台下单后，跨境电商根据客户的地址信息选择最近的境外仓库将商品配送给客户；另一种方式

是跨境电商与国外物流公司合作，这种物流方式效率较高，但相应的运营成本也较高。

3. 聚货后规模化运输

该运输方式分为外贸企业联盟集货运输和外贸企业集货运输两种方式。前者是各个外贸企业搭建一定的外贸联盟，在此基础上进行货物的共通运输，降低物流成本；后者是指某一企业拥有自建的跨境电子商务平台，客户下单后商家将货物运送至国内的仓储公司，由仓储公司完成货物分类整理，再交给第三方物流公司完成货物配送。

（三）跨境电商的主要特点

跨境电商主要包括以下四个特点：

1. 交易成本低，客户可直接通过电子商务平台完成商品的选购和下单工作，不需要代理商。

2. 境外买家下单后在1—2周内便可收到其购买的货物。

3. 完善的电子商务平台为买家提供了简单便捷的交易方式。

4. 由于国家政策的推动作用，跨境电商的货物通关率显著提升，大大降低了电商货物损失，但由于物流服务水平、地区跨度等问题，国际物流方式普遍存在着成本高、物流环节多、运输时间长等瓶颈问题。

（四）跨境电商进出口物流模式

笔者对我国的跨境电商进出口物流模式进行了细致分析，出口物流模式主要内容有：

1. 中国邮政是我国跨境电商的首选物流方式，所占份额高达50%。虽然中国邮政已经在全球范围内有着较好的运营网络，但仍然无法与国际主要四大快递的物流水平相比。

2. 国际四大物流快递服务好，但成本高。

3. 海外仓能够快速经济地将货物运输至买家手中。

4. 跨境专线物流的规模效应较好，但在国内的市场份额有限；进口物流模式：我国的进口物流模式主要有转运模式和直邮模式两种，转运模式主要有灰色海淘和阳光海淘两种方式,直邮模式包括商业快递直邮和两国快递直邮两种方式。

(五)新型物流解决方案

1. 有网上丝绸之路之称的郑州中大门保税直邮体验中心于 2015 年 5 月对外开放,客户不用出境也可以在网上访问中大门网站,买到安全放心的母婴用品、美妆护肤品等。该物流模式的主要特点是海外段变成大宗商品 B2B 运输,运输成本大幅度降低,且其运输时间与境内的送达时间相仿,增加了客户的购物体验感。这一购物模式能将信息流、支付流以及物流三合一对接海关平台,利于海关监管。

2. 上海跨境贸易电子商务试点于 2013 年 12 月启动,其主要运作模式为"直购进口"和"网购保税进口",消费者可通过专门的面向全球的购物网站完成交易流程。该购物模式主要依托于海关监管保税店,以零售的方式完成奶粉、保健品等商品的销售。所有的商品被运至保税区,再根据客户的具体订单详情完成配送,同时征缴邮费。

三、提升跨境电商环境的国际物流效率的策略

(一)建立健全评估体系

建立健全国际物流评估体系是提升国际物流水平的主要政策型解决方案,应该根据国际物流的主要特点和基本内容,建立相应的能力评价指标体系,进而保证在此基础上降低国际物流成本,提升整个体系的管控能力、协调能力、响应能力以及差异化物流服务能力。

(二)建立国际物流网络协同体系

国际物流的主要运作流程包括一系列复杂的下属流程,该流程不仅包括境内物流流程,还与境外流程运行水平息息相关。因此,在提高物流服务水平时,应该加强不同国家质检的供应链协同能力,强化不同物流方之间的协同意识,进而提升整体的物流服务水平。

(三)建立完善的国际物流人才培养模式

跨境电商的物流水平直接关系到其经济效益和后续订单发展情况,然而整个运行效果与工作人员的工作意识、工作能力以及服务意识有着直接的关系,所以要提升国际物流水平,就应该先建立相应的物流人才培养体系,以高校教育为基础,培养出技能型和知识型高度融合的新型国际物流人才。

第四节 电子商务环境下的供应链管理

供应链管理(Supply Chain Management,SCM)是一种集成的管理思想和方法,具有执行供应链中从供应商到最终用户的物流计划和控制等职能。从单一的企业角度来看,是指企业通过改善上下游供应链关系,整合和优化供应链中的信息流、物流、资金流来获得企业的竞争优势。

一、供应链管理与传统管理模式的区别

(一)供应链管理是指按照市场的需求,将产品从供应地向需求地转移的过程,它强调的是单个企业物流系统的优化,即对运输、仓储、包装、装卸搬运、流通加工、配送和物流信息实施一体化管理。

(二)供应链管理把供应链中所有节点企业看作一个整体,供应链管理涵盖整个物流的、从供应商到最终用户的采购、制造、分销、零售等职能领域过程。

(三)供应链管理强调和依赖战略管理。

(四)供应链管理最关键的是需要采用集成的思想和方法,而不仅仅是节点企业、技术方法等资源链的简单连接。

(五)供应链管理具有更高的目标,通过管理库存和合作关系去达到最

高水平的服务，而不是仅仅完成一定的市场目标。

从存货管理与货物流的角度来看，在供应链管理中，存货水平是在供应链成员中协调，以使存货投资与成本最小。传统的管理方法是把存货向前推或向后延，根据供应链成员谁最有主动权而定。

二、电子商务环境下的供应链管理与传统供应链管理的主要区别

（一）物流和承运的类型不同

在传统的供应链形式下，物流是对不同地理位置的客户进行基于传统形式的大批量运作或批量式的空间移动，货物的追踪是完全通过集装箱、托盘或其他包装单元来进行，供应链各个环节之间的可见性是有限的。在电子商务供应链管理模式下，由于借助各种信息技术和互联网，客户在任一给定时间都可以沿着供应链追踪货物的下落。

（二）客户的类型不同

在传统供应链管理模式下，企业服务的对象是既定的，供应链服务提供商能够明确掌握客户的类型以及其所要求的服务和产品。随着电子商务的到来，要求快捷、高速、划分细致的物流和商流方式，客户是未知实体，他们根据自己的愿望、季节需求、价格以及便利性，进行产品订购。

（三）供应链运作的模式不同

传统供应链是一种典型的推式经营，制造商为了克服商品转移空间和时间上的障碍，利用物流将商品送达到市场或客户，商流和物流都是推动式的。在电子商务供应链中，商品生产、分销以及仓储、配送等活动都是根据客户的订单进行的，商流、物流、资金流都是围绕市场展开的，物流为商流提供了有力保障，因此电子商务供应链是拉式的。

（四）库存、订单流不同

在传统供应链运作模式下，库存和订单流是单向的，买卖双方没有互动和沟通的过程。在电子商务供应链条件下，客户可以定制订单和库存，

其流程是双向互动的，作为客户可以定制和监控，甚至修改其库存和订单，而作为制造商、分销商同样也可以随时根据客户的需要及时调整库存和订单，以使供应链运作实现绩效最大化。

(五) 物流的目的地不一样

在传统供应链中，由于不能及时掌握商品流动过程中的信息，尤其是分散化客户的信息，加上个性化服务能力不足，物流只能实现集中批量化的运输和无差异性服务，运输的目的地是集中的。而电子商务供应链完全是根据个性化客户的要求来组织商品的流动，这种物流不仅要通过集运来实现运输成本的最低化，也需要借助差异化的配送来实现高效服务，其目的地是分散化的。

(六) 供应链管理的要求不一致

传统供应链管理强调的是物流过程的稳定、一致，否则物流活动就会出现混乱，任何物流运作过程中出现的波动和变异都有可能造成上下游企业的巨大损失。电子商务供应链管理却不同，其物流需求本身就是差异化的，物流是建立在高度信息管理基础上的增值活动，因此，物流必然会出现高度的季节性和不连续性，要求企业在管理物流活动中必须按照及时应对、高质服务以及总体成本最优的原则来进行。

(七) 供应链管理的责任不同

在传统供应链运作环境下，企业只是对其所承担的环节负责，如运输企业只管有效运输和相应的成本等，供应链各个运作环节之间往往没有明确的责任人，供应链经营活动是分散的，其结果往往出现局部最优而整体绩效很差的情况。但电子商务供应链强调供应链管理是一种流程性管理，它要求企业站在整个供应链的角度来实施商品物流过程以及相应的成本管理。

(八) 物流信息管理系统不同

传统供应链管理中物流信息一般都是通过人工采集、传输、汇总，信息具有单向性，供求双方的信息是不对称的，物流信息管理系统一般都是单机系统，至多是一个局限于内部网络的局域网络系统。而电子商务环境下的供应链管理中的物流信息的采集可以由供求双方通过互联网进行在线采集，信息具有双向性和对称性，信息管理系统是一个对供求双方开放的基于互联网的网络系统，信息具有高度的实时性、准确性和有效性。

（九）资金结算方式不同

在传统供应链管理中，资金结算大都是通过现金、支票或转账方式进行的；而在电子商务环境下的供应链管理中，因为交易都是在线进行，所以在线电子支付为主要结算方式。

供应链管理与传统管理模式的区别：供应链管理强调和依赖战略管理，它影响和决定了整个供应链的成本与市场占有份额。供应链管理具有更高的目标，通过协调合作关系达到高水平的服务，其关键是需要采用集成的思想和方法，应用系统的观点，而不是节点企业资源的简单连接。相反，它把所有节点企业看作一个整体，涵盖整个物流过程，包括从供应商到最终用户的采购、制造、分销、零售等职能领域。传统的物流体制是以"效率化"为支柱的。例如，传统的物流注重提高保管效率、装载效率、作业效率等，也就是说物流本身处在只满足于生产、采购、营销等活动结果所连带的派生的位置。处于这种位置的物流是以企业内部其他活动的结果所连带的业务活动为前提的，所以说能够做到的也只有设法提高效率。这就是传统物流的实际状况。

第四方物流是一个供应链的集成商，它对公司内部和具有互补性的服务供应商所拥有的不同资源、能力及技术进行整合和管理，并提供一整套供应链解决方案。第四方物流的优势表现在：降低企业运营成本，达到供应链的共赢，拥有高素质的物流专业人才，拥有强大的信息技术平台，具有第三方的灵活性。第四方物流的运作模式有后勤服务型、协同运作型、方案集成型和行业整合型。

农产品现代物流从生产到消费包括多个环节，把农产品从生产、采摘、分类、包装、加工、储藏、运输到配送、销售等环节快速有效地整合起来，减少农产品流通中的价值损失，提高农产品流通效率，从而大大提高我国农产品的国际竞争力，是我国由农业大国走向农业强国的必经之路。

在跨境物流的学习中，不仅分析了跨境电商物流解决方案和模式创新，而且引入了全新理论，从物流服务推动跨境电商企业获取持久竞争优势的视角探讨了跨境电商物流服务的发展趋势，并探析了大数据以及客户服务水平提升给跨境电商物流发展带来的新变革。

供应链电子商务可以帮助企业从传统的经营方式向互联网时代的经营方式转变。随着互联网技术的深入应用、网上交易习惯的逐渐形成，使得企业的经营模式也需要相应转变，借助供应链电子商务平台，可以帮助企业实现从内部管理到外部商务协同的一站式、全方位服务，从而解放了企业资源、显著提升企业的生产力和运营效率。

第九章 智慧供应链创新与应用研究

第一节 国内外智慧供应链创新应用的比较分析与经验借鉴

近年来，随着区块链、物联网等新兴技术的发展，供应链逐渐开始与智慧技术融合，智慧供应链已成为实现产业升级与变革的重要趋势。目前，在许多国家，智慧技术已在制造业、零售业和运输业得到广泛应用；供应链政策已被提升到国家总体战略的宏观层面，并被作为增强经济实力的重要工具。相比于发达国家，中国的智慧供应链创新应用还有待进一步强化，本文从智慧技术发展、供应链管理模式、智慧供应链创新典型模式、推动创新的政策以及企业的智慧供应链全球化战略五个方面为中国的智慧供应链发展提出相关建议。

2017年10月，国务院办公厅印发《关于积极推进供应链创新与应用的指导意见》明确指出，要以提高发展质量和效益为中心，以供应链与互联网、物联网深度融合为路径，以信息化、标准化、信用体系建设和人才培养为支撑，创新发展供应链新理念、新技术、新模式，高效整合各类资源和要素，打造大数据支撑、网络化共享、智能化协作的智慧供应链体系。到2020年，形成一批适合我国国情的供应链发展新技术和新模式，基本形成覆盖我国重点产业的智慧供应链体系,培育100家左右的全球供应链领先企业,中国成为全球供应链创新与应用的重要中心。在此背景下,伴随着高新技术迅速发展和国家政府部门的积极推动,中国的智慧供应链开始迅速发展。智慧供应链是以信息技术为依托,通过智慧技术、模式创新和全链条整合,实现产品开发、采购、生产、分销等全过程高效协同的新型供应链,其"智慧"特征主要体现在现代智慧技术的应用上。

中国虽然已经开始推进智慧供应链,但与技术和体系较为成熟的发达国家相比,经验还较为不足。在人才、资金等方面,我国许多产业在全球竞争中仍处于全球供应链、价值链的中低端,与美、日、德等发达国家仍存在不小差距。在既有的研究中,智慧供应链创新应用的比较和经验借鉴并没有得到系统的总结。因此,结合当今宏观经济形势和产业转型升级格局,本文将研究着眼于智慧供应链,并就中国与发达国家智慧供应链创新应用现状进行分析与比较,借鉴发达国家的相关经验无疑是十分有必要的。

本节从不同国家智慧供应链的创新应用现状展开,总结了行业和政策方面推进智慧供应链创新应用的做法。首先,本节通过总结国内外推进智慧供应链创新应用的典型做法,比较中国与发达国家在推进智慧供应链创新应用方面的不同要素,发现模式间的差异,以供决策参考。其次,从中国与发达国家在推进智慧供应链创新应用的案例比较中,可以得到一些智慧供应链创新应用的成功经验,同时也给目前中国智慧供应链创新应用带来一些有益启示,为中国企业"走出去"提供战略参考。这里的主要贡献分为理论与管理实践两方面。在理论方面,与已有研究相比,本节首次考察了中国与发达国家智慧供应链创新应用在智能技术要素、供应链关键要素和创新绩效要素之间的区别,为中国智慧供应链创新应用研究提供了新的思路,为管理者进行相关决策提供了新的理论支持。此外,本节还从智慧技术发展应用过程、供应链管理模式方法与经验、智慧供应链创新典型模式、推动智慧供应链创新政策与智慧供应链全球化战略实施五个方面分别提出了符合中国国情的建议。在管理实践方面,本节的研究结果可以帮助政府及各企业管理者做出更合理的决策，管理者根据企业自身的特点更好地选择智慧供应链实施方式，并以此达到降本增效、节约资源和提升整个供应链效率的目的。

一、发达国家推进智慧供应链创新应用的做法

智慧供应链创新应用离不开新兴技术的使用。由于发达国家具备较高的科技研究水平，相对于发展中国家也更早将新兴技术运用于供应链变革过程中，并形成了成熟的体系，因此本节将选取美国、德国、英国、丹麦、加拿大等发达国家，研究这些发达国家推进智慧供应链创新应用的典型做法与主要政策。

（一）**不同行业推进智慧供应链创新应用的做法**

世界银行2019年世界发展指数显示，美国的服务业增加值占GDP的77.4%，制造业增加值占比为11%；德国服务业增加值占比62.4%，制造业占比19%。近年来，各发达国家的产业结构已经大体趋于稳定，均呈现出重第三产业、稳第二产业的特点。因此，本节选取第二产业中的制造业，第三产业中与供应链变革密切相关的零售业、运输业作为案例讨论的行业。

制造业典型企业依据《2019中国制造强国发展指数报告》进行选取。该报告测算了九个国家的2018年度制造强国发展指数。其中，美国得分166.06分，位居第一；德国127.15分，位居第二；日本以116.29分位居第三。因此，在讨论制造业典型智慧供应链应用案例时，这里选取德国、美国和日本的制造企业作为比较研究对象。

零售业典型企业以德勤发布的《2020全球零售商力量》报告和全球各大零售商的公开数据作为参考依据。报告显示，全球排名前250家的零售企业中，来自欧洲的企业最多，达到88家，占收入总额的34.4%；美国企业规模最大，平均规模达到276亿美元，远远超过全球250强190亿美元的平均规模，因此本节选取欧洲和美国的主要零售企业作为研究对象。

运输业典型企业基于2016年全球运输服务提供商的年度营收数据和主要营收业务来源进行选取，排名第一的是来自美国的包裹企业联合包裹速递服务（UPS），2016年营收达到609.06亿美元；排名第三和第五的分别是来自德国的第三方物流企业敦豪（DHL）和来自丹麦的马士基（Maersk），本节将对以上运输企业进行说明。

现将本节讨论中涉及的案例按照国家与行业进行整理归纳，并总结为表9-1。作为技术强国，美国已较为全面地将智慧技术运用到制造业、零售业和运输业的智慧供应链创新中，运用的技术涵盖人工智能（AI）、大数据、物联网（TOT）、区块链、云技术等多个种类；德国作为工业大国，其制造业的智慧供应链创新应用情况较为突出，运作过程中涉及的智慧技术种类繁多，形成了较为完整的体系；其余各个国家则各有不同的侧重点。

表9-1 部分发达国家部分行业智慧供应链创新应用

国家	行业	企业	主要技术	具体举措
美国	制造业	通用电气	数字孪生、人工智能	通过AI技术，使工厂流水线以最高的效率达到最好的效果。通过数字孪生，在虚拟环境下实现调试，优化运行状态
		卡特彼勒	云平台、人工智能	通过智慧业务规划平台来解决其供应链中的复杂性并实现动态定价
	零售业	沃尔玛	区块链、大数据	使用区块链技术来跟踪食品供应链的每个步骤，实现对食品安全的源头跟踪和治理。开发运输管理软件系统，并与物流链系统移动客户端进行完全共享通过移动互联网与运输方共享信息
		亚马逊	大数据、云技术	"无人驾驶"智能供应链可以自动预测、自动采购、自动补货和自动分仓，并根据客户需求自动进行库存调整与交付

第九章 智慧供应链创新与应用研究

（续表）

国家	行业	企业	主要技术	具体举措
	运输业	UPS	大数据、云平台、物联网	建立特有的基于大数据分析的 Orion 系统，可以根据联网配送车辆传送到云端的远程信息，实时分析车辆状态、包裹状态、送货路线，并实时更新最优配送路线，实现智能路径调度
德国	制造业	西门子	大数据、物联网、云技术	在整个供应链过程中集成 IT 系统应用，实现涵盖设计、生产、物流、市场、销售等多个环节在内的产品全生命周期自动化管控
		戴姆勒	区块链、人工智能、云平台	AR（增强现实）技术主要应用于工厂的规划，虚拟零部件的安装测试，设备组件的生产等。奔驰宣布与华盛顿基于云的合同管理公司 Icertis 合作，将利用区块链技术打造更加透明的供应链
	运输业	敦豪	物联网、区块链	构建适应供应链场景的集团级物联网平台，来支撑全球的业务拓展。采纳 NB-IoT（窄带物联网）技术，构建高效的园区泊位管理、资产定位等解决方案。此外，DHL 还和 HPE 公司共同部署了基于智能合约和区块链技术的区块链解决方案
	零售业	麦德龙	大数据	数字化供应链，利用大数据对成本、基本投入、库存、门店管理进行科学管控
日本	制造业	松下	大数据、物联网、区块链	在全部工厂统一管理关于零部件采购和生产设备运行状况的数据。通过实现采购的共通化，将工作交给过剩设备，从而削减成本。部署了综合生产线管理系统"iLNB"，实现对整个车间的实时控制。与 JDA 软件集团合作，共同开发旨在优化工厂、仓库和零售数字供应链运营的解决方案

（续表）

国家	行业	企业	主要技术	具体举措
英国	零售业	玛莎百货	人工智能	在供应链的每个端点深度集成机器学习、计算机视觉等。商店中的每个屏幕和扫描仪都会创建数据，并使员工能够对数据采取行动。全球每家玛莎百货商店都将能够实时跟踪，管理和补充库存水平，并应对突发事件
		特易购	人工智能、云技术	建设开放式仓储管理解决方案、智能化供应链系统，与其供应商和客户对接整合，达到供应链可视化
		玛氏	云平台、物联网	使用 Transparency-One 供应链软件来监控其全球大米供应链，从而引领了可持续食品生产的道路。凭借对大米供应链的良好跟踪，玛氏正计划在其番茄供应链以及不久之后的箭牌糖果业务中应用该方案
荷兰	零售业	宜家	区块链	将供应链运营转移到以太区块链网络，通过 ETH 区块链网络上的智能合约与供应商进行发票交易和付款
法国	零售业	家乐福	区块链	利用区块链实现可追溯的食品供应链
丹麦	运输业	马士基	区块链、云技术	利用区块链技术提高贸易伙伴之间的信息透明度，并实现高度安全的信息共享。与 JDA 软件集团进行合作，构建基于云技术的 SaaS 智慧仓储体系

（二）发达国家推进智慧供应链创新应用的相关政策

发达国家都在积极推动智慧供应链创新与应用，而在诸多发达国家之中，美国是第一个提出并系统实施供应链战略的国家。第二次世界大战后，美国开始成为全球科学技术领导者，在此期间，美国联邦政府开始在许多前沿学科的基础应用研究、基础设施和教育方面进行大量投资，并发布一系列政策以支持新兴技术发展。各国扶持智能制造与智慧技术发展的相关政策，也促进了智慧供应链的发展。这里对发达国家推进智慧技术和智慧供应链创新应用的相关政策进行归纳总结，如表9-2所示。从表中可以看出，智能制造是发达国家支持最多的一个政策领域，从推动智能制造促进智慧供应链大环境的优化。此外，美国还重点强调了教育的重要性，培养高水平人才，发展智慧技术，从而更好地推进智慧供应链发展。

二、中国推进智慧供应链创新应用的做法

（一）中国智慧供应链创新应用现状

在全球化的视野下，随着市场需求和智慧技术的驱动，供应链也延展至全球范围，智慧供应链变革趋势尤为明显。近年来，中国已成为全球最大的物流供应链市场，国家陆续出台多项政策法规，持续鼓励物流业转型；资本运作也进一步推动物流业的整合；物联网、人工智能、云技术等科技与供应链深度的融合，使智慧供应链进一步健康发展。

表9-2 部分发达国家推进智慧技术和智慧供应链创新应用的相关政策

国家	政策年份	政策/文件名称或来源	核心要点
美国	2009	"再工业化"计划	实现制造业智能化，保持价值链上的高端控制地位
	2012	美国先进制造业国家战略计划	消除本土研发活动和制造技术创新发展之间的割裂，重振美国制造业竞争力
	2016	美国国家人工智能研究与发展策略规划	规划了美国未来的人工智能发展方向，展示了本届美国政府对于人工智能等新技术的重视

（续表）

国家	政策年份	政策/文件名称或来源	核心要点
	2017	美国国会与众议院	宣布成立国会区块链决策委员会。达成关于区块链技术大规模应用的共识，对于区块链保持开放态度，并做好准备将其应用于教育、商业和政府业务中
	2018	为成功制定路线图：美国的STEM教育战略	所有美国人将终生获得高质量的科学、技术、工程、数学教育，认为美国将成为该方面的全球领导者
		国家先进制造业战略计划	进一步推进先进制造业国家战略计划，确保供应链的可靠性和弹性
	2019	行政部门和机构负责人备忘录	美国先进制造业部门研发投资应支持优先智能制造、数字制造和工业机器人技术，特别是由物联网、机器学习和人工智能推动的系统
英国	2008	"高价值制造"战略	强调了应用智慧技术提高制造业附加价值
	2013	制造业的未来：英国面临的机遇与挑战	注重制造业整体价值链发展。政府应鼓励新商业模式，发展研发集群，满足制造业价值链的特定要求
	2015	加强英国制造业供应链政府和产业行动计划	在国家战略层面要求不断促进物联网、大数据等智慧技术在供应链不同环节的应用
	2018	英国技术发展部门	将投资总额为1900万英镑的项目，大力支持新兴科技（包括使用区块链）领域的新产品或服务

（续表）

国家	政策年份	政策/文件名称或来源	核心要点
德国	2012	德国联邦政府ICT战略：数字德国2015	制订运输研究计划，重点研究领域包括智慧物流；尝试在整个供应链上应用信息技术
	2013	德国工业4.0战略	在制造业积极构建智能化、信息化的供应链
	2019	国家工业战略2030	促进人工智能、数字化、生物科技、纳米技术，促进中小科技企业、促进风险资本、打造欧洲自主的数据基础设施
法国	2013	新工业法国战略	发展大数据、云计算、物联网、智能工厂等技术，意在通过创新重塑工业实力
	2015	新工业法国II	生产制造转向数字化、智能化，发展大数据经济、智慧物流、物联网等
日本	2015	日本机器人战略：愿景、战略、行动计划	在制造业与服务业将机器人与IT、大数据、网络、人工智能等深度融合
	2017	"未来投资战略"	加大人才投资，促进物联网和人工智能的开发应用

制造业方面，根据"2019中国制造业企业500强榜单"，本节从上榜的前十家企业中选取中国石油化工集团有限公司、华为投资控股有限公司、中国第一汽车集团有限公司、北京汽车集团有限公司四家企业作为研究对象。零售业方面，根据2019年中国零售100强榜单，本节选取榜单排名前两家的零售企业（由于天猫属于阿里巴巴集团，因此研究对象拓展为阿里

巴巴网络技术有限公司），对其智慧供应链创新应用情况进行分析，并将其自建物流作为运输业案例进行介绍。

现将本节讨论中涉及的案例按照行业进行整理归纳，并总结为表9-3。从表中可以看出，作为智慧技术的后起追赶者，中国已将各类智慧技术运用于制造业、零售业及运输业的供应链创新中。自改革开放以来，中国已成为世界制造大国，智慧供应链创新应用正对中国的制造产业发展和分工格局产生深刻影响，推动其形成新的生产方式、产业形态和商业模式。在当今的零售业，高效的智慧供应链体系是零售企业提升竞争力和消费者体验的关键要素之一。在中国，线上线下全渠道打通的智慧新零售业态迅速发展，零售业供应链平台化整合水平较高，但创新型技术变革还有待进一步发展。在运输业方面，中国的运输企业已不止局限于智慧物流网络的构建，还在智慧仓储、自主研发等方面做出了贡献，更为有机地融入到智慧供应链生态环境中。

（二）中国推进智慧供应链创新应用的相关政策

近年来，中国已逐渐成为世界供应链的中心，供应链相关战略也不断上升为国家战略，实施并持续优化供应链战略已成为中国经济发展的必然选择。如表9-4所示，政府陆续出台多项政策及文件，有力地推进了智慧供应链体系的建立，鼓励发展全方面智慧供应链的创新应用。

中国的供应链政策起步较晚，直到2017年，才首次明确就供应链创新发展出台纲领性指导文件。为了加快经济全球化和产品全球化的步伐，政府从国家层面提出多项政策意见，建设基础设施，布局智慧供应链，推动实体经济与智慧技术的深度融合。目前，在各项政策的支持下，中国供应链发展已经进入到"供应链+"的新阶段，"供应链+制造""共应链+服务""供应链+金融"等多种业态正在蓬勃发展。

表 9-3　部分中国企业智慧供应链创新应用现状

行业	企业	主要技术	具体举措
制造业	中国石油化工集团有限公司	人工智能、物联网、大数据、云技术	自主研发智能供应链系统、工业互联网平台并上线运行，与京东合作建设智慧加油站试点
	华为投资控股有限公司	物联网、大数据、信息技术平台、区块链	启动集成供应链变革项目，开展智慧物流与数字化仓储项目，在其内部物流过程中开展区块链实践
	中国第一汽车集团有限公司	物联网、IT服务化平台	应用自动化智慧物流系统，运用智能叉车、AGV等智能技术，提升工厂物流效率；建设基于IoT技术的汽车零部件智能仓库；引入智能采购平台
	北京汽车集团有限公司	大数据、物联网	建立了由先进的工业技术和设备组成的智能透明的数字工厂，部署智慧物流系统
零售业	北京京东世纪贸易有限公司	大数据、人工智能	在某些品类中使用大数据和人工智能进行产品选择、合理定价、相关供应链数据的分析和可视化；正在深入构建人工智能零售业务预测平台；上线了智慧供应链商家开放平台
	阿里巴巴网络技术有限公司	大数据、人工智能	对商家开放了智慧供应链平台；建立结合计算机视觉、时间序列、深度学习、机器学习等技术，覆盖生产、销售、物流等环节的智慧供应链
运输业	北京京东世纪贸易有限公司	大数据、云计算、人工智能、物联网	建立了数字化运营体系，包括智慧化平台、数字化运营和智能化作业，涵盖仓储、运输与配送的各个环节
	菜鸟网络科技有限公司人	人工智能、物联网、IT平台	建立协同的IT平台、自动仓储系统架构，应用IoT技术实现配送场景数字化；设立ET物流实验室，自主研发前沿科技

表 9-4　中国推进智慧供应链创新应用的相关政策

政策/文件年份	政策/文件名称或来源	核心要点
2015	《中国制造 2025》	开展新一代信息技术与制造装备融合的集成创新和工程应用
2016	《国家创新驱动发展战略纲要》	以科技创新为核心推动全面创新，促使产业分工从价值链中低端向价值链中高端转变
2016	《中国区块链技术和应用发展白皮书（2016）》	介绍了中国区块链技术发展的蓝图以及未来区块链技术标准化的方向和过程
2016	《"十三五"国家信息化规划》	重点发展区块链与大数据、人工智能、机器深度学习等新技术
2017	《增强制造业核心竞争力三年行动计划（2018—2020）》	加强推动互联网、大数据、人工智能和实体经济深度融合
2017	《关于创新管理优化服务培育壮大经济发展新动能加快新旧动能接续转换的意见》	在人工智能、区块链、能源互联网、大数据应用等交叉融合领域构建若干产业创新中心和创新网络
2017	《关于积极推进供应链创新与应用的指导意见》	以供应链与互联网、物联网深度融合为路径，以信息化、标准化、信用体系建设和人才培养为支撑，加快智慧供应链创新体系发展
2018	《关于开展 2018 年流通领域现代供应链体系建设的通知》	强化物流基础设施建设，发展智慧供应链，推动大数据、云计算、区块链、人工智能等技术与供应链融合
2019	《政府数据供应链白皮书》	数据供应链体系建设助力政府数据治理与运营

三、中国与发达国家推进智慧供应链的比较

在中国与发达国家推进智慧供应链创新应用的比较中，重点比较三个方面的要素。一是智慧技术要素，即比较不同类型智能技术在中国与发达国家的应用水平；二是供应链关键要素，即比较供应链渠道、供应链柔性与供应链可持续性；三是创新绩效要素，即比较智慧供应链创新与应用带来的供应链绩效比较，包括供应链具体环节、创新产品市场覆盖与知名企业供应链能力。

（一）智能技术要素比较

在智慧供应链的体系架构中，作为各个行业核心竞争力的源泉，智能技术是其架构建设的基础。

在数据方面，中国是数据收集和应用的世界领导者，数据规模也十分庞大，使用环境更加丰富；但与发达国家相比，在数据处理的核心技术、数据共享程度和相关支撑体系方面仍然存在一定差距。

在技术研发方面，中国的自主研发水平还有待提高。日本在云技术的研发方面较为领先，自主知识产权产品较多；美国的信息技术系统具有高度的成熟度，整体应用时间较长，整体实力领先；中国则在部分智能技术方面突出。

在技术应用方面，中国更加擅长将技术落地。2019年，微软对来自世界各国的3000余名企业决策者进行了调查，结果显示有88%的中国企业决策者正在将物联网应用到企业运营中，应用率排名第一。目前，中国在区块链产业政策中逐渐引领全球，深圳、杭州、广州、贵阳等多个城市都在政府扶持下积极建立区块链发展专区，政府从国家层面进一步推动区块链发展，并将其与供应链创新应用有机结合。

表9-5给出了中国与发达国家智能技术要素对比的汇总结果。

表9-5 中国与发达国家智能技术要素对比

比较对象 智能技术要素	中国	发达国家
数据	是数据收集和应用的世界领导者,数据规模大,使用环境丰富	拥有全球公认的大数据行业领军企业,在数据处理的核心技术方面领先
技术研发	自主研发水平有待提高,部分智能技术突出,人才数量与质量均落后	日本云技术领先,美国信息技术系统成熟,发达国家整体实力领先
技术应用	擅长技术落地,区块链与物联网应用快	将智能技术与行业结合更早

(二) 供应链关键要素比较

在对供应链关键要素进行比较时,本节主要针对供应链渠道、供应链柔性与供应链可持续性进行讨论。

在新零售时代,线上和线下销售渠道有机融合,促使供应链向数据推动的服务体系转型。与发达国家相比,中国的企业多渠道供应链的发展更占先机,阿里巴巴、苏宁、京东等企业在打通线上和线下渠道的基础上,将供应链金融有机结合,为用户提供更好的消费体验,同时也增强了企业的竞争力。在发达国家,像亚马逊这样的零售电商巨头也已经向线下渠道发展,努力打通多渠道供应链。

柔性化供应链能够根据消费者需求,对零散的订单信息进行处理,为消费者提供定制化的产品或服务。来自瑞典的H&M、西班牙的Zara、日本的优衣库等快消服饰企业已经应用大数据、人工智能等智慧技术,精准分析市场数据,从而合理分配产能,增强供应链柔性。目前,中国的供应链柔性化趋势也在加速,信息化改革正在贯穿整个链条,但作用并不明显,相比于发达国家还有待发展。

可持续供应链包括生态可持续性与经济可持续性。如今,一些发达国家的大企业已经要求其供应商履行生态责任。例如，美国通用电气从2004年开始在中国实施绿色供应链项目；韩国三星公司实施可持续供应链管理策略，为其2500余家供应商提供技术和经济支持，鼓励绿色管理。相比于发达国家，中国的可持续智慧供应链仍处于起步阶段，在生态可持续性方面，中国的贡献还略显不足。华为在扩大市场规模与销售额的同时，在人权、环境等方面也有大量投入，带动了整个供应链的可持续发展，成为中国企业注重其供应链生态可持续性的良好开端。

将本节对中国与发达国家供应链关键要素的对比进行总结，如表9-6所示。

表9-6　中国与发达国家智慧供应链关键要素对比

比较对象 供应链关键要素	中国	发达国家
供应链渠道	企业多渠道供应链的发展更占先机，代表企业有阿里巴巴、苏宁、京东	零售电商巨头已经向线下渠道发展，打通多渠道供应链，代表企业有亚马逊、沃尔玛
供应链柔性	服饰和鞋类供应链柔性化趋势加速，但相比于发达国家还有待发展	一些服饰企业已经应用智慧技术增强供应链柔性
供应链可持续性	在推进可持续供应链的生态责任方面略显不足	欧美国家与日本成为绿色智慧供应链的领导者

（三）创新绩效要素比较

在讨论创新绩效要素时，本节将从供应链具体环节（物流）、创新产品市场覆盖与知名企业供应链能力三个方面入手，进行分析与比较。

从物流环节来看，中国的物流规模很大，但运行成本很高。2018年中国物流成本占GDP的比重高达14.8%（美国仅占8%），在物流行业，满足现代物流要求的仓储仅占12%。反观美国等发达国家，其在物流业大面积应用智慧运输系统、智慧交通信息系统和安全管理系统，企业的预测能力和协同能力十分出色。

从创新产品市场覆盖来看，中国智慧供应链创新相关产品覆盖率相对较低。目前，中国万名产业工人拥有的工业机器人数量仅有30台，而全世界均值为60台。许多企业虽然设立了供应链部门，但无法形成真正意义上的供应链。在发达国家，智慧技术在供应链管理中的应用十分广泛。通过智能决策、智能预测等技术，企业能够提高运营能力，并降低成本。

从知名企业供应链能力来看，中国企业的智慧供应链能力还有待提高。根据知名咨询机构Gartner第十五年发布的全球供应链榜单，二十五强中仅有阿里巴巴一家中国企业上榜，被荣誉提名的企业中，中国只占据三席。目前，中国企业正在积极建设智慧供应链体系，期盼从速度和质量方面追赶发达国家。

将本节对中国与发达国家智慧供应链创新绩效要素的对比进行总结，如表9-7所示。

表9-7 中国与发达国家智慧供应链创新绩效要素对比

比较对象 创新绩效角度	中国	发达国家
供应链具体环节（物流）	物流规模大，但成本高；物流成本占GDP约15%	物流成本占GDP约10%；物流业大面积应用智慧运输系统、智慧交通信息系统和安全管理系统
创新产品市场覆盖	创新相关产品覆盖率较低；万名产业工人拥有的工业机器人数量仅有30台	万名产业工人拥有的工业机器人数量世界均值为60台；智慧技术在供应链管理中的应用十分广泛
知名企业供应链能力	全球供应链二十五强中，仅有阿里巴巴一家中国企业上榜；被荣誉提名的企业中，中国只占据三席	供应链大师级企业全部来自发达国家；企业保持高水平研发投入，利用新兴技术提高响应能力

四、发达国家推进智慧供应链创新应用的经验借鉴

通过上文对各国推进智慧供应链创新应用做法的分析与比较，本节文将借鉴发达国家经验，从以下四个方面进行总结。

(一) 智慧技术发展和应用过程

在上文将中外智能技术要素进行比较的过程中，我们发现中国的智慧供应链还存在相关技术研发水平低的问题，与世界先进水平仍有一定差距。为此，我们从国内与国际两个角度提出参考建议。

从国内角度来看，中国应加速智慧技术应用产品的研发，抢占下一阶段的先机；着力培育智慧技术服务企业，促进智慧技术与企业供应链的有机结合。

从国际角度来看，中国应注重国际合作，在引进先进技术的同时，积极学习发达国家先进经验，努力实现弯道超车。在掌握核心技术、应用创新环境和建设标准化体系方面，根据细分市场特点和国情，形成具有中国特色的智慧供应链发展道路。

(二) 供应链创新模式方法与经验

在智能化时代，市场供需不确定性的增加、商业竞争环境的激烈、顾客的定制化要求等因素使得供应链上各企业要根据智慧供应链的特点，发展新的供应链管理模式和方法。

未来，中国的智慧供应链管理模式应趋向行业化、专业化，将核心技术部分交给更专业的人员完成；在意识到信息重要性的基础上，企业需要设法全面、即时、高效地获取供应链上下游数据，提高生产柔性和交付速度，以数据驱动和数据共享为依托来满足客户需求。

此外，考虑到供应链金融业务在中国的良好发展趋势，中国还可以将智慧供应链与供应链金融结合起来，利用区块链等智慧技术，建立可管控的封闭供应链金融体系，做到资源配置优化，活用资本。

（三）推动智慧供应链创新的政策

从表 9-2 和表 9-3 中可以看出，发达国家智慧供应链创新的诸多成果，与其积极出台政策支持智慧技术发展、顺应创新发展需求、持续推进体制完善和创新密不可分。然而，在中国，政府出台的支持供应链创新应用发展的相关政策仍然侧重于传统供应链范畴，没有突出体现智慧供应链的特点。因此，加快智慧供应链相关创新应用，将成为中国政府深化经济改革的必要途径和必然选择。

第一，从鼓励创新的政策角度来看，中国应为智慧供应链创新提供更大的空间；并为市场主体营造有利于智慧供应链建设的激励机制，以激发各行业积极建设智慧供应链。

第二，从构建创新环境政策角度来看，中国应当加快构建适合智慧供应链发展的体制机制，优化供应链发展环境，提升供应链竞争力，促使供应链从资源和劳动密集型向知识技术密集型转变。

第三，从市场监管政策角度来看，中国应加快推进智慧供应链标准体系建设和监管体系建设。诸多基础物流单元标准的不兼容，导致供应链在智能化过程中出现标准不统一等问题。

第四，从国际政策角度来看，中国应当加强与其他国家的交流与合作，继续推进国家供应链全球战略和新兴技术人才培养。例如，专为中小企业提供定制的政策支持，以刺激中小企业追求各种形式的创新。

（四）智慧供应链的全球化战略实施

在全球协作与分工日益成为主流的经济全球化时代，企业确实需要在全球范围内组合供应链，以全球化的视野，将供应链延伸至整个世界范围，根据自身需求在世界各地选取最具竞争力的优秀合作伙伴。通过上文的分析我们发现，中国已经开始布局智慧供应链以打造全球化竞争优势，但中国企业的智慧供应链全球化战略仍与发达国家跨国企业有一定差距。

随着中国企业逐渐登上世界舞台，各大企业既要研究如何推动企业内部和企业间的组织协同，更要思考如何推动自身在国家和地区之间的组织协同，从而构建全球智慧供应链综合体系。全球化的供应链涉及核心企业、众多供应商和零售商，因而易出现信息不对称的问题，中国企业可以考虑通过建立智慧供应链战略合作伙伴关系和加强信息共享透明度的方式来规避全球化过程中可能出现的风险。同时，企业需要保持高水平研发投入、持续发展数字能力和数字价值链、利用新兴技术提高响应能力。此外，要坚持互惠共赢、紧密合作的原则，打造一体化供应链。

在需求驱动的市场环境下，供应链与智慧技术、传统产业的深度融合正成为大势所趋。智慧技术已经在世界范围内的制造业、零售业和运输业得到广泛应用。各国已经认识到供应链在经济发展中举足轻重的作用，将其从企业微观层面提升到国家总体战略的宏观层面，并且把供应链政策作为增强产业竞争力和经济实力的重要工具。中国的供应链智慧化进展不断加快，但与发达国家相比，中国的智能技术还不够成熟，供应链柔性与可持续性方面也略显不足，供应链具体环节、创新产品市场覆盖与知名企业供应链能力也有待进一步强化。为此，本节提出了中国应加速智慧技术应用产品的研发，着力培育智慧技术服务企业，将智慧供应链与供应链金融结合，鼓励个体创新、构建创新环境、加强市场监管等建议。

相比于传统供应链，智慧供应链的研究还有许多有待补充与丰富的研究方向。例如，可以在研究中融入新兴技术的特点以及与传统供应链的差异，为现实企业中的管理者开发、供应链管理实施提供启发，将会产生更多有价值的研究成果。另外，目前大规模应用智慧供应链的行业包括物流业、制造业、医疗业、农业等，这些行业具有十分鲜明而迥异的特点。未来的研究可以采用建模、实证分析等多种方法，从供应链管理的角度出发，分析各个行业供应链中对各类智慧技术的不同需求，丰富智慧供应链研究，为各行业管理者提出有价值的参考建议。

第二节　智慧供应链创新与技术应用机制

随着信息技术的发展，物联网、大数据等科技改变了传统供应链的运作模式，使供应链逐渐向智慧供应链的方向发展，其目的是把传统运作系统转化为智能运作系统，利用先进技术来提高工作效率和生产力。智慧供应链是充分利用先进信息技术完成企业之间合作的过程，是一个基于信息、智能技术，实现智能化、网络化和自动化的技术与管理综合集成系统。

技术在智慧供应链创新中扮演了十分重要的角色。李佳认为基于大数据的智慧物流技术在信息共享、资源利用协同化、供应链一体化方面具有良好的适用性。许多将区块链、智能合约和物联网等技术结合的智慧供应链可以有效解决供应链主体间的信任问题、监管溯源问题和数据隐私保护问题。

机制的合理构建是供应链提升的关键。近年来，许多学者也对供应链的运行机制进行了探讨。李洁认为供应链管理运行机制是一种基于竞争—合作—协调机制的新型企业运作模式，通过合作机制、决策机制、激励机制和自律机制等共同实现供应链运作目标。周欢对基于绿色制造的食品供应链进行研究，指出供应链运行机制是通过构建准则和制度，引导和制约节点企业的运营决策，来促进供应链整体发展和节点企业个体的成长。

一、智慧供应链创新与技术应用机制的内涵

（一）智慧供应链创新的内涵

智慧供应链创新是对智慧供应链业务运行开展的针对性创新活动，旨在创新发展供应链新理念、新技术、新模式，高效整合各类资源和要素，提升产业集成和协同水平，满足智慧供应链高效运行的目标。

(二) 技术应用机制的内涵

技术应用机制即技术的具体运用及运行方式。供应链中的技术应用体现在战略合作、共同决策、相互激励、风险共担、企业互信等方面。研究智慧供应链的技术应用机制可以更好地发挥技术创新在供应链各环节的作用，有效促进智慧供应链创新。一般来说，智慧供应链的技术应用机制需要考虑到三个方面：一是是否需要采纳相关的智慧技术；二是如果采纳了相应的智慧技术，如何进行技术应用，有何具体的战略；三是对于技术应用战略，如何进行科学的选择和实施。接下来，本文将对这三方面的问题展开详细分析。

二、基于TOE的智慧供应链采纳智慧技术的理论模型

(一) TOE框架模型概述

TOE（技术—组织—环境）框架是于1990年提出的理论分析框架，被广泛用于研究影响某项技术采纳决策的相关因素。如图9-1所示，该模型认为组织对创新技术的采纳受到技术、组织、环境三个方面因素的影响。

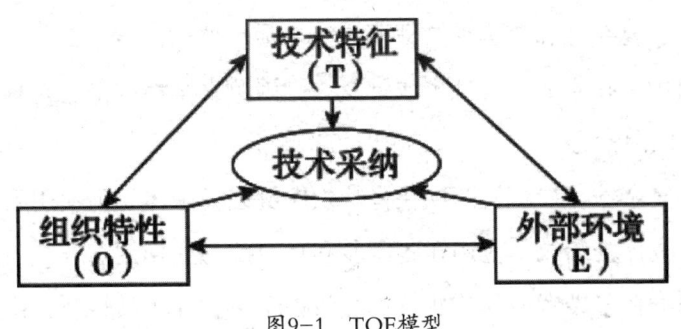

图9-1 TOE模型

(二) TOE框架模型在智慧供应链采纳智慧技术中的应用

本部分在传统TOE模型的基础上进行扩展，将TOE模型的适用范围从企业扩展到供应链中，并将影响因素进行整合归类，构建智慧供应链采纳

智慧技术的理论研究模型，如图9-2所示。技术在智慧供应链创新中的应用受到技术特性、组织条件及外部环境的影响，技术可以促进产品和服务的创新，推动供应链上下游的整合，保障智慧供应链系统的运行，并与组织和环境因素产生关联影响。三种因素相互作用，共同作用于智慧供应链创新。

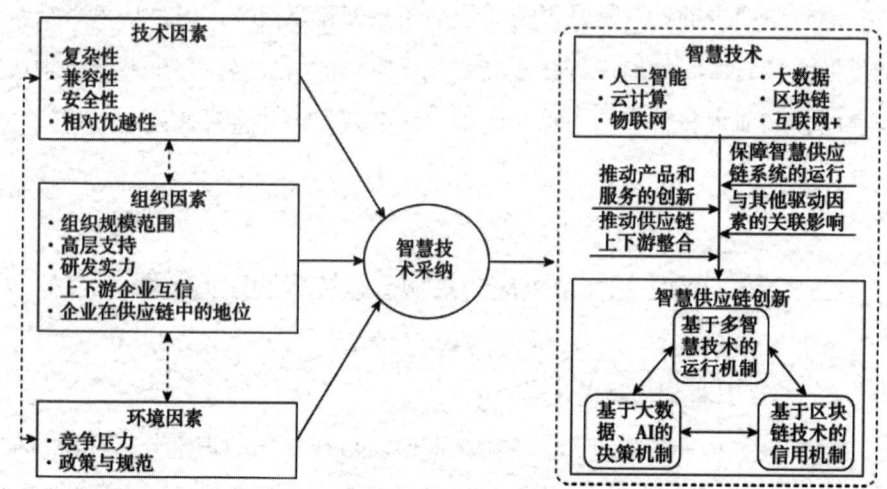

图9-2 智慧供应链采纳智慧技术的理论研究模型

1. 技术因素

技术因素指技术本身的特征，是影响技术采纳最主要的因素，其中相对优越性、复杂性和兼容性被证明是三个最重要的因素。此外，在智慧供应链创新中，技术的安全性也非常重要，因此安全性因素也是技术采纳时必须考虑的因素之一。

（1）复杂性。技术复杂性在智慧供应链创新中体现为使用新技术的困难程度，具体是指技术应用在各阶段和环节的交互作用。若一项技术相对复杂，则潜在采纳者需要花费较长时间去学习它并将其转换为供应链可以应用的形式。智慧技术是多种技术的集成，具有高度的复杂性，阻碍了其在智慧供应链创新中的采纳，因此复杂性会影响技术的采纳与扩散程度。

（2）兼容性。新技术与供应链企业业务流程、技术平台基础的兼容程度也是影响采纳的因素之一。智慧供应链技术创新需要新技术与企业自身及上下游企业的原有技术与经验相融合，将新旧技术重组整合，形成互融互通的新型供应链体系。技术的兼容性与成熟度相联系，处于发展初期的技术往往成熟度较低，不易与原系统兼容，在引入时会带来巨大的改进和建设成本，同时存在较高风险，不利于技术的采纳。

（3）相对优越性。供应链的技术采纳须建立在提高供应链效率或降低成本的基础上，智慧技术可带来成本节约、业务流程效率提高等多种正面效益，推动供应链向智慧化、可视化方向发展。如果技术带来的效益相比于其高投入成本更具优势，组织则倾向于采纳技术来提高竞争力，反之将不予采纳。

（4）安全性。供应链企业合作时十分重视信息安全，技术应用过程中可能带来的数据安全问题将会造成企业的信誉和资金损失，这对技术应用的安全评估与预险机制等提出了新的要求。缺乏成熟的安全协议及身份管理标准，将导致组织在采用云解决方案时容易出现数据泄露等安全风险，阻碍新技术在智慧供应链创新过程中的采纳。

2. 组织因素

除了考虑组织规模、高层支持、研发实力等组织本身的因素，在技术采纳中，还需要考虑上下游企业间的互信、企业在供应链中的地位等与供应链相关的组织因素。

（1）组织规模范围。组织规模会对绩效产生显著影响，更大的规模意味着更广泛的地域范围分布。基于互联网的信息共享和基于物联网的互通互联，可以缓解组织规模扩张带来的信息传递不畅问题；人工智能的引入则能进一步释放生产力，促进组织创新。结构复杂、跨越范围广泛的大企业采纳新技术后的经济效益提升更为显著，因此其更能激励企业采纳新技术。

（2）高层支持。采纳新型智慧技术可能会导致原有业务流程、业务结构等各方面发生变化甚至变革。融入智慧技术的新型业务流程的开发需要资金支持，这需要得到高层的许可；技术在组织内的普及工作也需要高层来进行指引，以消除员工对新技术应用的消极或抗拒态度。面对采纳过程中的不确定因素，高层的支持会对新技术的采纳产生促进作用。

（3）研发实力。企业的研发实力反映在创新的资金和人才投入等方面。技术创新需要大量的资金投入，技术研发的可用资金数额决定了智慧供应链创新的发展程度；同时，新技术的应用要求更高的专业知识技能，专业人才的缺失将对技术在供应链范围内的应用和普及产生阻碍。因此，现金流和科研人才储备充足的企业有更多的资源进行新技术的测试与应用，并能承担更高的研发风险，有助于新技术的采纳。

（4）上下游企业互信。与供应链上下游企业及合作伙伴的互信水平也会影响技术的采纳决策，合作伙伴之间的高信任度可以促进新技术的采纳。智慧技术的引入可以促进信息的共享及交互，提升供应链的资源整合能力，降低交易成本，对供应链协同发展产生正向影响。因此，供应链企业互信程度越高，提升合作水平的意愿越大，越倾向于做出技术采纳决策。

（5）企业在供应链中的地位。企业在供应链合作博弈中所处的地位会影响其在技术采纳决策中的话语权，供应链技术采纳决策主要由供应链主导企业决定。同时，采用智慧技术后获得的收益分配也与企业在供应链中的地位相关，处于主导地位的企业在供应链引入智慧技术后的收益提升更加明显，因此有更大的激励使其做出技术采纳决策。

3. 环境因素

组织采纳某项技术还会受到外部环境的影响，包括外部竞争压力和政策规范等。

（1）竞争压力。供应链创新除了面临内部技术革新的需要外，还面临着来自企业外部的竞争压力，包括来自供应链上下游企业新技术创新的压力、竞争对手的技术领先压力、商业模式与行业标准发展带来的压力等。面对内部需求和外部压力，企业将跟随潮流进行技术创新，通过发掘高效的管理方法和管理工具来改进业务流程，保持竞争优势，促进供应链的协同化发展，增加整体绩效。因此竞争压力对技术的采纳决策有正面激励作用。

（2）政策与规范。政府提供的法律规范、财力支持、政策补贴以及相关学术机构的准则和规范等，可以减少技术应用过程中的阻力，对技术在智慧供应链中的采纳和推广起到重要的推动作用。企业应发挥政策规范的催化作用，按照发展规划和政策方向来应用技术。

综上所述，智慧供应链技术采纳的是智慧技术的理论研究模型，扩展模型与传统模型的主要区别在于：技术因素中引入了安全性这一要素，同时将兼容性的含义进行扩展，强调供应链企业之间的技术兼容；组织因素中考虑了上下游企业间互信以及企业在供应链中的地位；环境因素中竞争压力的含义得到扩展，考虑了来自供应链企业的创新压力和需求。技术通过与组织、环境等因素的相互作用，共同影响智慧供应链创新的技术采纳决策。

三、基于 TAM 的智慧供应链创新技术应用战略分析

本部分将结合 TAM 模型，探究 TOE 模型中的各类因素影响技术采纳决策的方式，并将智慧供应链企业的技术采纳行为划分为相应的技术应用战略。

（一）技术接受模型在智慧供应链创新中的应用

技术接受模型（TAM）是 Davis 提出的用于研究用户对技术的接受行为的理论模型，其基本框架如图 9-3 所示，该理论认为外部变量通过影响感知有用性和感知易用性来影响个体使用态度，态度与有用性共同决定个体的采纳意向，进而影响个体的技术接受行为。其中，感知有用性反映是应用某项技术后绩效提高的程度；感知易用性则指个体使用技术或系统的容易程度。

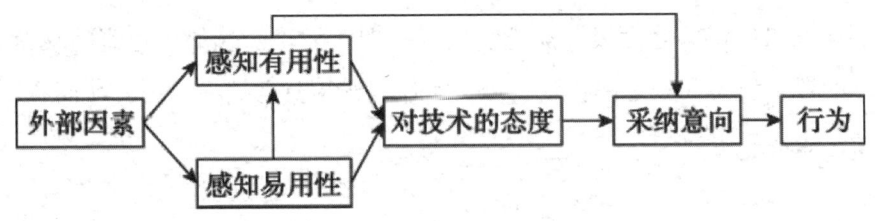

图9-3　Davis的技术接受模型

结合第三部分提出的智慧技术在智慧供应链创新过程中的特有属性，本文对图9-3中影响感知易用性、感知有用性的外部因素进行扩展，同时考虑上下游企业对技术的态度，建立TAM扩展模型，如图9-4所示。技术特征、外部环境、组织自身条件以及供应链上下游企业态度等因素，通过影响智慧供应链对技术的采纳意向，间接影响智慧供应链的技术采纳行为。

（二）智慧供应链创新技术应用战略分析

为提高供应链的竞争力，智慧供应链企业应将技术应用决策上升至战略高度。在新产品开发决策中，Barczak将新产品开发战略行为分为市场领先者、迅速跟进者和后进入者三类。新技术应用与新产品开发在创新上具有相似性，本文在类比的基础上提出智慧供应链创新的技术应用战略。智慧供应链企业可依照自身研发实力、供应链竞争地位等方面确定其技术定位，即技术领先者、跟进改造者和后进支持者；不同技术定位呈现出不同的技术应用行为模式，据此可将智慧供应链的技术应用战略划分为领先战略、追踪战略和支持战略三类。

1. 领先战略

技术领先战略是指企业主动进行技术创新，应用先进智慧技术来进行决策、管理和协调，使供应链更加透明化和智慧化，在市场中更具有竞争力的战略。

领先技术通常是指成熟度较低、兼容性不高的先进技术，在开发与应用时具有较高风险，因此技术的相对优越性即投入产出比是影响领先战略采纳决策最主要的技术因素。此外，战略实施在很大程度上取决于组织内部环境及供应链智慧程度。在组织内部，拥有战略眼光的企业家的支持，雄厚的资金储备和充足的技术资源，将使组织更具备研发实力，从而有助于领先战略采纳。

第九章 智慧供应链创新与应用研究

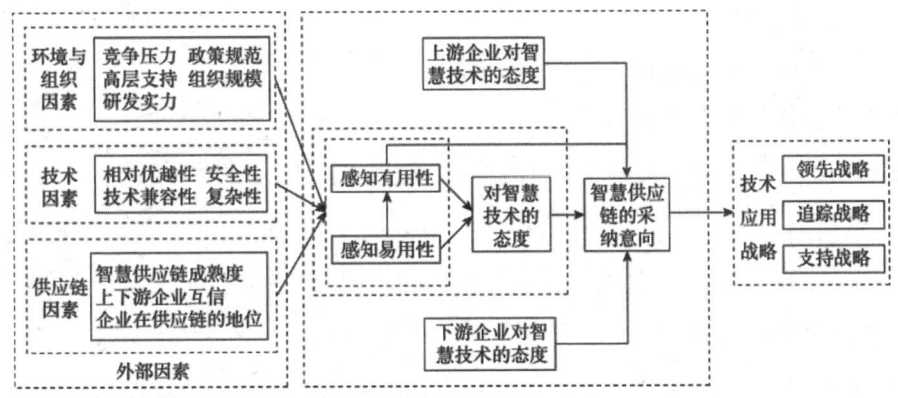

图9-4 智慧供应链创新技术采纳的概念模型

在较成熟的智慧供应链中,企业间的信任机制较为健全,为智慧技术的采纳创造了透明化和一体化的供应链环境,从而促进技术创新和领先战略采纳。

采用领先战略的供应链企业往往是较成熟的且智慧供应链中占据主导地位的企业,它们需要应用领先的智慧技术来提升供应链的协同化、一体化程度;尽管高复杂性、高不确定性的技术兼容可能导致技术的感知易用性不高,但在感知有用性方面,企业能通过该战略实现智慧化决策、数字化运营与自动化操作,为客户提供更优质的服务,打造供应链竞争优势;同时已有的智慧技术是新技术研发、应用与创新的基础,可形成技术创新的良性循环。

2.追踪战略

技术追踪战略是对有一定应用范围的领先技术进行持续跟进,旨在避免领先战略的高风险和高成本,同时考虑技术兼容等因素,学习并改进领先技术,将结构较简单的智慧供应链网络进行逐步布局的战略。

追踪战略不需要过高的资金投入,但需要其自身及供应链合作伙伴具备一定的研发实力,以应对先进技术的复杂性特征;随着领先技术复杂性的增加,追随者的技术跟进成本和风险也会增加。已有大数据等较成熟智慧技术支持的供应链,虽然技术上不处于行业领先,智慧网络布局也较为简单，但已具有相对较高的技术渗透水平和信息化水平，这能够帮助企业跟随潮流进行技术创新，促进追踪战略的采纳。

追踪战略对企业具有更高的感知易用性，因为企业通常在综合领先技术创新的可取之处的基础上，对其进行组合再创新，不需要投入大量的人力、财力和物力，技术应用难度降低，风险较小。在感知有用性方面，追踪战略汲取了前人的应用经验，可以选择更符合市场需求、兼容性更高、收益性更好的智慧技术进行具有针对性的应用。基于上述特点，技术追踪战略的采纳者往往是成熟智慧供应链中的相对劣势者或成熟度略低的智慧供应链中的主导者，通过技术的持续跟进与创新来缩小与领先者之间的差距，逐步引入技术并搭建智慧供应链网络，以提升供应链竞争力。

3. 支持战略

技术支持战略是智慧程度较低的供应链或企业从技术局部渗透开始，逐渐将已成熟的智慧技术应用于不同场景，并在仿制的基础上进行技术二次创新，实现智慧化转型的战略。

采用技术支持战略的供应链企业往往智慧技术应用范围狭窄、深度不足，其智慧化只存在于某些功能或环节中，供应链整体智慧水平和竞争力较弱。因此该类企业往往选择感知有用性和易用性都较高的技术，即市场上广泛且成熟使用的、更容易兼容的技术。引入这些技术的成本和风险都较低，技术应用重点在其安全性、操作复杂性及与原系统的兼容性上，通过调查、学习、消化再吸收的过程，在模仿的基础上进行二次创新。同时，企业需要考虑政策环境、组织条件等因素，分析技术的应用前景及供应链其他企业对新技术的接受程度，进而实施相应的技术支持战略，逐步实现向自主创新型企业转化。

技术支持战略适用于成熟度低、竞争力弱的智慧供应链，上下游智慧水平普遍不足，单独环节的技术领先带来的竞争力有限提升不足以弥补应用技术的成本投入；该战略也适用于成熟度稍高供应链中的弱势企业，由于技术和资金水平薄弱、研发实力不足的原因，企业既无法创新超前技术，也无法在领先企业应用后立即引用,仅能依靠引进成熟技术并进行仿制,尽量缩小与行业的差距。

(三) 智慧供应链创新技术应用

上述技术战略的选择与供应链的智慧程度及企业在供应链中的地位息息相关,对此,本节引入"智慧供应链成熟度"作为横坐标,"企业在供应链中的地位"作为纵坐标,构建战略匹配二维坐标图如图9-5所示。其中,智慧供应链成熟度是通过供应链绩效、研发投入占比、智慧设施、智慧平台数量和智力资源等衡量的智慧供应链发展程度。企业在供应链的地位指该企业在供应链上下游合作博弈中所处的地位,可通过其综合实力、提供产品和服务的不可替代性、商业信用、谈判力和风险防御力等指标来衡量。

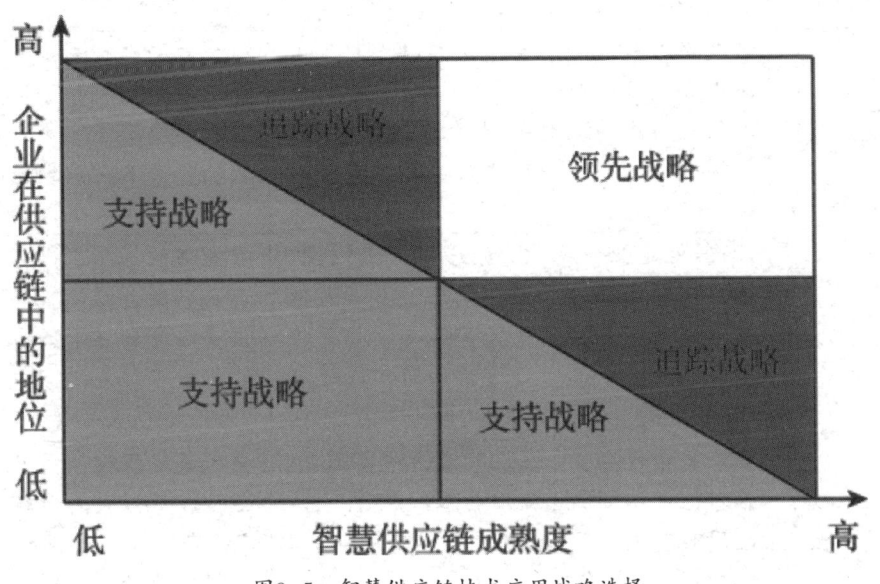

图9-5 智慧供应链技术应用战略选择

当智慧供应链成熟度或者企业竞争地位中的任意一个因素水平很低时,受制于上下游企业的智慧程度或自身能力限制,单一环节的智慧技术应用对链条效益的影响十分有限,供应链上的企业趋于选择支持战略。

成熟度稍低的智慧供应链上的主导者拥有实力跟进领先技术,但考虑到全链条尚未达到高智慧化水平,它们将选择追踪战略。而成熟度稍高的智慧供应链中的相对弱势企业,其研发实力不足以追踪前沿技术,也将选择追踪战略,并成为制约供应链智慧化程度进一步提高的关键。

随着智慧供应链成熟度和企业竞争地位的提高,供应链企业的技术战略决策趋向于从追踪战略向领先战略转变,以巩固供应链和企业的竞争优势。此外,较高的技术复杂性将显著提升技术应用与创新的成本和难度,导致供应链在采纳技术时面临着诸多风险,这可能导致供应链中风险规避者的技术战略选择趋于保守。

总结上述战略匹配过程,得到三种战略的比较表,如表9-8所示。

表9-8 三种技术应用战略的横向比较

战略类型	领先战略	追踪战略	支持战略
适用情况	智慧供应链成熟度很高,且企业在供应链中的地位也很高	智慧供应链成熟度很高但企业地位相对较弱;或企业地位很高,但供应链成熟度相对弱些	智慧供应链成熟度和企业在供应链中的地位,只要有一个水平较低,企业就被迫选择支持战略
核心发展模式	与其他企业合作,以本企业的技术创新,带动整条供应链智慧化程度的提高	构建技术发展动态联盟,供应链上下游企业优势互补、相互协作进行创新,促进向领先战略转变	在模仿的基础上进行二次创新,逐渐提高供应链薄弱环节的智能化水平,促进向领先或追踪战略转变
智慧技术特点	技术复杂性高,兼容性低,创新应用难度大,带来的收益也高	技术兼容性略有提高,应用成本和风险下降,且更符合市场需求	技术兼容性较高,复杂性较低,且具有较好的安全性和兼容性,将风险降到最低
供应链特点	智慧供应链网络化布局初具规模,各环节相互信任,且资金和研发实力雄厚,供应链协同性高	智慧供应链结构简单,算法成熟。供应链协同化程度较高,但企业缺乏竞争力和话语权;或供应链整体协同能力不足	供应链某些环节信息化水平不足,只有部分功能和场景实现了智慧化,从而限制了整条供应链的协同性和技术创新应用

（续表）

战略类型	领先战略	追踪战略	支持战略
典型案例	亚马逊的KIVA机器人革新了拣货流程，从人找货到货找人，极大提升亚马逊的供应链效率	京东图书供应链中，图书供应商采用追踪战略，配合京东开展图书营销，并进行及时发货	众多中小企业研发能力差，直接选择"智通三千"类的智慧物流平台服务，从而使自身物流费用大幅降低

总之，供应链企业需要对外部环境、组织自身条件、智慧技术特性及智慧供应链成熟度等方面进行综合分析，在权衡成本、收益和风险的基础上做出技术应用战略决策。

智慧供应链是供应链的发展趋势之一，本节创新性地结合TOE框架与TAM模型，对智慧供应链创新的技术应用机制、驱动因素和技术战略应用匹配等问题进行分析。研究结果表明：首先，智慧供应链的技术应用机制包括智慧技术采纳的驱动因素分析、技术采纳的战略设计以及技术采纳的战略选择三个方面。其次，本节对智慧供应链技术创新的驱动因素进行分析，构建智慧供应链采纳智慧技术的改进TOE模型。本文认为兼容性等技术因素、研发实力等组织因素、竞争压力等环境因素都会影响技术采纳的决策。最后，本节提出智慧供应链创新的TAM扩展模型和三种技术应用战略，并依照智慧供应链成熟度和企业在供应链的地位进行技术应用战略匹配。

智慧技术的革新与应用是智慧供应链发展的不竭动力。本文对智慧供应链的技术应用机制进行了深入研究，以期对企业实践起到指导作用。然而，目前智慧供应链尚处于起步阶段，对智慧供应链创新的技术应用过程尚无成体系的研究，技术作用于智慧供应链的机制也缺乏充足的实例支撑。在后续研究中，可以分析关键技术在智慧供应链中的应用过程，辅以现有企业实例对应用过程中的关键点进行分析，并提出建议。

第三节　智慧供应链创新的路径设计

智慧供应链作为供应链研究的新分支，已成为当今大数据时代下供应链学术研究的重要趋势，开展智慧供应链创新是供应链企业增强竞争力的关键途径。要在发展智慧供应链中取得优势，选择合适的供应链创新路径尤为重要。在总结相关研究的基础上，文章从技术创新路径、商业模式创新路径和制度创新路径三个角度进行智慧供应链创新路径设计，并基于以上三种创新路径的设计，分析比较了不同路径组合的特点与构成，建立了创新路径体系，为智慧供应链创新研究提供了新的思路。

伴随第四次科技革命的浪潮，全球供应链发展已进入了智慧供应链时代。智慧供应链是以物流互联网和物流大数据为依托，以增强客户价值为导向，通过协同共享、创新模式和人工智能先进技术，实现产品设计、采购、生产、销售、服务等全过程高效协同的组织形态，其"智慧"的特征突出表现在基于现代智能技术和供应链技术的应用，供应链全程运作实现可视化、可感知和可调节等功能。智慧供应链通过柔性化管理、快速化响应和智慧化协同，实现供应链创新、生态、高效的发展目标。在中国，以菜鸟、京东、中外运、苏宁等公司为代表的中国企业，不断加强对传统供应链的变革创新，已经初步建成了具有信息化、智能化、集成化等先进特征的智慧型供应链，引领了中国智慧供应链的发展方向。然而，在智慧经济快速发展的浪潮下，许多公司已不再满足于既有的供应链发展进程，智慧供应链的创新与应用日益得到重视，建设更加适应当下环境与未来发展的智慧供应链逐渐成为公司追求的目标。虽然一些公司已经开始开展前瞻性的创新工作，但智慧供应链的创新路径并没有得到科学、系统的总结与探索。

一、智慧供应链创新的特性

信息技术的飞速发展、新型商业模式的更新换代以及社会制度的变迁改革是现代企业经营发展的时代背景。在当下信息互联时代，如何识别智慧供应链创新的特性对企业发展至关重要，它将有助于企业更稳健地推进智慧供应链创新，以期在供应链竞争中取得优势。

（一）资源平台化

智慧供应链创新的主要特点之一是利用平台进行高效快捷的创新。以海外清关代理为例，阿里巴巴旗下的一达通外贸综合服务平台给中小型跨境电商提供了更周到全面的一体化清关服务，基于特色服务的创新更具有广泛的价值。因此，以包容、开放、智慧的理念推动供应链创新，将会获得更大的发展空间与市场机遇。

（二）个性化需求满足方式

传统供应链以推式生产为主，在市场反馈上具有难以避免的滞后性。而智慧供应链注重体现以顾客为中心的理念，在"供应商—顾客"的链条上以拉式生产的方式实现信息流的互动。具体来说，消费者在购买产品或服务前提出需求，消费后可再次提出反馈建议，从而更好地构建个性化的产品与服务，满足目标人群的潜在需求，结合对未来市场趋势的预测，从而提高可持续发展的可能性。

（三）繁杂冗余的数据冲击

在大数据时代，供应链上时时刻刻都在产生繁杂冗余的数据，为了企业管理者更好地制定决策，从大数据中高效地提取有效信息，再将其进行分析处理是智慧供应链创新的首要任务。供应链环节的时效分析、服务质量分析、各个流向的环境政策分析等，都依托于大数据。进一步来说，云计算与人工智能依托于大数据，又孕育了新的机遇与空间，为智慧供应链创新添砖加瓦。

(四) 多主体协同化创新

在智慧供应链视角下,核心企业基于企业发展战略,将供应链上的各个信息孤岛连接在一起,实现了企业从产品开端的设计、采购、生产,一直到末端销售、服务等全过程的高效协同,从而最大化整个供应链盈余。合作伙伴联盟的形成使单个企业之间的商务往来变成有组织的系统之间的合作,从而进一步放大行业间信息共享和资源共享,实现向现代化、智能化、高效化的供应链转变。

二、智慧供应链创新的路径设计

本部分研究将围绕智慧供应链技术创新、商业模式创新和制度创新三大路径,剖析企业在供应链创新路径上的壁垒,为供应链创新提供完善的路径方案。

(一) 技术创新路径

供应链技术创新是智慧供应链创新路径的首要选择,它为商业模式创新、制度创新以及其他类型创新的发展奠定了基础。随着科学技术的不断发展,丰富的供应链技术投入到企业生产、仓储、运输等各个环节,为企业带来了极大的效率提升。例如,利用区块链技术打造物流信息平台,去中心化且解决溯源问题;利用物联网标识技术打造智慧型供应链管理系统,满足产业链协同需求;利用大数据分析,把繁杂的数据转换为商业智能,为消费者提供更优质的产品与服务。

目前广泛而零散的现有技术已然不能完全满足企业对构建智慧型供应链的需求,企业需要找寻其资产结构、所在供应链的特点以及其对技术创新需求的平衡点,选择不同的技术创新研发战略,例如合作研发、独立研发以及综合研发。

1. 合作研发路径

伴随着经济全球化趋势的加快和市场化竞争愈加激烈,单一企业的有

第九章 智慧供应链创新与应用研究

限资源已无法满足当下技术创新的高水准，开展协同化的供应链技术创新已然是供应链企业的当务之急。供应链核心企业与上下游成员之间达成协议，通过合作研发，实现产品监控、风险管控、日常运营等诸多方面所需技术的创新构想。供应链成员利用各自丰富的研究背景进行商业数据分析，提出指向性的供应链技术需求，与企业共同找寻优化的方案。合作研发相应的技术，成功地将技术供应者、技术创新者、技术使用者连接起来，达成合作研发的目的，其研发路径如图9-6所示。

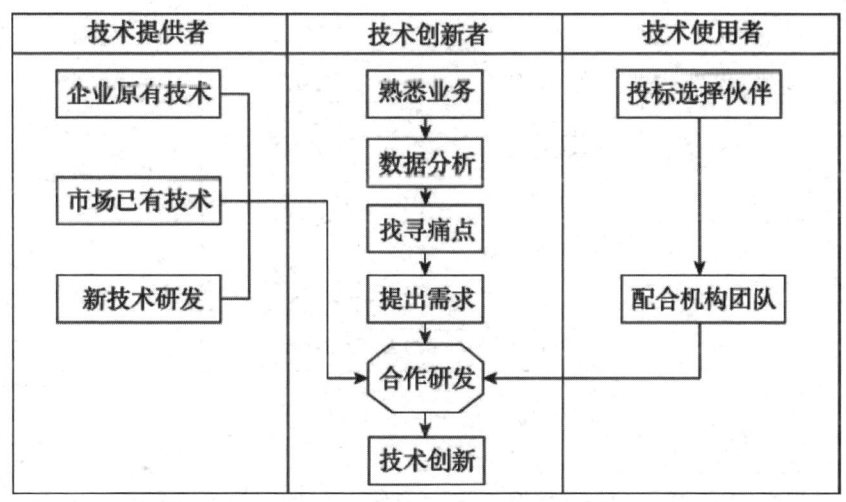

图9-6 技术合作研发路径

2.独立研发路径

在当代技术外包研发不断增长的趋势下，一些依赖科学知识含量的技术密集型供应链企业却走上了另一条路，即技术的独立研发，紧跟科技发展潮流，纷纷建立起属于自己内部的大数据云平台，使各个环节不同部门的工作人员能够高效地进行数据信息的交互。例如，顺丰速运集团建立了顺丰科技，致力于打造全方位智能化的供应链解决方案，不仅提供无人机技术等物流科技体验，还致力于打造可持续包装解决方案、信息安全解决方案以及丰溯区块链解决方案。

企业研发机构是企业自主创新能力的中坚力量，为企业产品升级提供技术支撑。在供应链中，前端客户的真实需求通过牛鞭效应传递到供应商节点，其中的过程会带来大量的能量损耗。技术独立研发路径通过企业内部的便捷沟通，可以带来更加高效的创新价值。前端销售团队负责洞察市场需求，交给产品团队设计符合市场需求的新产品并提出新产品需求；技术团队在整合现有技术的条件下开发新技术，实现新产品诞生的目标，并进一步挖掘新技术的潜力；营运团队负责将新产品落地实施，并把异常与成果告知客服团队从而再反馈给前端销售团队。综上所述，技术独立研发路径如图9-7所示。

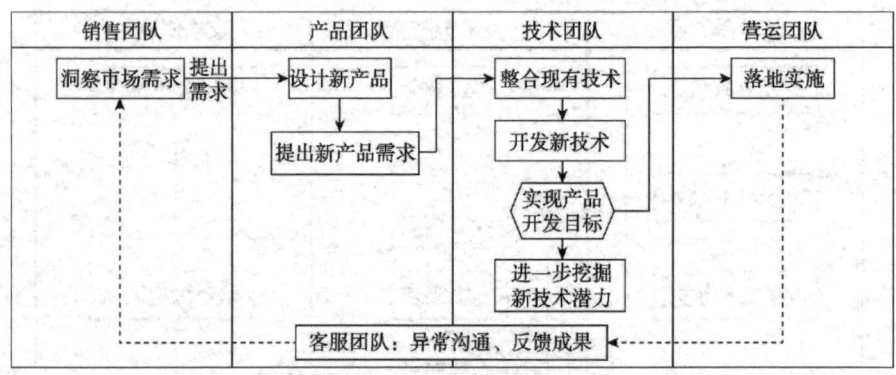

图9-7 技术独立研发路径

3. 综合研发路径

技术的综合研发路径是将技术合作研发与独立研发相结合，依靠市场的力量，将技术研发向供应链的上下游延伸。例如，当供应链共性技术具有真空地带，在此行业中的领先企业就可以选择把其竞争力从提供领先的产品上转移到提供领先的共性技术上，从而获得更高的技术主动权。

例如，亚马逊旗下的无人超市AmazonGo结合了RFID、计算机视觉、感测融合、深度机器学习等技术，实现了店内商品、消费者、计算机三者的实时互联。

但共性技术难以在短期内产生效用，因此需要坚持较长时间的研发，并且依赖于企业间的合作关系，取决于企业在供应链中的地位，具有很大的风险且竞争十分激烈。技术的综合研发也可来源于其他供应链上的企业，如供应商、客户以及代理商等合作伙伴，共同解决整条供应链上的痛点以增加整体盈余。按照合作企业在供应链中的位置不同,可将技术综合研发路径分为横向合作研发和纵向合作研发,如图9-8所示。

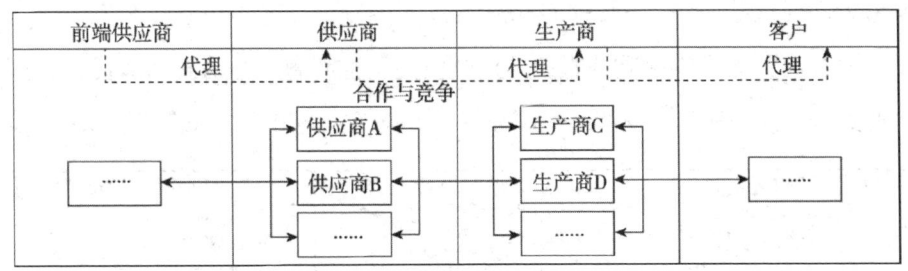

图9-8 技术综合研发路径

(二)商业模式创新路径

进行智慧供应链商业模式的创新设计,需要考虑到企业实际运作中的各个环节对构建智慧供应链所起的作用。实际上,商业模式主要考虑成本结构与收入来源两大方面,对企业的重要伙伴、关键业务、核心资源、价值主张、客户关系、渠道通路以及客户细分等方面进行分析,找出适合本供应链的商业模式。

在发展创新型智慧供应链的大环境下,消费者不断对产品和服务提出新的个性化需求,企业对繁杂冗余的数据进行分析,其结果指向了多种机会与选择,衍生出三大类商业模式创新的路径,分别是共享化路径、封闭化路径以及综合化路径。

1. 共享化路径

在新兴技术飞速发展的今天,供应链商业模式呈现共享化、扁平数字化的新特征,共享化商业模式成为管理供应链资源的先进手段。在共享化平台上,可以随时利用区块链技术进行溯源,实时追踪供应链上的各个环节。例如,新零售业供应链打造了线上与线下深度融合的一种新模式,供应链中多方协作共享,将传统零售以企业为中心转移到通过全渠道满足消费者需求的消费者中心模式。

共享化商业模式致力于打造F2C商业模式(factory to customer),从供应商直接面向消费者群体,省去了传统供应链中间代理商、经销商环节,直接把人、货、场三者串联起来。同时，O2O（online to offline）商业模式也必不可少，将线上线下资源成功对接，打造"互联网+"信任社群。甚至还出现了B2C2B（business to customer to business）的以消费者为中心，卖方与交易平台共同为买方提供优质的服务，把供应商、生产商、经销商到消费者的整个产业链接为一体，实现产品、服务解决方案的全面升级，如图9-9所示。

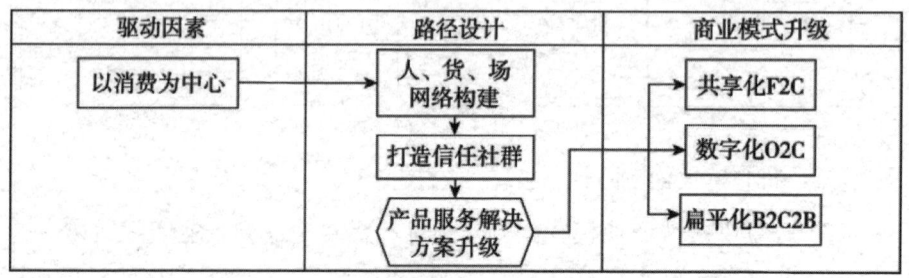

图9-9　商业模式共享化路径

2. 封闭化路径

与共享化路径对应的是封闭化路径，是指在商业模式创新中企业将自身的资源或者运营方式等封闭起来进行独家创新的模式。在封闭化路径中，供应链企业可以通过封闭的资金供给与有限研发力量的结合，从而保证技术的保密、独享与垄断。例如技术密集型高科技行业、自然资源能源垄断行业等其他供应链行业，大多建立内部的采购、销售、其他物流环节等为一体的供应链生态环境，在下一步推进智慧供应链体系建设时，打造自给自足的数字化、智能化平台。

智慧供应链选择封闭化商业模式创新路径需要三个前提：第一，供应链核心企业必须有行业领域中绝对或者相对的议价权，这是进行封闭创新的基础前提；第二，核心企业信用在业界被消费者认可，相信其能提供可靠的产品和服务；第三，只有企业确定进行商业模式变革可以为其带来新的竞争优势时，才是其进行商业模式封闭化创新的最佳时期。图9-10给出了该模式的创新路径。

3. 综合化路径

综合化路径是将共享化和封闭化两种商业模式相结合的一种方式，该

第九章 智慧供应链创新与应用研究

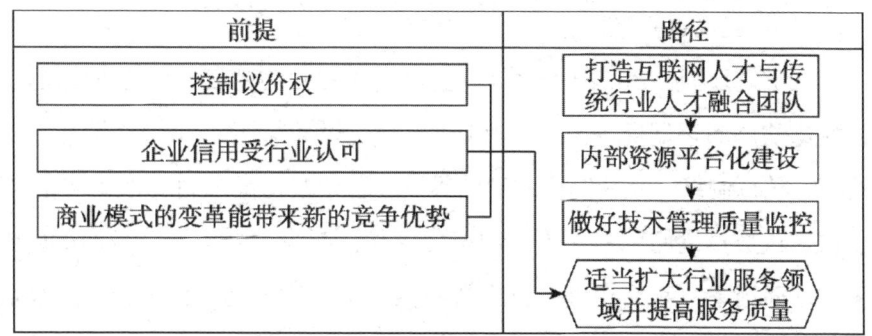

图9-10 商业模式封闭化路径

模式集两者的优点于一体，对外商业交互实施开源共享化，对内产品实施封闭化。一些可以从闭环供应链中直接获取经济效益的企业非常适合这种综合化商业模式创新路径，例如汽车、电器、材料等供应链，企业可以对这些产品进行回收再利用。

与传统的供应链信息共享平台相比，这种综合化的闭环供应链共享化商业模式更专注于企业对其产品进行全生命周期的数据跟踪和把控，对正向供应链提供运营与绩效监控服务，提高正向供应链效率，并对逆向供应链提供产品回收定价等服务。同样地，需要建立全链条的信息采集、传输、存储、加工等的云平台，使不具有利益冲突的供应链上下游企业有效地进行数据共享，便捷地对异常及错误数据进行再采集，如图9-11所示。

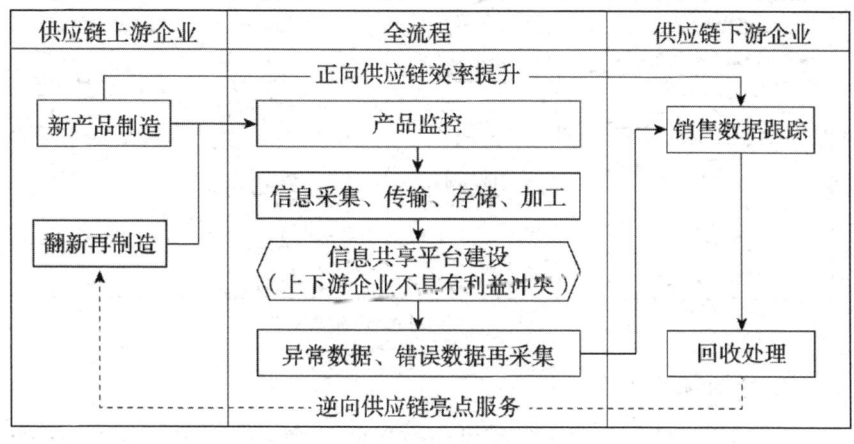

图9-11 商业模式综合化路径

(三) 制度创新路径

在宏观层面，供应链制度涉及生产者责任延伸制度、绿色供应链制度、供应链战略联盟制度等。在微观层面，子制度包括第三方监控制度、合作规范、认证制度、反馈制度和契约等。各种宏观与微观制度相互结合作用，使供应链成员之间朝着一个方向努力，从而减少内部消耗，增加供应链总盈余。而当下，我国相对低效粗放的供应链制度限制了供应链企业发展的潜力，因此，研究者们需要重新审视这种模式所带来的弊端，并寻求建立创新型的制度。

1. 随机演进路径

随机演进是指制度变迁主要不是靠人为的设计而完成的，而是随着历史过程的自然演化，具有随机性。在供应链创新中，制度的随机演进过程主要分为三个阶段。第一，与人类社会制度的随机演进类似，供应链制度自然演进受到员工数量和劳动方式的制约，进而受到供应链合作方式的制约。第二，供应链制度自然演进的动因主要是资源的稀缺性以及技术的进步，在供应商管理方面往往具有滞后性。第三，制度的自然演进在带来利益的同时，难免会有一些制度漏洞被供应链中的投机者所利用，相应的自我修复客户管理应运而生，如图 9-12 所示。

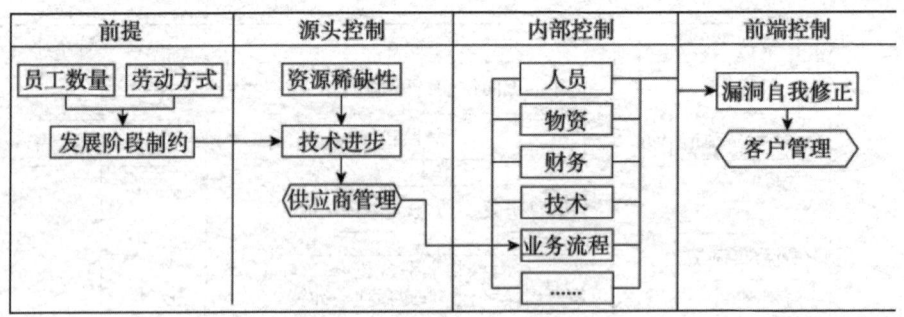

图 9-12 制度随机演进路径

2. 计划演进路径

制度的计划演进方式是指供应链上的直接主体，包括个人、企业、社会组织以及政府组织等，在制度演进所带来的潜在利润的驱动下，有意识地采取行为推动供应链制度变迁或者对制度变迁施加影响的一种制度演进方式，并且该方式受人为因素影响的程度较大。

计划演进路径从源头上把控整个供应链，把市场的自我调节机制能力用更稳固的计划管理模式替代。通过制定一系列的制度，可以有效把控供应商、生产商的生产活动。通过掌握并调节技术水平的高低，从而扩大整个供应链的经济效益。这种计划演进的路径通常适用于客户需求稳定的情况，如图9-13所示。

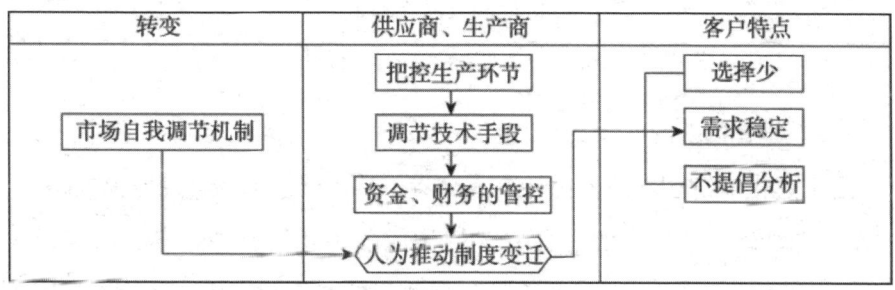

图9-13　制度计划演进路径

3. 综合演进路径

综合演进路径是指随机演进路径与计划演进路径相结合的一种方式，通常在某个环节或者部分采取不同的制度创新方式。第一，要尊重市场的自主调节机制，供应链的生产、流通、消费环节都是由市场通过价格、供求、竞争等要素实现的，市场这只无形的手调节了要素流动，实现了资源的合理配置。第二，要发挥供应链核心企业的计划指导策略，这里的计划不再是僵硬的计划，而是对市场变化进行灵活调整的宏观调控，是一种科学的供应链管理手段。

历史进程决定了现在的发展状态，制度的初始体系一旦形成，往往会沿着既定的路径前进，逆转需要投入非常高的成本，因此制定初始供应链行动规则非常重要。若企业处在供应链的关键环节，是整个供应链的规则制定者，那么在制度设定上便具有一定的主导权，可以依照环境的不同而对采取的制度进行调整和改善。再将制度进行细化，分割为多个子制度，不同的制度适用于不同的制度演进模式，根据其特点采取不同的制度，如

图 9-14 所示。

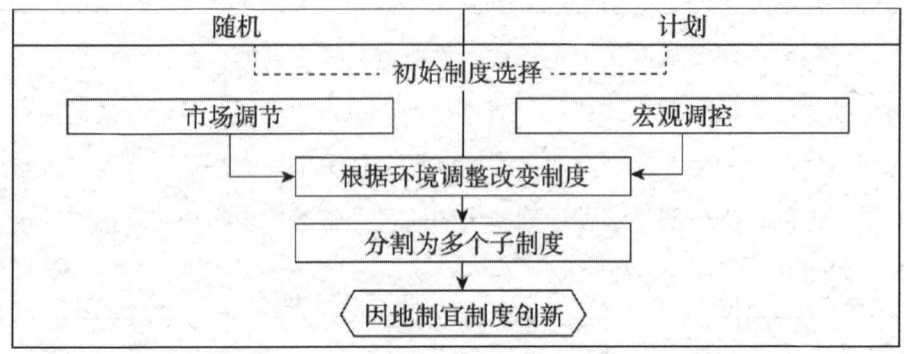

图9-14 制度综合演进路径

(四)组合创新的路径及其比较

从上述供应链创新路径设计方式来看,技术研发路径、商业模式路径、制度演进创新路径各自的三种方式的构成各不相同,并且各具特点,表 9-9、表 9-10、表 9-11 对比了三种创新路径的特点和构成,并给出具体的案例参考。

表 9-9 技术创新的三种路径比较

名称	特点	构成	案例
合作研发路径	(1) 资源共享 (2) 优势互补 (3) 风险共担 (4) 利润共享	打造技术供应者、技术创新者、技术使用者交互网络	供应链企业与研发机构、高校研发团队合作研发,如比赛及项目等
独立研发路径	(1) 专业 (2) 高效 (3) 垄断 (4) 投入高	技术密集型供应链企业打造研发团队,服务于供应链大网	顺丰科技、华为科技等
综合研发路径	(1) 针对性强 (2) 时间长 (3) 具有滞后性	供应链中上下游的技术领先企业进行共性技术开发	平台型企业所在供应链、亚马逊无人超市等

表9-10 商业模式创新的三种路径比较

名称	特点	构成	案例
共享化路径	（1）资源节约型 （2）成本低 （3）以消费者为中心	供应商、生产商、经销商到消费者一体化联结，资源需求方与供给方互利互惠	货拉拉、共享单车、新零售行业等
封闭化路径	（1）垄断 （2）技术或资源主导 （3）用户黏性强	搭建企业内部采购、销售、其他物流环节等为一体的供应链生态环境	高科技行业供应链、自然资源能源垄断行业等
综合化路径	（1）自主与控制结合 （2）正向与逆向结合	以产品为主体，联结其闭坏式生命周期供应链网络	汽车、电器等可回收材料所在供应链

表9-11 制度演进创新的三种路径比较

名称	特点	构成	案例
随机演进路径	（1）适用于初期 （2）资源制约 （3）滞后性供	应链源头、内部、前端的资源、技术、管理方式等发现问题自我修正的过程	早期社会，政府、企业、传统型供应链企业
计划演进路径	（1）针对性强 （2）效果显著 （3）个性化弱	把控供应商、生产商的生产活动，掌握并调节技术水平的高低，客户少量参与	垄断行业计划生产模式、行业内遏制不良竞争而达成协议的手段
综合演进路径	（1）优劣平衡 （2）因地制宜	随机演进与计划演进相结合	供应链中关键话语权节点企业

综上所述，选择智慧供应链创新方式的路径如图9-15所示，在进行技术、商业模式以及制度创新三部曲时，分别有三条次路径可选，在理想情

况下构成二十七条组合路径，企业可以根据供应链的发展实际，因地制宜地选择合适的供应链创新路径，达成智慧供应链的创新目标。

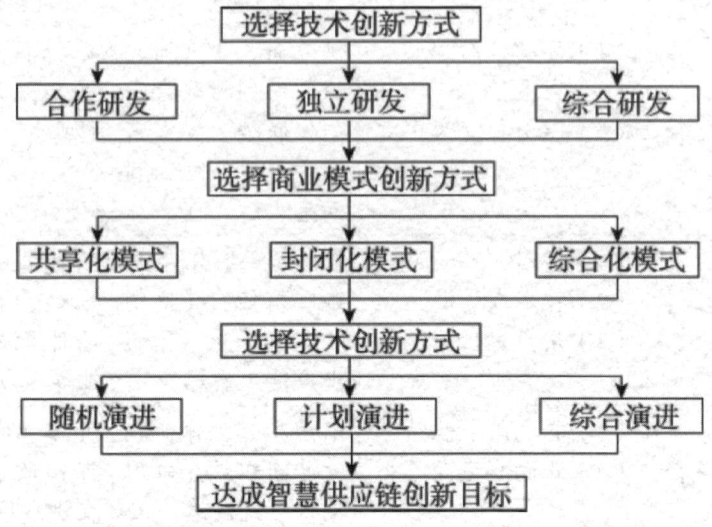

图9-15 智慧供应链创新路径汇总

随着智慧供应链创新模式研究的不断深入，开展智慧供应链创新路径研究将有助于提升我国供应链企业的创新水平和速度。本节通过研究发现，现代供应链的技术创新、商业模式创新以及制度创新是智慧供应链创新的三个重要方面，这三个方面下分别又有三种创新路径，分别是技术的合作研发路径、独立研发路径以及综合研发路径；商业模式的共享化路径、封闭化路径以及综合化路径；制度创新的随机演进路径、计划演进路径以及综合演进路径。

参 考 文 献

蔡凯，张喜才.互联网＋背景下现代农业产业链整合管理[M].北京：中国商业出版社，2016.

陈栋.物流与供应链管理智慧化发展探索[M].长春：吉林科学技术出版社，2021.

丁俊发.供应链企业实战[M].北京：中国铁道出版社，2018.

冯耕中.物流信息系统第2版[M].北京：机械工业出版社，2020.

高见，高明.新时代物流管理与发展研究[M].中国原子能出版社，2019.

刘胜春，李严锋.第三方物流[M].沈阳：东北财经大学出版社，2019.

刘伟华，刘希龙.服务供应链管理[M].中国财富出版社，2019.

缪兴锋，别文群.数字供应链管理实务[M].北京：中国轻工业出版社，2021.

施先亮.智慧物流与现代供应链[M].北京：机械工业出版社，2020.

施云.智慧供应链架构从商业到技术[M].北京：机械工业出版社，2022.

孙中桥，朱春燕.现代物流学理论与实务[M].南京东南大学出版社，2022.

王喜富，崔忠付.智慧物流与供应链信息平台[M].中国财富出版社，

2019.

王先庆. 新物流新零售时代的供应链变革与机遇[M]. 北京：中国经济出版社，2019.

魏学将，王猛，张庆英. 智慧物流概论[M]. 北京：机械工业出版社，2020.

殷延海，焦刚. 互联网+物流配送[M]. 上海：复旦大学出版社，2019.

郁士祥，杜杰. 5G+物流[M]. 北京：机械工业出版社，2020.

赵启兰，张力，卞文良等. 物流创新能力培养与提升[M]. 北京：机械工业出版社，2021.

周苏，孙曙迎，王文. 大数据时代供应链物流管理[M]. 北京：中国铁道出版社，2017.

朱一青. 城市智慧配送体系研究[M]. 北京：中国时代经济出版社，2019.

邹安全. 现代物流信息技术与应用[M]. 武汉：华中科技大学出版社，2017.